Fotos: Alexandre Orloff · Text: Dmitrij Chwidkowskij

Sankt Petersburg

KÖNEMANN

Vorwort

Nach langem Winterschlaf wendet sich Rußland erneut dem Westen zu. St. Petersburg, die Stadt, die nach dem Willen Peters des Großen zum wichtigsten Hafen Rußlands und zum »Fenster nach Europa« werden sollte, möchte, nachdem es fast ein dreiviertel Jahrhundert vernachlässigt wurde, wieder zu neuem Leben erwachen. Die ehemalige kaiserliche Hauptstadt ist dabei, an die historischen, wirtschaftlichen und kulturellen Bande anzuknüpfen, die einst aus ihr die europäischste aller russischen Städte gemacht haben.

Das historische Zentrum von St. Petersburg und die Paläste in der Umgebung wurden vor fünf Jahren in die Liste des Weltkulturerbes der UNESCO aufgenommen. Damit kehrte die Stadt auf die Bühne der Weltöffentlichkeit zurück, wo sie nun die Wertschätzung genießt, die ihr gebührt. Das historische Zentrum, das größte auf der UNESCO-Liste, braucht heute internationale Unterstützung für seine Rettung.

Die kaiserliche Stadt, das »Fenster nach Europa«, entwickelte sich zu einer glanzvollen Metropole. Die Erben Peters des Großen setzten sein Werk fort und verpflichteten dazu berühmte Vertreter verschiedenster Stile der europäischen Kunst und Architektur, vom italienischen Barock, über den Klassizismus, bis zu Neugotik und Jugendstil. Sie verwandelten das sumpfige Flußdelta der Newa in jene bewundernswert harmonische Stadtlandschaft, die oft das »Venedig des Nordens« genannt wird. Die glanzvolle Stadt wurde bald zum Inbegriff der russischen Kultur, der die Bewunderung der aufgeklärten Geister galt. Voltaire spricht in seinem kulturhistorischen »Versuch über die Sitten« staunend von der Vision Peters des Großen und ihrer Verwirklichung, und er betont, wie rasch in St. Petersburg Kunst, Literatur und Wissenschaft zur Blüte kamen. Für ihn ist »Rußlands Weg in die Zivilisation« eines der bedeutsamsten Ereignisse seines Jahrhunderts. Und schließt er seinen Essay nicht mit der Vision einer von St. Petersburg bis Madrid reichenden europäischen Kultur?

Die russische Kunst, ganz gleich ob Literatur, Musik, Theater oder Ballett, war und ist auch heute noch untrennbar mit St. Petersburg verbunden, dem Herzen der russischen Kultur. Allein unter der Regierung Katharinas II. ist die Zahl der Erwerbungen für die Kunstsammlungen der Eremitage höher als die des Louvre über mehrere Jahrhunderte. Die Schätze, die hier zusammengetragen wurden und aus der Eremitage eines der bedeutendsten Museen der ganzen Welt gemacht haben, sind so kostbar, daß sich die UNESCO verpflichtet hat, zu ihrer Erhaltung beizutragen.

Den größten Teil des 20. Jahrhunderts über war St. Petersburg im »Belagerungszustand«. Sein kulturelles Erbe, das durch Kriegsschäden, Vandalismus, Verwahrlosung und Verschandelung schwer in Mitleidenschaft gezogen wurde, zählt heute nur eine Handvoll Verteidiger, die allen Schwierigkeiten zum Trotz den ungleichen Kampf fortführen. Wie durch ein Wunder ist die erhabene Vision Peters des Großen immer noch gegenwärtig. Dank bewundernster Restaurationen hat das kaiserliche Erbe wieder etwas von der einstigen Pracht wiedererlangt, ein Zeugnis für die Vitalität dieser Stadt und für die Wertschätzung ihrer ruhmvollen Vergangenheit. Weder Kriege noch Revolutionen konnten sie von ihren kulturellen Wurzeln trennen. Nun muß eine neue Generation von Verteidigern in die Bresche springen.

St. Petersburg, schwer mißhandelt, aber lebendig, steht am Scheideweg. In der neuen, unruhigen Epoche, die nun angebrochen ist, birgt gerade die Hinwendung nach Europa, die der Stadtgründer vor über drei Jahrhunderten gewollt hatte, große Gefahren für die Zukunft. Viele junge Menschen verkennen, wie wichtig die Kultur als kollektives Gedächtnis, als Garant geschichtlicher Kontinuität ist. Von einer düsteren Vergangenheit allen Traditionen entfremdet, vom oberflächlichen Glanz der Moderne geblendet und vom Gesetz des Marktes verführt, stürzen sie sich in eine Zukunft ohne kulturelle Werte. Doch es gibt keine Zukunft ohne gemeinsame Wurzeln. Die Welt hat oft genug die gravierenden Folgen gesehen, die aus dem Bruch kultureller Kontinuität resultieren. Es gilt also aufzuklären und darzulegen, aufzurütteln und zu mobilisieren.

St. Petersburg steht auf der Liste des Weltkulturerbes und ist Teil des Gedächtnisses der Menschheit, mithin fällt sein Schutz in unsere gemeinsame Verantwortung. Seine kulturelle Gestalt muß für die kommenden Generationen bewahrt werden. Das vorliegende Buch hilft uns sehr, diese Notwendigkeit ins allgemeine Bewußtsein zu heben.

Federico Mayor
Generaldirektor der UNESCO

Inhaltsverzeichnis

»Peter der Große«, Gemälde von Jean-Marc Nattier, 1717

Sankt Petersburg

Stadt der kaiserlichen Kultur

Rußland hat über zwei Jahrhunderte lang zu Europa gehört: von 1703 bis 1917, also genau 214 Jahre, gerechnet von der Gründung St. Petersburgs bis zum Sieg der Bolschewiki. Vor dem 18. Jahrhundert sah Rußland sein Schicksal eher in den Weiten der Steppe und in Byzanz und nicht in Europa. Das Land war nach Süden, Norden und Osten offen, aber kaum nach Westen. Nach der Oktoberrevolution von 1917 wendete sich Rußland in mancher Hinsicht wieder seiner Vergangenheit vor den Reformen Peters des Großen zu. Die Jahre unter dem kommunistischen Regime waren für Rußland eine Zeit der Anomalie und des Irrtums – vielleicht des größten und absurdesten der gesamten Menschheitsgeschichte –, von der es sich bis heute noch nicht zu lösen vermochte. Doch die 214 europäischen Jahre bleiben der Geschichte des Landes

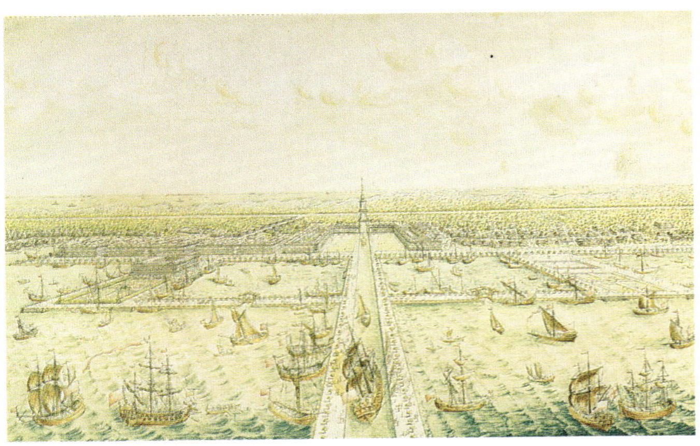

»Perspektivische Sicht auf die Werft von Kronstadt«, um 1720. Aquarell von J. F. Braunstein

»Die Fontanka beim Sommergarten und der Grotte«, 1753. Radierung von Katschalow

dauerhaft eingeschrieben. Von diesen manchmal dramatischen, insgesamt aber glücklichen und triumphalen Jahren gibt Petersburg ein steingewordenes Zeugnis ab.

St. Petersburg ist die Stadt der kaiserlichen Kultur, ihre Metropole und höfische Residenz, Rom und Versailles in einem, eingebettet in eine Landschaft, die man ein baltisches Amsterdam oder ein finnisches Venedig nennen könnte. Den Dichtern war es das »Palmyra des Nordens«. Diese Bezeichnung hat etwas für sich, denn St. Petersburg ist in wechselnden Zeiten stets eine klassische Stadt gewesen, ganz gleich, ob sich der Geist des jeweiligen Zeitalters nun als Barock, Aufklärung, Romantik oder in der Décadence aussprach. Der stilbildende Charakter der Stadt hat in der Architektur seine Spuren hinterlassen.

Das vorliegende Buch zeichnet die Entwicklung St. Petersburgs in diesen beiden Jahrhunderten nach.

Der Leser erhält mit jedem historischen Bauwerk einen Einblick in die Epochen der Geschichte St. Petersburgs. Wir haben die Geschichte seiner Architektur nach den Zarenherrschaften gegliedert. Für ikonographische Fragen haben wir manchmal eine Gliederung nach geographischen Gesichtspunkten gewählt, um dem Ensemblecharakter der Architektur gerecht zu werden. Wie im Frankreich des 18. Jahrhunderts bedeutete auch in Rußland ein Wechsel auf dem Zarenthron immer zugleich einen Wandel im Stil, jeder neue Zar stand für einen neuen Stil. Fast könnte man von einem Entwicklungsgesetz in der Kunst sprechen, wie der große Kunsthistoriker Igor Grabar, der auf dieses Gesetz zu Anfang unseres Jahrhunderts seine Geschichte der russischen Kunst gründete. Auch wir bleiben in den Fußstapfen Grabars, denn mit seiner Betrachtungsweise hat er sich, wie kein Wissenschaftler vor ihm, um historische Objektivität bemüht.

Das St. Petersburg des 18. und 19. Jahrhunderts ist jedoch nicht ohne seine Umgebung vorstellbar, so wie man London nicht ohne seine Parks und Paris nicht ohne Versailles verstehen kann. In den damaligen Zeiten standen viele der bedeutenden Bauten der russischen Architekturgeschichte außerhalb der Stadt, so in Zarskoje Selo, in Oranienbaum, Gatschina, Pawlowsk und Peterhof; Orten, die zusammen mit St. Petersburg eine großartige, unverwechselbare, geschichtträchtige Landschaft bilden.

So zahlreich und so unterschiedlich sind die Monumente St. Petersburgs, daß nicht jedes mit der nötigen Ausführlichkeit beschrieben werden kann. Aber wir werden dennoch versuchen, ihre Rolle in der Geschichte des russischen Reiches möglichst genau zu bestimmen.

Peter der Große

Eine Entscheidung für die Kultur

Der große Schatten des Zaren verfolgt einen in Petersburg auf Schritt und Tritt; er liegt auf allen Monumenten und wandert über all Quais und Plätze. Tatsächlich verläßt ein großer Monarch sein Volk und seine Lande nie.

Paul de Julvécourt, *Durch die Welt*, Paris, 1834

Blick von der Newa auf die Peter-Pauls-Festung

Die Gründung St. Petersburgs

St. Petersburg wurde am 27. Mai 1703 gegründet. Fürst Wladimir Odojewskij, der Anfang des 19. Jahrhunderts zu den bekanntesten romantischen Schriftstellern zählte, schildert die Gründung der Stadt an der Newa auf folgende Weise: *Mit dem Bau der Stadt war schon begonnen worden, aber der Sumpf blieb unersättlich. Wie viele Steine, Felsen und Holzbohlen hatte man schon übereinander geschichtet, aber der Sumpf verschlang alles und zeigte an seiner Oberfläche immer nur den gleichen Morast. Da kam der Zar, um den Fortgang der Arbeiten in Augenschein zu nehmen. Was er sah, war noch nicht seine Stadt. ›Ihr versteht nichts von der Arbeit‹, sagte er zu seinen Werkleuten und schickte sich sogleich an, die Felsen selbst anzuheben und Quader auf Quader in der Luft übereinander zu schichten. So baute er die ganze Stadt und ließ sie dann fertig auf die Erde sinken.*

An dieser phantasievollen Legende über die Anfänge St. Petersburgs, die übrigens ihre Wurzeln in einem alten orientalischen Märchen hat, ist ein Körnchen Wahrheit. Die neue Hauptstadt des alten Rußland ist so unerwartet am nordwestlichen Zipfel des Zarenreiches aufgetaucht und so rasch zur Großstadt aufgestiegen, daß es in der Tat scheint, als sei sie »wie vom Himmel« auf diese sumpfige Insel im Mündungsgebiet der Newa gefallen.

Die Gelehrten haben schon lange die Vorgeschichte St. Petersburgs vor Gründung der Stadt rekonstruiert. Nestor, der erste russische Chronist, berichtet, damals habe es einen Handelsweg vom Land der Waräger bis nach Griechenland gegeben. Von Skandinavien aus verlief die Route über die Newa, den Lagodasee und die russischen Ströme hinab bis nach Byzanz. Dieser Handelsweg war vom 9. bis 11. Jahrhundert einer der Lebensnerven des mittelalterlichen Europas. Entlang dieser Achse, die auch durch das spätere St. Petersburg verlief, sollte sich der russische Staat entwickeln, und über sie war Rußland mit Europa verbunden. Es hätte also einiges dafürgesprochen, daß St. Petersburg gerade an dem Ort seinen Ausgang nahm, an dem es gegründet wurde. Das aber geschah nicht. In Wirklichkeit wissen wir gar nicht, ob der Platz damals überhaupt existiert hat, denn vor noch gar nicht langer Zeit änderte sich das Delta der Newa ständig, und die Inseln im Strom besaßen nicht ihre heutige Ge-

Plan von St. Petersburg aus dem Jahr 1717

Luftbild der Peter-Pauls-Festung. Auf der anderen Seite des Kanals die Festung Kronwerk

Peter-Pauls-Festung, Peter-Tor von Domenico Trezzini, 1717-1718

Peter-Pauls-Festung, Newa-Tor, das zur Schiffsanlege führt, von Nikolaj Lwow, 1782-1789

stalt. Fest steht hingegen, daß die Normannen im 9. Jahrhundert rund hundert Kilometer vom Lagodasee gesiedelt haben, ehe sie sich tiefer in die damalige Russ vorwagten, nach Nowgorod und Kiew, die näher an Byzanz lagen.

Mit der Tartareninvasion in der Mitte des 13. Jahrhunderts wurde der Handelsweg über die Flüsse von Skandinavien nach Byzanz abgeschnitten. Doch die Tartaren bremsten nicht den Ehrgeiz der Russen und Skandinavier, sich an der Mündung der Newa festzusetzen. Das ganze Mittelalter über gehörte die Newa zum Handelsimperium von Groß-Nowgorod. Die Schweden versuchten vergeblich, dieses Reich zu erobern. Großfürst Alexander Jaroslawitsch schlug 1240 das schwedische Heer, worauf er unter dem Namen Alexander Newskij (Alexander von der Newa) in die russische Geschichte einging. Er ist der Ahnherr der Großfürsten und Zaren von Moskau. An der Newa wurde die Festung Landskron nach den Plänen eines Baumeisters errichtet, der Italiener gewesen sein soll und mit dem schwedischen Heer gekommen war. Die Russen zerstörten die Festung bald wieder, doch der Platz bewahrte lange die Erinnerung an diesen Kampf. Zu Beginn des 17. Jahrhunderts bauten die Schweden mehr oder weniger am selben Platz eine neue Festung, der sie den Namen Nyenschanz (»Festung an der Newa«) gaben.

Nach dem Abkommen von 1617 gehörte Schweden die gesamte nordöstliche Küste der Ostsee. Schweden behauptete seine Herrschaft in der Region bis zum Beginn des 18. Jahrhunderts, genauer bis zum Nordischen Krieg, an dem Rußland, Schweden, Polen, Dänemark, Sachsen und einige andere deutsche Fürstentümer teilnahmen. Mit dem Nordischen Krieg veränderte sich das Kräfteverhältnis in diesem Teil Europas zugunsten von Rußland. Bis dahin ging es in der Vorgeschichte des vorerst nur virtuellen St. Petersburg lediglich um arme, dünnbesiedelte Grenzgebiete. Doch dies sollte sich nun ändern.

Der Nordische Krieg stand für Rußland unter keinem guten Stern. Die Truppen des Zaren Peter drangen von Süden an der Ostseeküste entlang auf schwedisches Gebiet vor, wurden dort aber von dem jungen schwedischen König Karl XII. vernichtend geschlagen. Karl eroberte dann in raschem Vorstoß Polen, vertrieb den russischen Verbündeten, den Kurfürsten August von Sachsen, vom polnischen Königsthron und setzte statt dessen Stanislaus Leszczynski, den späteren Schwiegervater Ludwigs XV., zum König von Polen ein. Unterdessen organisierte Peter der Große das russische Heer nach europäischem Vorbild. Dann nutzte er Karls Abwesenheit im Baltikum und ging zum Angriff über. Mitte des Jahres 1702 drangen die russischen Truppen zur Newa vor. Am 1. Mai eroberten sie die Festung Nyenschanz und besetzten den Platz des heutigen St. Petersburgs. Drei Wochen darauf legte Peter hier den Grundstein für eine Festung, die er zu Ehren seines Namenspatrons die Stadt des heiligen Pe-

Peter-Pauls-Festung mit Peter-Pauls-Kathedrale, erbaut von Trezzini, 1712-1733. Links das »Bootshaus«, erbaut 1762, in dem sich das legendäre kleine Boot befindet, das sich Peter der Große in jungen Jahren selbst aus einem alten Boot gebaut haben soll.

ter nannte. Die holländische Transkription aus dem Kyrillischen lautet daher: Sankt Piterburch.

Die erste russische Zeitung »Le bulletin« schreibt in ihrer Augustausgabe des Jahres 1703: *Seine Majestät der Zar [...] hat Order erlassen, an der Meeresküste eine Stadt und eine Festung zu bauen, um hier einen Hafen zu haben für alle Güter, die über die Ostsee ins Land kommen. Gleichzeitig sollen Waren aus Persien und Indien hier umgeschlagen werden.* Die Worte lassen keinen Zweifel: Petersburg war von Anfang an als ein Zentrum gedacht, an dem Europa und Asien zusammenkommen sollten, als Drehscheibe des Handels zwischen Orient und Okzident. Daß ein solches Zentrum von vitaler Bedeutung für Rußland war, hatte der Zar sogleich erkannt. Doch hatte er auch die Widerstände richtig eingeschätzt, auf die ein solches Projekt in der Wirklichkeit treffen würde?

St. Petersburg wurde in flaches, sumpfiges Küstenland gebaut, das die Seitenarme der Newa in zahlreiche Inseln zerschneiden. Das von kümmerlicher Vegetation bedeckte Land wurde damals wie heute immer wieder überschwemmt. An vielen Stellen konnte gar nicht gebaut werden. Das Terrain mußte zuerst entwässert und der Grund mit Tausenden – vielleicht waren es auch Millionen – von Pfählen befestigt werden, gezählt hat sie keiner. Ein vernünftig denkender Mensch hätte angesichts solcher Schwierigkeiten aufgegeben. Doch Peter der Große zeichnete sich nicht durch Besonnenheit aus, im Gegenteil, sein aufbrausendes Temperament, seine Hartnäckigkeit und sein unerschöpflicher Tatendrang brachten ihn in die Nähe des Wahns. Was andere Menschen taten und dachten, kümmerte ihn nicht. Im Gedächtnis des Volkes ist er ein Held von geradezu göttlichem Wesen geworden. Auch zweihundert Jahre nach der Gründung der Stadt ist er als Hauptfigur der St. Petersburger Mythologie lebendig geblieben.

Welcher Vision für die Zukunft Rußlands bedurfte es, um solche Energien freizusetzen? Die Stadt, in der Peter groß geworden war – das alte, mächtige Moskau mit seinen malerischen, prunkvollen Zügen, der Inbegriff des russischen Nationalcharakters und des mittelalterlichen Feudalismus – war nicht dazu angetan, in ihm die Idee zur Gründung einer neuen Hauptstadt zu wecken. Vor allem wollte der Zar in einer Stadt am Meer leben, denn die Leidenschaft für das Meer beherrschte ihn. Die Moskowiter Kultur gründete auf dem byzantinischen Erbe, wie es sich Rußland anverwandelt hatte. Peter der Große wollte dagegen im Land und an erster Stelle in seiner neuen Hauptstadt einen westlich geprägten Lebensstil durchsetzen. Diese Überzeugung hatte er bereits, als er noch gar nicht selbst im Westen gewesen war. Den westlichen Lebensstil kannte er nur aus Büchern und vom Hörensagen. Doch er liebte das Meer und das imaginierte andere Leben mit einer geradezu blind machenden Leidenschaft.

Die Geschichte hat Peter den Großen just zu dem Zeitpunkt an die Macht kommen lassen, als jahrhundertealte Traditionen keinen Halt mehr boten und eine kulturelle Neuorientierung gefordert war. Eine solche Situation hat es in der russischen Geschichte mehrmals gegeben. Im 10. Jahrhundert hatte Großfürst Wladimir vor einer ähnlichen Entscheidung gestanden. Er hatte sich gegen die katholische Tradition, gegen den Islam und das Judentum entschieden und sich dem orthodoxen Glauben der byzantinischen Kultur angeschlossen. Peter der Große entschied sich in einer analogen Situation für das westliche Vorbild. Er kehrte Moskau den Rücken und nannte schon 1704 das von ihm gegründete Petersburg seine »Hauptstadt«. Im Jahr 1712 wurde die Stadt an der Newa dann ganz offiziell die Hauptstadt des russischen Reiches.

Die ursprüngliche Gesamtanlage St. Petersburgs

Die Gestalt der Stadt wurde von der Natur vorgezeichnet. Ehe sich die Newa in den finnischen Meerbusen ergießt, teilt sie sich stromabwärts in viele Arme, die zahlreiche Inseln bilden. Im 18. Jahrhundert gab es über hundert solcher Inseln; im Lauf der Zeit wurden es weniger, weil die Kanäle, die sie voneinander trennten, allmählich verlandeten. Heute gibt es noch vierundvierzig Inseln. Der eigentliche Strom der Newa fließt auf zwei Seiten an der Wassiljewskij-Insel vorbei, während die Westseite der Insel dem Meer zugewandt ist. Im Norden liegen einige kleinere Inseln, Jelagin, Kamennyj, Krestowskij usw. Weiter stromaufwärts auf der rechten Seite der Newa liegt die Sajatschij-Insel mit der Peter-Pauls-Festung. Hinter ihr folgt die große Gorod-Insel. Das linke Ufer der Newa mit der Admiralität wird von den Flüssen Moika und Fontanka durchschnitten, die fast parallel zueinander verlaufen und den Hauptarm der Newa am selben Punkt, auf der Höhe des Sommergartens, verlassen. So entsteht eine weitere große Insel, die manchmal »Admiralitätsinsel« genannt wird.

Eine planmäßig angelegte Stadt von solch gewaltigen Dimensionen in der Wildnis zu bauen war ganz und gar ungewöhnlich, nicht nur in Rußland, sondern in ganz Europa zu Beginn des 18. Jahrhunderts. Im Städtebau findet man in dieser Epoche nichts Vergleichbares. Anfangs waren es militärische Erwägungen, die für die Gründung St. Petersburgs sprachen, da der Ausgang des Krieges gegen Schweden noch im Ungewissen lag. Im Sommer 1703 baute man auf der Sajatschij-Insel die sechseckige Peter-Pauls-Festung. In ihrem Schutz entstand eine Vorstadt mit einigen Längs- und Querstraßen und einem viereckigen Platz. Dort wurden – damals noch aus Holz – die Dreifaltigkeitskirche, der »Gostinyj Dwor« (Kaufhof) und die Wohnhäuser für Beamte und

Sommerpalast, Fassade zur Fontanka

Sommerpalast, Relief. Der Reliefschmuck mit allegorischen Meeresbildern wurde von dem Architekten Andreas Schlüter 1724 entworfen und an der Fassade angebracht.

Handwerker gebaut. Die Befestigungen auf der Insel Kotlin, die heutige Festung Kronstadt, bewachten den meerseitigen Zugang zur Stadt. Die gesamte Anlage entsprach den Forderungen der europäischen Militärwissenschaft. Der Zar überwachte persönlich den Bau der Festungsanlagen und zeichnete oft selbst die Pläne, für die er holländische, französische und deutsche Abhandlungen über den Festungsbau studierte.

Die grundlegende Frage, die gleich nach dem Festungsbau die Existenz St. Petersburgs bestimmte, war der Bau der Flotte und die Einrichtung des »maritimen« Teils der Stadt. Im Herbst 1704 begann man gegenüber der Sajatschij-Insel auf dem anderen Ufer der Newa mit dem Bau der Admiralität, der größten Werft der jungen russischen Ostseeflotte. Nach dem unerwarteten Angriff der Schweden im Jahr 1705 wurde sie mit Befestigungen gesichert. In ihrem Schutz entstanden die ersten Handwerkersiedlungen entlang der Newa.

Doch Peter hatte nur einen Gedanken: seine Hauptstadt auf einer Insel zu bauen, die offen zum Meer hin liegt. Im Jahr 1709 entstand die Idee, eine Hauptstadt auf der Insel Kotlin zu bauen, mitten im Finnischen Meerbusen rund zwanzig Kilometer von der Küste entfernt. Die langgestreckte, schmale Insel war auf ihrer ganzen Länge von Kanälen und Straßen durchzogen, die sich rechtwinklig schnitten. Alle zur Bebauung vorgesehenen Parzellen waren gleich groß. Hinter dem Plan steckte ein Wille zur Systematik. Alle Untertanen des Zaren sollten vor dieser allesbeherrschenden Ordnung gleich sein. Am 16. Januar 1712 erließ Peter einen Ukas, wonach jeweils tausend Familien aus dem Adel, aus der Kaufmannschaft und aus dem Handwerkerstand die alten Städte des russischen Reiches verlassen und in die neue Hauptstadt ziehen sollten. Der Zar verlangte, daß sich nur die Besten hier niederlassen durften. Diese Forderung macht deutlicher als alles andere klar, was für eine Stadt ihrem Gründer vorschwebte.

Im Jahr 1715 legte der Baumeister Domenico Trezzini auf Verlangen des Zaren den Plan zu einer Stadt auf der Wassiljewskij-Insel vor. Wieder war ein Platz in Meernähe gewählt worden. Die Ufer der Insel wurden mit Pfählen befestigt, das ganze Terrain mit einem Netz von Kanälen überzogen, die rechtwinklig zueinander lagen. Ebenso verfuhr man mit dem Straßennetz. Am Ende war der Gesamtplan der ganzen Stadt wie mit dem Lineal gezogen. Die Straßen nannte man sogar »Linien«, und diese Bezeichnung haben sie im Volksmund bis heute bewahrt. Die Bewohner durften ihre neuen Häuser nur nach der offiziellen Baukunst entwerfen und errichten. Vier Modelle für Wohnhäuser waren vorgesehen: Häuser für die »Handwerkerschicht«, für die »Kaufmannschaft«, für die »Notabeln« und ein Modell für Bauten in Uferlage, die den repräsentativen Stadtpalästen vorbehalten war. Die Pläne wurden in Kupfer gestochen und an alle verteilt, die eine Parzelle erhalten hatten und bauen wollten. Die Wassiljewskij-Insel zeigt auch heute noch die Spuren des Gesamtplans aus jener Zeit.

Für Peter den Großen stand hinter dem rationalen Gesamtplan weniger ein ästhetisches Prinzip als vielmehr ein Instrument zur Gestaltung des gesellschaftlichen Lebens. Der

Sommerpalast, Spiegel, der wie ein Bild an der Wand aufgehängt ist. Spiegel wurden als Kunstwerke betrachtet, die man häufig sogar mehr als Gemälde schätzte.

Zar hatte die »Rangtabelle« eingeführt, die alle Adligen zum Dienst für den Staat verpflichtete. Danach wurde die staatstragende Führungsschicht in vierzehn Kategorien eingeteilt, je nachdem, welchen Rang die militärischen oder zivilen Staatsdiener einnahmen. Jeder einzelne, gleich welchen Herkommens, der Dienst für den Staat tat, erhielt seinen Platz in der Rangtabelle und konnte, wenn ihm eine brillante Karriere gelang, sogar geadelt werden. Jede Kategorie hatte genau festgelegte Rechte, die das Leben in der neuen Stadt regelten: das Grundstück, das für das Wohnhaus vorgesehen war, die Zahl der Pferde, die gehalten werden durften, ja sogar der Platz in der Kirchenbank für jede Beamtengattin. Ferner gab es Ukasse zur Kleiderordnung und zur Haartracht und solche, die die Teilnahme an öffentlichen Lustbarkeiten vorschrieben. Dazu gehörte auch das gemeinsame Trinken alkoholischer Getränke. Die Regeln betrafen alle Einwohner St. Petersburgs, Soldaten, Kaufleute, Höflinge, und je näher man dem Monarchen stand, desto höher waren die Ansprüche. Wenn der Zar einen Maskenball veranstaltete, mußte jeder daran teilnehmen. Schwangere Frauen durften sich von den Trinkgelagen nicht ausschließen – was mit dem Tod der Frau oder einer Fehlgeburt enden konnte. Wer bei den täglichen Hofzeremonien, die in Gegenwart des Zaren stattfanden, zu spät kam, nahm ein großes Risiko auf sich. Der Zuspätgekommene mußte den »Pokal des Adlers« leeren, das heißt mehr als einen Liter Wodka in einem Zug trinken. Die Anfänge dieser Stadt waren also nicht frei von Schrecken, und dies mag teilweise die Geschichte des neuzeitlichen Rußlands erklären.

Doch Rußland wäre nicht Rußland, wenn alle Regierungsentscheidungen, sogar unter der Herrschaft eines solch unerbittlichen Zaren, ohne Ausnahme ausgeführt worden wären; das war mit dem russischen Nationalcharakter schlicht unvereinbar. Obwohl Peter den Bau der Stadt Schritt für Schritt verfolgte, entwickelte sich St. Petersburg nach den Bedürfnissen des Lebens und nicht nach dem Willen des Zaren.

Beim Tod des Monarchen 1725 bestand die Stadt aus nur lose zusammenhängenden Teilen. Die Peter-Pauls-Festung war fertiggestellt und die Viertel im Norden wuchsen weiter. Die Wassiljewskij-Insel war nicht das Zentrum der Stadt geworden. Eigentlich hätten dort 3500 Wohnhäuser gebaut werden müssen, doch 1725 standen nur 500, obwohl das Verwaltungszentrum auf der nördlichen Spitze der Insel errichtet worden war: das Gebäude der Zwölf Kollegien, wie unter Peter dem Großen die Ministerien genannt wurden, die Kunstkammer, das erste Museum Rußlands, und das Menschikow-Palais, die Residenz des Gouverneurs der Hauptstadt.

Das eigentliche Herz St. Petersburgs, dort, wo sich die Bevölkerung konzentrierte, war das Admiralitätsviertel auf der linken Seite der Newa. Hier hatten sich die Menschen angesiedelt, angelockt von der Industrie, den Werften der Admiralität, den Seilereien und allem, was für die Flotte unentbehrlich war. Hier entstand auch der erste Winterpalast Peters des Großen, und hier wurde nacheinander ein kaiserlicher Palast nach dem anderen gebaut bis zu dem (inzwischen vierten), der heute noch steht. Die Newa stromaufwärts legte man den Sommergarten an, dazu später den Sommerpalast. In einigem Abstand davon erschienen schon im ersten Viertel des 18. Jahrhunderts die ersten repräsentativen Vorstadtpalais.

Ebenfalls auf der linken Seite der Newa entstanden die beiden Straßen, die die künftige Struktur der Stadt festlegen sollten. Die eine verlief von der Admiralität zu den Sommerpalästen an der Meeresküste: Peterhof, Strelna, Oranienbaum. Daraus wurde später der Wosnessenskij-Prospekt. Die andere verband das Kloster des Alexander Newskij, das der Zar gegründet hatte, mit dem Stadtzentrum; aus ihr wurde der berühmte Newskij-Prospekt. Zwischen diesen beiden Straßen blieben noch große, unbebaute Flächen, wo sich teils planmäßig, teils zufällig Handwerker ansiedelten. So sah der erste Gesamtplan von St. Petersburg in der Epoche Peters des Großen aus. Die ganze Stadt war eine einzige Baustelle, überall wurde gewerkelt und gemauert. Nichts war fertig.

Die Architekten Peters des Großen

Der größte Kunsthistoriker Rußlands, Igor Grabar, schrieb Anfang des 20. Jahrhunderts: *Das architektonische Bild, das St. Petersburg am Tag des Todes seines Gründers bot, war ausschließlich das Werk ausländischer Baumeister. Damals war kein russischer Architekt imstande, den Stil der Stadt in irgend-*

Sommerpalast, Detail der Wanddekoration im Grünen Salon

*Sommerpalast,
Wandteppich aus dem
Schlafzimmer der Zarin*

Sommerpalast, Schlafzimmer Peters des Großen

Sommerpalast.
Ab 1710 von Trezzini am Zusammenfluß von Fontanka und Newa erbaut, 1714 von Schlüter erweitert

»Sommerpalast Peters des Großen und Garten«.
Anonymes Aquarell

Sommergarten, Skulpturengruppe »Amor und Psyche« (17. Jahrhundert)

Sommergarten, Kaffeehaus, 1826 erbaut von Carlo Rossi

Sommergarten.
Peter der Große ließ seinen Garten mit zahlreichen Skulpturen schmücken. Diese Figurengruppe stellt den Triumph von Nystad dar, mit dem Rußland 1721 endgültig den Sieg über Schweden davontrug.

einer Form zu prägen. Italiener, Deutsche, Franzosen und Holländer kamen alle zur gleichen Zeit nach Petersburg. Oft war ein Italiener für den ersten Entwurf verantwortlich, ein Deutscher begann mit dem Bau, ein Franzose führte ihn weiter, ein anderer Italiener übernahm die Leitung, dann kam wieder ein Deutscher und darauf ein Holländer. Man kann sich denken, wie es um die architektonische Einheit bei solch einem eigenwilligen kollektiven Werk bestellt war. Und dennoch konnte sich unter Peter dem Großen ein architektonisch einheitliches Stadtbild entwickeln.

Der erste Architekt, der gleich nach der Gründung der Stadt im Jahr 1703 nach St. Petersburg kam, war Domenico Trezzini. Er kam aus Dänemark, stammte aber aus der Schweiz. Im Tessin geboren und in Lugano groß geworden, stand er der italienischen Kunsttradition nahe, arbeitete aber wie viele seiner Landsleute nördlich der Alpen. Vor seiner Ankunft in Rußland hatte er sich bereits mit dem italienischen Barockstil in Deutschland und Dänemark vertraut gemacht. Mit ihm zusammen kam eine Gruppe italienischer Werkmeister nach St. Petersburg: Giovanni Mario Fontana, Galeazzo Quadro, Carlo Ferrara und Domenico Ruto. Doch die Italiener, ob Architekten oder Bildhauer, genossen keine künstlerische Freiheit. Sie hatten Anweisung, »nach preußischer Art« zu bauen und eine große Anzahl von Gebäuden als Fachwerkbau auszuführen, was für Italiener denkbar ungewohnt war. Da der Zar die deutsche und holländische Bautechnik gut kannte, übernahm er sie auch für seine neue Hauptstadt.

Bis 1713 hatte Domenico Trezzini die Leitung in allen architektonischen Fragen in St. Petersburg. Doch im selben Jahr kam der berühmte Architekt Andreas Schlüter, der Baudirektor des Königs von Preußen, aus Berlin nach St. Petersburg. Peter der Große hielt sich viel darauf zugute, diesen ausgewiesenen Fachmann in seinen Diensten zu haben, und logierte ihn in seinem Palast ein, um ihn stets in seiner Nähe zu haben. Doch der Zar war in der Arbeit und in den Vergnügungen von solcher Maßlosigkeit, daß die enge Nachbarschaft für den Baumeister traurig endete. Wie ein Zeitgenosse berichtete: *Schlüter war von schwacher, kränklicher Konstitution, und da er überbürdet wurde mit immerwährenden Geschäften, so ward er krank und starb, nachdem er nur ein Jahr in Petersburg gewesen war.* Immerhin konnte Schlüter mit seinen Entwürfen eine Verbindung zwischen der neuen russischen Architektur und dem norddeutschen Barock herstellen.

Andere deutsche Architekten, die nach ihm kamen, Georg Johann Mattarnovi, Johann Christian Ferster, Johann Braunstein, folgten dieser stilistischen Linie. Ferster und Braunstein waren sogar direkte Schüler Schlüters. Braunstein baute viel in Rußland und trug maßgeblich zur Verbreitung der Schlüterschen Ideen bei. Ebenfalls aus Preußen, aber erst nach Schlüters Tod im Jahr 1715, kam Theodor Schwertfeger, der eher dem prunkenden süddeutschen Barock nahestand. Zwei weitere Architekten, Nikolaus Härbel aus Basel und Gottfried Schädel aus Hamburg, vertraten die deutsche Bautradition.

Doch nach Schlüters Tod kamen alle diese Deutschen unter die Fuchtel eines Franzosen, Jean-Baptiste-Alexandre Leblond. Der Franzose machte einen solch starken Eindruck auf den Zaren, daß dieser ihn in einem Brief an einen Vertrauten als »echtes Phänomen« bezeichnete. Der Zar glaubte, Leblond sei ihm von der Vorsehung geschickt worden. Bereits am 7. August 1716 war Leblond in St. Petersburg. Der Gouverneur der Hauptstadt versammelte alle Architekten und setzte sie davon in Kenntnis, daß der Franzose zum »Generalarchitekten« des Zaren ernannt worden sei. Leblond ließ denn auch kein gutes Haar an allem, was bisher in St. Petersburg gebaut worden war. Er legte einen neuen Entwurf vor, den Gesamtplan für eine Stadt mit ellipsenförmigem Grundriß, die von ungeheuren Befestigungen umgeben war. Das Stadtzentrum sollte auf der Wassiljewskij-Insel liegen mit dem kaiserlichen Palast in der Mitte. Von dort verliefen schnurgerade Straßen wie die Diagonalen eines Vierecks zu den vier größten Plätzen, an denen jeweils eine Kathedrale stand. Leblonds Entwurf entsprang den im 18. Jahrhundert kursierenden Architekturphantasien für eine ideale Stadt,

Gitter des Sommergartens am Franzosen-Kai. Das zwischen 1770 und 1784 nach einem Entwurf von Jurij Veldten hergestellte schmiedeeiserne Gitter war in ganz Europa für seine Schönheit berühmt.

und sein Plan gehörte zu den prächtigsten und ausgefeiltesten Städtebauprojekten dieser Art. Daß der Entwurf nicht verwirklicht wurde, lag daran, daß Peter eine andere Vorstellung von seiner Hauptstadt hatte, die sich vor allem durch große Einfachheit auszuzeichnen hätte. Vor allem erschien ihm Leblonds Entwurf zu teuer. Der französische Baumeister bekam daher die Aufgabe, sich um die Paläste in der Umgebung der Hauptstadt zu kümmern, damit St. Petersburg gegenüber Versailles nicht zurückzustehen brauchte. Bei diesen Projekten hatte Leblond zweifellos Erfolg, doch er starb im Februar 1719 an den Pocken.

Noch vor dem Tod des Franzosen hatten die Gesandten des Zaren im Ausland zwei Italiener nach St. Petersburg eingeladen. Niccolo Michetti erhielt noch in Rom einen Vertrag; seine Lehrer waren der berühmte Architekt Carlo Fontana und der Dekorationskünstler Andrea Pozzo gewesen. Letzterer war vor allem für seine perspektivischen Zeichnungen bekannt. Michetti war ein Vertreter des »malerischen« Barock, wie er Ende des 17. und Anfang des 18. Jahrhunderts in Rom vorherrschte, und brachte diese Stilausprägung mit nach St. Petersburg. Um die gleiche Zeit kam auch Gaetano Chiaveri, ein gebürtiger Römer. Später ging er nach Sachsen und machte sich mit Bauten in Dresden einen Namen als einer der besten Barockbaumeister. Als letztes kamen die holländischen Architekten, und das obwohl der Zar eine solche Leidenschaft für Amsterdam hegte. Erst 1720 holte er Stephen van Switten und François de Waal. Holländische Ingenieure allerdings arbeiteten schon lange vorher in St. Petersburg: Hermann von Bolius zum Beispiel hatte schon 1711 eine Einladung erhalten, in die Dienste des Zaren zu treten.

Jeder Architekt brachte eine andere Spielart des Barock mit nach Petersburg: der römische Barock, der süd- und norddeutsche Barock, der dänische und schwedische Barock. Hinzu kamen die französischen und holländischen Varianten des Klassizismus des 17. Jahrhunderts sowie alle erdenklichen stilistischen Motive vom späten Manierismus bis zum Rokoko. Da Baumeister verschiedener Nationalität eng zusammenarbeiteten, mußten sie sich auf eine gemeinsame architektonische Sprache einigen und zu einer Synthese der unterschiedlichsten Einflüsse finden. Das Ergebnis war schließlich der diese Stadt prägende »Petersburger Stil«.

Menschikow-Palais, Fassade zur Newa. 1710 von Mario Fontana begonnen, wirkten am weiteren Bau alle Architekten mit, die damals in St. Petersburg anwesend waren. Pilaster auf allen drei Geschossen rhythmisieren die Fassade. Die Attika wird von plastischem Figurenschmuck abgeschlossen.

Die Peter-Pauls-Festung

Mit der Grundsteinlegung der Festung begann die Geschichte St. Petersburgs, und bis heute beherrscht sie das Bild der Stadt. Die Silhouette des mächtigen Granitbaus erhebt sich gebieterisch über der Newa, und die vergoldete Turmspitze ihrer Kathedrale ragt hoch in den Himmel.

Die Festung bewahrt das Andenken ihres Gründers. Schon zu Lebzeiten Peters des Großen war sie das wichtigste Staatsgefängnis und blieb es auch bis zur Revolution. Hier starb Peters ungeliebter Sohn, sein einziger Erbe, der Zare-

Kunstkammer, Fassade zur Newa. Das Museum war eine Gründung Peters des Großen und das erste seiner Art in Rußland. Begonnen 1718 von Georg Johann Mattarnovi, vollendet 1734 von Michail Semzow, vollständige Restaurierung 1948. Der obere Teil des Turms beherbergt ein Observatorium.

Menschikow-Palais, dreischiffiges Vestibül

witsch Alexej, unter der Folter, nachdem er erst außer Landes geflohen und dann auf falsche Versprechungen hin wieder heimgekehrt war. Hier fand auch die Prinzessin Tarakanowa ihr Ende, die von sich behauptete, die Enkelin des ersten Kaisers zu sein. In den Kasematten der Festung schmachteten die Dekabristen, die Angehörigen der Adelsrevolte von 1825. Nach ihnen sollten noch viele Revolutionäre ihr Los teilen.

Anfangs bestand die Peter-Pauls-Festung nur aus Erdwällen. Im Jahr 1706, drei Jahre nach der Grundsteinlegung, wurde beschlossen, sie aus Stein noch einmal zu bauen. Der Zar selber lieferte den ersten Entwurf. Die Festung hatte damals sechs Bastionen, die nun mit geraden Kurtinen verbunden wurden. Die Leitung der Arbeiten hatte Domenico Trezzini, dem sein Schüler Michail Semzow zur Seite stand. Der Bau der gewaltigen Befestigungen – die Mauerstärke betrug zwanzig Meter – zog sich in die Länge. Erst ein Vierteljahrhundert später, 1730, lange nach dem Tod Peters des Grossen, war die Festung fertiggestellt, zum großen Teil dank des energischen Einsatzes des Feldmarschalls Münich, eines fähigen Festungsbaumeisters.

Trezzini war es auch, der das Peter-Tor, den Haupteingang zur Festung, errichtete. Dieser im Stil eines barocken Triumphbogens errichtete Torbau ist mit einem Flachrelief geschmückt, das eine biblisch inspirierte, allegorische Darstellung des Siegs Peters des Großen über den schwedischen König Karl XII. gibt. Die Allegorie trägt den Titel: »Die Entmachtung Simons des Zauberers durch den Apostel Petrus«. Es versteht sich, daß mit »Simon der Zauberer« der König von Schweden gemeint war.

Im Jahr 1712 begann Trezzini mit dem Bau der Peter-Pauls-Kathedrale, die erst 1733 vollendet wurde. Die Kirche ist als dreischiffige Basilika mit rechteckigem Grundriß durchgeführt. Das Innere ähnelt nordischen Barockkirchen. Man vermißt hier die Kunst der Italiener, den Raum zu einem rhythmischen Ganzen zu gestalten. Der Turm mit seiner Spitze spielt eine große Rolle in der Komposition, weil er charakteristisch ist für die Vorliebe der russischen Architekten für mehrstöckige Glockentürme mit betonter Vertikalität.

Für Peter den Großen war der Turm das eigentliche Sinnbild der neuen Stadt. Seinem Wunsch entsprechend, erhielt der Turm eine Höhe von einhundertsechs Metern, und noch zu seinen Lebzeiten wurde der Bau um zehn Meter aufgestockt. Im Jahr 1756 schlug der Blitz in die Turmspitze ein und setzte sie in Brand. Der Turm wurde zerstört und auch das übrige Kirchengebäude schwer in Mitleidenschaft gezogen. Man restaurierte jedoch alles wieder und bereicherte die Innnenaustattung mit einer großartigen, geschnitzten Ikonostase. Ihr Schöpfer war der ukrainische Meister Iwan Sarudnyj, den seine Moskauer Werke berühmt gemacht hatten. Ebenfalls erhalten geblieben sind die Tafeln mit Darstellungen von Szenen aus dem Neuen Testament, die von Künstlern aus dem ersten Drittel des 18. Jahrhunderts geschaffen wurden. Während des 18. und 19. Jahrhunderts

Menschikow-Palais, Erdgeschoß, Saal des Gardekorps

Menschikow-Palais, Salon im ersten Obergeschoß. Ausstattung aus der Mitte des 18. Jahrhunderts

Menschikow-Palais, Nußbaumkabinett. Das an der Ecke des Ostflügels gelegene Kabinett verdankt seinen Namen der Wandtäfelung aus Nußbaum, die vermutlich von französischen Kunsttischlern angefertigt wurde, die mit Leblond 1716 nach St. Petersburg gekommen waren. Die Bezeichnung geht aus einem Dokument hervor, das von einem Besuch Peters des Großen im Jahr 1720 berichtet.

diente die Kathedrale als Grablege der Zarenfamilie. Die Gräber aller Zaren sowie aller Mitglieder der Zarenfamilie, die in St. Petersburg gestorben sind, sind hier versammelt.

Zu den Bauten aus der Mitte des 18. Jahrhunderts gehören auch das Gebäude des Oberkommandanten und das Haus der Ingenieure. Das zum Fluß hin gelegene Newa-Tor wurde in den Jahren 1784-1787 von dem berühmten klassizistischen Architekten Nikolaj Lwow errichtet. Dem Börsengebäude aus der Zeit Peters des Großen gab man zwischen 1798 und 1806 eine neue Gestalt.

Hinter der Festung, auf der anderen Seite des Kanals, der sie von der Sajatschij-Insel trennt, liegt das Kronwerk, eine weitere Befestigungsanlage. Der Bau veränderte mehrmals seine Gestalt, bis er zwischen 1850 und 1860 in neogotischem Stil zum Artilleriearsenal ausgebaut wurde. Im Jahr 1872 widmete man ihn zum Artilleriemuseum um.

Die Paläste Peters des Großen

Die Residenz des russischen Kaisers zeichnete sich nicht gerade durch Luxus aus und entsprach damit genau seinem Lebensstil. Ein ausländischer Besucher, der sich 1713 in St. Petersburg aufhielt, beschrieb einen ganz gewöhnlichen Tag im Leben Peters des Großen folgendermaßen: *Seine Majestät pflegt allezeit früh auf zu sein [...] und versammelt seinen Geheimen Rat schon um drei Uhr des Morgens. Anschließend begibt er sich auf die Werft, woselbst er den Schiffsbau inspiziert und auch selbst Hand anlegt [...] Um neun Uhr zimmert er, und zwar mit solchem Geschick, das manchen ordentlichen Zimmermannmeister beschämt. Um elf Uhr speist er, mag sich aber nicht lange bei Tisch aufhalten. Nachdem er ein wenig der Ruhe gepflogen hat, wie es in Rußland Sitte ist, setzt er seine Inspektionstour auf den Baustellen fort [...]. Abends macht er Besuche, oder er soupiert mit Gästen. [...] Seine Majestät verachtet die Karten und alle anderen Spiele [...] Auch die Jagd ist ihm ein Graus. Sein größtes Vergnügen aber ist es, sich auf dem Wasser aufzuhalten. Das Wasser ist sein eigentliches Element [...] Als einmal die Newa fast ganz zugefroren war und nur noch eine kaum hundert Schritte breite Passage vom Eise frei geblieben war, ruhte er nicht eher, als bis er mit einem kleinen Boote einmal hinüber und herüber gefahren war.* Bei einer solchen Vorliebe erstaunt es nicht, daß alle Paläste Peters des Großen am Ufer der Newa gebaut wurden und daß sie nicht groß waren. Seine erste Residenz war übrigens überhaupt kein Palast.

Es war das legendäre »Holzhaus« des Zaren und wurde 1703 am linken Newa-Ufer errichtet. Der bescheidene Bau entsprach ganz dem Geschmack des Zaren, der sich in kleinen Zimmern mit niedrigen Decken wohl fühlte. Vom Eingang in der Mitte des Hauses trat man in eine Diele, an die ein Arbeits-, ein Eß- und ein Schlafzimmer stießen. Ursprünglich waren die Innenwände mit Pflanzenornamentem auf schwarzem Grund geschmückt. Außen waren die Rundhölzer mit Brettern verkleidet, die wie Mauerwerk gestrichen waren.

Auf der anderen Seite der Newa entstand 1711 der erste Winterpalast. Acht Jahre später legte Georg Johann Mattarnovi den Entwurf zu einem neuen Palast vor, der dann 1721 an der Stelle am Newa-Kai gebaut wurde, wo heute das Eremitage-Theater steht. Beide Paläste sind nicht erhalten geblieben, aber Archäologen haben kürzlich die Fundamente des zweiten Palasts im Untergeschoß des Theaters freigelegt. Nach den Resten zu urteilen, hatte dieser Bau stilistische Ähnlichkeit mit dem Sommerpalast, der heute stromabwärts an der Newa steht.

Der Palast im Sommergarten entstand zwischen 1710 und 1714 am Ufer der Newa. Das kleine, zweigeschossige Gebäude mit rechteckigem Grundriß wird Domenico Trezzini zugeschrieben. Mit seiner bescheidenen Ausstattung spiegelt es die neue Petersburger Architektur wider, die sich von den alten russischen Palästen abwandte und sich betont europäisch gab. Die Arbeiten waren schon beendet, als der Monarch befahl, die Fassaden mit neunundzwanzig Flachreliefs zu schmücken, die auf Entwürfe von Andreas Schlüter zurückgingen. Alle Reliefs berichten in allegorischer Form von den Siegen Rußlands im Nordischen Krieg. Mit ihnen bekommt der sonst eher nüchterne Bau einen feierlichen Zug.

Die vollständig restaurierten Zimmer des Sommerpalastes vermitteln dem Besucher einen guten Einblick in das Alltagsleben der Zarenfamilie im ersten Viertel des 18. Jahrhunderts. Die Wände waren mit Tapisserien bespannt, die Parkettböden hatten geometrische Muster, die Öfen waren mit holländischen Fayencekacheln verkleidet, die Eichentüren hatten eine imposante Größe. Die Ausstattung des Grünen Salons war architektonisch aufwendiger: Pilaster, die oben in Kapitellen, unten in Sockeln auslaufen, dazwischen Wandmalereien, Groteskdekorationen auf den Vertäfelungen sowie Rundmedaillons.

Der Sommergarten war Peters des Großen ganzer Stolz. Er selbst lieferte 1704 den ersten Entwurf dafür und kümmerte sich sein Leben lang um die Pflanzungen, den Skulpturenschmuck, die Grotten, die Pavillons und Brunnen. Auf seinen Wunsch hin pflanzte man hier Bäume und Blumen aus allen Teilen des Reiches und selbst aus dem Ausland an. Aus dem Norden Rußlands kamen Zedern, aus Schweden frostresistente Apfelbäume, aus Holland Tulpen, aus Estland Linden und weiße Lilien. Im Jahr 1720 behauptete der Zar gegenüber ausländischen Gästen, hätte er noch drei Jahre zu leben, würde er bis dahin einen noch prächtigeren Park als den von Versailles haben. Der Ausspruch macht deutlich, welche Art von Park dem Zaren vorschwebte: ein Park im französischen Stil.

Als sich dann in der zweiten Hälfte des 18. Jahrhunderts der Geschmack wandelte und sich die Russen für den Landschaftspark begeisterten, hörte man auf, die Bäume des Sommergartens kunstvoll zu beschneiden. Im 19. Jahrhundert war der Park für seine schattigen Alleen berühmt. Einst den Festen des kaiserlichen Hofes vorbehalten, gingen nun die Bürger von St. Petersburg hier spazieren. Dichtes Laub verbarg den Sommerpalast und die Grotte, die Carlo Rossi 1826 wieder restauriert hatte. Hingegen war die barocke Galerie am Newa-Kai verschwunden.

Das berühmte schmiedeeiserne Gitter wurde zwischen 1771 und 1784 nach einem Entwurf von Jurij Veldten, des ersten Petersburger Klassizisten, errichtet. Es handelt sich um ein Gitterwerk mit vergoldeten Rahmen, das im Abstand von sechsunddreißig Stäben von einem runden Pfeiler aus rotem, geschliffenem Granit unterbrochen wird. Ohne Zweifel ist es das schönste Parkgitter in ganz Rußland. Im Jahr

Menschikow-Palais, Schlafzimmer der Warwara Arsenjewa, der Nichte Menschikows.

Menschikow-Palais, Wohnung der Warwara Arsenjewa, Westseite. Buffet Anfang des 18. Jahrhunderts, Vase aus blauglasierter Delfter Fayence, erstes Viertel des 18. Jahrhunderts

Ausschnitt der Fayencekacheln im Schlafzimmer. Jede Kachel trägt ein anderes Motiv.

1855 errichtete der Bildhauer Peter Klodt von Jürgensburg im Park ein Denkmal zu Ehren des russischen Fabeldichters Iwan Krylow.

Die Bauwerke aus der Epoche Peters des Großen auf der Wassiljewskij-Insel

Neben der Gesamtanlage, die viele Züge des Entwurfs von Domenico Trezzini bewahrt, stehen auf der Wassiljewskij-Insel die bedeutendsten Bauwerke aus der Gründungszeit der Stadt.

Eigentlich hätte hier das Zentrum mit den wichtigsten staatlichen Behörden Rußlands entstehen sollen. Im Jahr 1722 begann man – immer noch nach dem Entwurf Trezzinis – mit dem Bau der »Zwölf Kollegien«. Die Anlage umfaßte zwölf Gebäude, die die zwölf Ministerien des Landes beherbergen sollten. Ein ungewöhnlich langer Bogengang verband alle Gebäudeteile miteinander. In der Mitte entstand der Sitzungssaal des Senats. Den Entwurf der Fassade lieferte 1724 Theodor Schwertfeger. Auf allen drei Stockwerken sind die Fensterumrahmungen vergoldet, zwischen ihnen verlaufen Pilaster in regelmäßigen Abständen, während zwölf Risalite einen Kontrast bilden. Die zugegebenermaßen etwas langweilige Komposition beeindruckt nur durch ihre Größe. Im Jahr 1819 zog hier die Universität St. Petersburgs ein.

Nicht weit davon entfernt steht die sehr viel interessantere Kunstkammer. Das Gebäude beherbergte die Raritätensammlungen und die Bibliothek Peters des Großen, ferner den Anatomiehörsaal und das erste Observatorium in ganz Rußland. Der Entwurf von 1718 stammte von Georg Mattarnovi, aber der Bau, an dem nacheinander Nikolaus Härbel, Gaetano Chiaveri und Michail Semzow beteiligt waren, zog sich bis 1734 hin. Nach einem Brand Mitte des 18. Jahrhunderts wurde das Gebäude unter Leitung von Sawwa Tschewakinskij neu aufgebaut. Das Gebäude besteht aus zwei Flügeln, in deren Mitte sich ein fünfstöckiger Turm erhebt. Das Zusammenspiel der Baukörper und die reiche Dekoration machen die Kunstkammer zu dem Petersburger Bauwerk, das am meisten den Geist des Barock atmet.

Das prächtigste und größte von allen Wohnpalais liegt am gleichen Kai wie die Kunstkammer: Einst war es die Residenz des Fürsten Alexander Menschikow, seines Zeichens Gouverneur St. Petersburgs und intimer Freund des Zaren. Das Palais liegt wie alle repräsentativen Bauten jener Epoche direkt am Ufer der Newa. Vor dem Gebäude mit seinen drei unterschiedlich hohen Flügeln befand sich eine Schiffsanlege. An die Rückfront schloß sich ein großer, regelmäßig angelegter Park an, der von einer hohen Einfriedungsmauer mit Türmchen umgeben war. Im Park gab es eine Grotte, eine Orangerie, Brunnen und Skulpturen, alles wie im Sommergarten des Kaisers. Da das sogenannte Menschikow-Palais viel größer und prächtiger als die bescheidene Residenz Peters des Großen war und so viel eher den notwendigen Palast-Charakter besaß, empfing der Monarch ausländische Gesandtschaften stets im Palais seines Freundes.

Zwischen 1720 und 1727 vergrößerte man das Hauptgebäude um zwei Flügel, die sich an der Newa hinzogen. Im Jahr 1727 entstand auf dem Terrain das kleine Palais Peters II., des jungen Enkels und Erben Peters des Großen, den Menschikow ganz in seiner Nähe haben wollte, ohne damit jedoch seine Position wahren zu können. Der Hof Peters II. verließ die neue Hauptstadt wieder und kehrte nach Moskau zurück.

Das Gebäude, wie es sich nach seiner letzten Restauration darbietet, vereinigt alle Charakteristika des Petersburger Stils des ersten Viertels des 18. Jahrhunderts. Giovanni Mario Fontana hatte mit dem Bau begonnen, Gottfried Schädel hatte ihn fortgesetzt. Der italienische und der deutsche Architekt sind die Vertreter zweier Traditionen, die die Petersburger Architektur nachhaltig prägten. Im Innern sind das Vestibül mit dem prächtigen Treppenaufgang und das holzvertäfelte Kabinett erhalten. An dessen Decke in russischer Art ist der Zar in Siegerpose dargestellt. Die anderen Repräsentationsräume wurden nach ihrer Restaurierung wieder so hergestellt, wie sie ursprünglich waren.

Menschikow-Palais, Deckenschmuck des Schlafzimmers der Warwara Arsenjewa. Die Fayencekacheln sind von Stuckornamenten umgeben, die für das erste Viertel des 18. Jahrhunderts typisch sind. Jede Kachel trägt ein maritimes Motiv: Fische, Delphine, Wale, Walrösser und Seepferdchen, wie es bei Dekorationen des 17. Jahrhunderts in Rußland beliebt war. Der Deckenschmuck wurde zwischen 1716 und 1720 ausgeführt.

Anna Iwanowna und Elisabeth Petrowna

Der Glanz des Barock

Sankt Petersburg ist unter den Nachfolgern Peters des Großen, insbesondere unter Elisabeth I. und Katharina II., noch prachtvoller geworden. Die stattlichen, auf Granitsockeln gebauten Häuser aus Stein spiegeln den ganzen Reichtum alter und moderner Architektur wider. Überall sind prunkvolle Palais und prächtige Wohnhäuser entstanden. Die in Granit gefaßten Ufer entlang der Newa und der Kanäle Moika, Katharina, Sankt-Nikolaus und Fontanka mit ihren Trottoirs für die Fußgänger bilden eine Einheit und machen Sankt Petersburg zu einer der schönsten Städte der Welt.

Abbé Georgel, *Reise nach Sankt Petersburg in den Jahren 1799-1800*, Paris, 1818

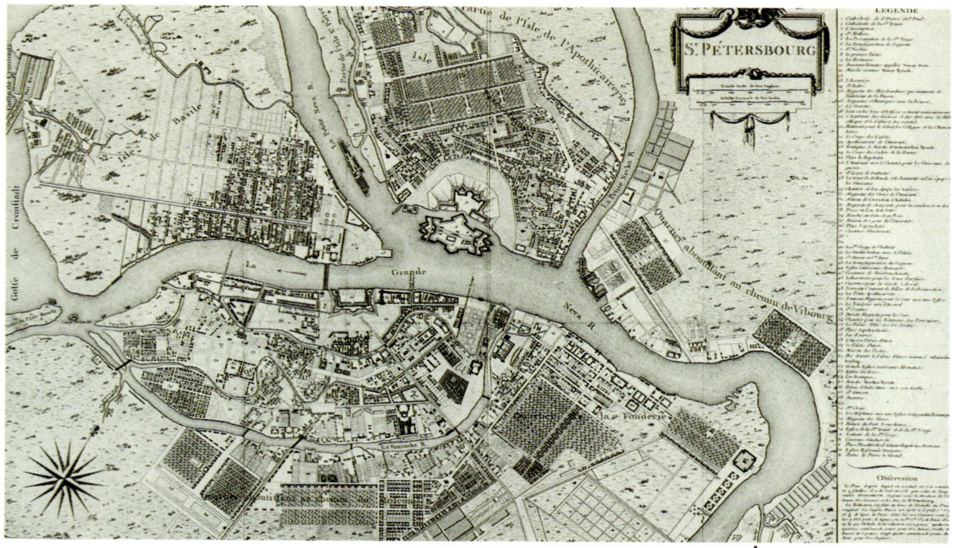

St. Petersburg in der Regierungszeit Elisabeth I. Stich von P. F. Tardieu nach dem berühmten Plan von M. Machajew, 1786

Nordseite des Sommerpalasts
Elisabeth I.
Radierung von A. Grekow

Kathedrale St. Nikolaj der Marine, auch Nikolskij genannt. Blick vom Katharinen-Kanal

Anna Iwanowna – Die zweite Geburt der Stadt

Eines der bedeutendsten Petersburger Gebäude des Barock stand nur drei Monate, nämlich nur solange der Frost andauerte – mit Frühlingsbeginn war es bereits geschmolzen. Der berühmte Eispalast wurde im Winter 1740 errichtet. Damals regierte die Kaiserin Anna Iwanowna, eine Nichte Peters des Großen. Sie hatte eine Vorliebe für Vergnügungen großen Stils, ohne dabei die Staatsangelegenheiten zu vernachlässigen, die, wie das tägliche Leben überhaupt, ihre Nerven so stark belasteten und ihr soviel Kopfzerbrechen bereiteten, daß sie ständig Ablenkung benötigte. Sie umgab sich z. B. stets mit »Hofnarren«: einfachen Frauen, die tagelang ununterbrochen reden konnten und extra für diesen Zweck aus verschiedenen Städten des Reiches herbeigeholt worden waren; aber auch mit bekannten Persönlichkeiten, die in ihrer Eigenschaft dem Anspruch des Hofnarren gerecht wurden, und anderen, die dies nicht taten und trotzdem gezwungen waren, diese Rolle wahrzunehmen. So wurde eines Tages beschlossen, zum Amüsement der Zarin einen dieser Hofnarren, nämlich den nicht mehr ganz jungen Fürsten Golizyn, mit einer kalmückischen Frau zu vermählen, was insofern eine Kuriosität war, als dieser Volksstamm erst jüngst den Grenzen Rußlands einverleibt worden war. Dem »jungen Brautpaar« wurde zwischen dem Kaiserschloß und der Admiralität ein Haus errichtet und ausgestattet. Und da in diesem Jahr der Frost besonders heftig war, konnte das Gebäude vollständig aus Eis gebaut werden. Nur reinstes Eis wurde gehauen und zu architektonischen Zierelementen verarbeitet. Es wurde mit Zirkel und Zollstock gemessen, mit Hebeln und Kränen ein Eisblock auf den anderen gesetzt und jede fertige Reihe mit Wasser übergossen, das sofort gefror und den härtesten Zement ersetzte. So beschreibt Georg Kraft, Mitglied der Akademie der Wissenschaften in St. Petersburg und Augenzeuge des Unternehmens, den Bau des Eispalastes.

Das Haus war über 16 Meter lang. Die überladene Fülle an Verzierungen entsprach dem Geschmack des russischen Barocks. Rund um den unteren Teil des Palastes zog sich eine Balustrade. Das hohe Dach krönte eine Galerie von auf Säulen posierenden Statuen. Die Fenster waren prunkvoll umrahmt, die Außenmauern mit marmorartig gefärbten Pilastern verziert. Der Besucher konnte innen das Schlafzimmer und das Bett aus Eis, den Toilettentisch, den Kamin mit Holzscheiten aus Eis, das Speisezimmer mit einer Pendeluhr, deren Uhrwerk ebenfalls ganz aus Eis gearbeitet war, und gleich daneben einen Schrank, gefüllt mit allem nur denkbaren Geschirr aus Eis, bewundern. Nachts wurden Kerzen angezündet, die den Eispalast von innen her erleuchteten.
Draußen neben dem Palast standen Kanonen, die natürlich

Kathedrale St. Nikolaj der Marine. Die zwischen 1753 und 1761 von Sawwa Tschewakinskij, einem Schüler Rastrellis, erbaute Kathedrale ähnelt in vielem der Kathedrale des Smolnyj-Klosters (s. S. 103): in der monumentalen Bauweise, der Fülle der Verzierungen, den leuchtenden Farben und den Elementen der Architektur traditioneller orthodoxer Kirchen, wie dem Grundriß eines griechischen Kreuzes und der fünf Kuppeln.

Glockenturm der Kathedrale St. Nikolaj der Marine. Blick vom Katharinen-Kanal

Kathedrale St. Nikolaj der Marine, Ikonostase der Oberkirche, 1755-1760

Kathedrale St. Nikolaj der Marine, Innenansicht der Oberkirche

Löwenbrücke. Zwischen 1825 und 1826, zeitgleich mit der Bankbrücke, erbaute Fußgängerbrücke

auch aus Eis gefertigt und die von so »robuster« Konsistenz waren, daß man sie zur Unterhaltung des Volkes sogar feuerte. Nicht weit von den Kanonen stellte man Eisdelphine und -elefanten auf, die tagsüber Wasser, nachts brennendes Petroleum spieen. Außerdem konnte der Elefant, so in den Erinnerungen Krafts, brüllen wie ein lebendiger Löwe, dank der Stimme, die ein Mensch, der im Innern des Elefanten versteckt war, mit Hilfe einer Trompete erzeugte.

Das unglaublichste Ereignis war jedoch die Hochzeit selbst. Man ließ Männer und Frauen aus jeder der zahlreichen Völkergruppen des russischen Imperiums nach Petersburg kommen, kleidete sie in ihrer jeweiligen Landestracht und veranstaltete ein großes Festessen, nach dem die Gäste die Jungvermählten in einer großen Kavalkade zum Eispalast begleiteten, wo sie ihre Hochzeitsnacht verbringen mußten. Es ist kaum zu glauben, aber der Legende nach soll die Ehe sogar glücklich gewesen sein. Sicher ist hingegen, daß das Fest von dem Kabinettsminister Artjomi Wolynskij organisiert wurde und bei der Kaiserin Anna großen Beifall fand. Offensichtlich erhoffte er sich mit diesem Fest Vorteile für seine eigene Karriere und möglicherweise sogar Einflußverluste anderer Günstlinge des Throns. Der Erfolg des Eispalastes löste jedoch unter den Höflingen eine Welle der Eifersucht aus, die in dem Vorwurf des Komplotts gipfelten. Nach mehreren Verhören, die von Folterungen begleitet waren, wurde Wolynskij schließlich hingerichtet. Gleichzeitig mit ihm starb der wahre Vater der »zweiten Geburt« Petersburgs: der Architekt Pjotr Jeropkin.

Aber kehren wir zurück zur Geschichte der Stadt und ihrer Architektur, zu der Zeit, als Peter II., nach dem Tod Peters des Großen und seiner Witwe, der Kaiserin Katharina I., den Thron bestieg. Der Hof und die Regierungseinrichtungen wurden im Februar 1728 nach Moskau zurückverlegt. Die ein Vierteljahrhundert zuvor gegründete Hauptstadt stand kurz vor dem Aus. Im Gegensatz zu seinem berühmten Großvater umgab sich Peter II. nicht gerade mit reformfreudigen Persönlichkeiten wie einem Menschikow. Im Gegenteil: Die Vertreter des alten russischen Adels, allen voran die Fürsten Dolgorukij, waren Moskau eng verbunden und halfen dem neuen Regenten, sich Menschikows zu entledigen. Als der Hof zur Krönung des neuen Kaisers in der ehemaligen Hauptstadt anreiste, wurde einfach die Anordnung der Rückreise nach Petersburg unterlassen. Der alte, von den vorhergehenden Zaren so sehr geschätzte Lebensstil der Stadt erlebte neuen Auftrieb: Die Falken-, Wolfs- und Bärenjagden übten auf den jungen Monarchen einen magischen Reiz aus. Auf einer dieser Unternehmungen überfiel ihn ein Unwohlsein, und er kehrte krank nach Moskau zurück. Dort starb er, bevor er die Volljährigkeit erreicht hatte. Erneut stellte sich das Problem der Thronfolge, das in engem Zusammenhang mit der Frage der Beziehungen zwischen Moskau und Petersburg stand und von entscheidender Bedeutung für das Schicksal der neuen Hauptstadt war.

Die Macht lag zunächst in den Händen des Hohen Geheimen Rates, der sich hauptsächlich aus Mitgliedern der alten Moskowiter Adelsfamilien zusammensetzte. Diese sträubten sich vehement gegen die Durchführung der radikalen wirtschaftlichen und politischen Reformen und fürchteten daher die Thronfolge eines Nachkommens Peters des Großen, insbesondere seiner Tochter Elisabeth. So wurde die fünfunddreißig Jahre alte Anna Iwanowna, die Tochter Iwan Alexejewitschs, des Bruders Peters des Großen, auserkoren. Man zwang sie, eine Art Verfassung zu unterzeichnen, die der alten Aristokratie uneingeschränkten Einfluß gewährte. Es schien, als hätten sich die Moskowiter durchgesetzt, jedoch hatten die Mitglieder des Hohen Geheimen Rates die vom »Geist Petersburgs« geprägten Beamten und Offiziere sowie den Klerus unterschätzt. Mit ihrer Unterstützung gelang es Anna, all jene auszuschalten, die ihre kaiserliche Macht einzuschränken suchten. Um das vom ersten russischen Kaiser, Peter I., eingeführte Regierungssystem und Leben fortführen zu können, mußte das Umfeld erneuert und die Anhänger der alten Macht ausgeschaltet werden. Entschlossen, diesen Weg einzuschlagen, entschied sich Anna erneut für St. Petersburg als Symbol der Reformen und

Der Katharinen-Kanal im Winter

Mariinskij-Theater oder Marien-Theater. Das 1783 gegründete und ab 1803 ausschließlich der Aufführung von Opern vorbehaltene Theater wurde mehrmals zerstört und wiederaufgebaut. Das jetzige Gebäude hat seinen Ursprung in den späteren Umbauten des von A. Cavos 1859 errichteten Opernhauses. Die zwischen 1883 und 1896 von V. Schroedter geleiteten Umbauarbeiten endeten schließlich in einem Neubau.

Mariinskij-Theater,
Zarenloge

Mariinskij-Theater,
Großer Saal

der Öffnung hin zum Westen und verlegte den Hof zurück in die neue Hauptstadt.

Die Regierungszeit Anna Iwanownas war von vielen Komplikationen begleitet. Die überstürzten Neuerungen und die gewaltigen Ausgaben für die Armeereform, den Flottenbau und den Aufbau Petersburgs hatten das Land ausgeblutet. Anna war mit dem Herzog von Kurland verheiratet worden. Nach dem Tod ihres Gatten regierte sie diesen kleinen Baltenstaat, aus dem sie zahlreiche Deutsche nach Rußland mitbrachte, darunter ihren Günstling Ernst Biron [d. i. Ernst von Bühren].

Zu dieser Zeit orientierte sich Rußland kulturell stark an Deutschland. So lernten von den 245 russischen Schülern des einzigen nationalen Kadettencorps 51 Französisch und 237 Deutsch, da unter Anna Iwanownas Herrschaft eine Beförderung ohne Kenntnisse der deutschen Sprache ausgeschlossen war.

Faßt man die wesentlichen Merkmale dieser Zeit zusammen, läßt sich feststellen, daß die unter Peter dem Großen begonnene Entwicklung Rußlands nicht unterbrochen wurde. Die deutschen Beamten, die die höchsten Ämter in der Regierung bekleideten, brachten, wenn auch mit Gewalt, zumindest aber mit Erfolg und Logik, Ordnung in das komplexe Mosaik der unzähligen Vorhaben des großen Reformators. Dazu waren der für die Zeit um 1730 charakteristische Rationalismus und Perfektionismus auch notwendig. Hiervon blieb natürlich auch die Architektur nicht unberührt.

Während Peter der Große seinerzeit vor allem ausländische Meister der Künste und Wissenschaften nach Rußland holte, erhielten unter Anna Iwanowna auch zahlreiche russische Architekten lukrative Aufträge. Das war wiederum dem Umstand zu verdanken, daß Peter der Große ab 1716 junge Menschen ins Ausland geschickt hatte, damit diese dort in »diversen Künsten« ausgebildet wurden. Unter ihnen waren auch acht Studenten, die den Auftrag hatten, die Kunst der Architektur zu erlernen. Vier wurden nach Holland, vier nach Italien geschickt. Als Anna Iwanowna auf den Thron kam, waren sie so weit, ihre Fähigkeiten zu erproben und ihr Handwerk auszuüben. Von denen, die in Anvers studiert hatten, machte sich vor allen Iwan Korobow einen Namen. Er begann als Architekt der Admiralität und wurde später mit der Leitung aller Werftbauten in der neuen Hauptstadt betraut. Er baute das Hauptgebäude der Admiralität mit seinem Turm, der wiederum in eine hohe Spitze übergeht, die zum Orientierungspunkt der gesamten Stadt wurde. Der Bau dauerte bis in den Anfang des 19. Jahrhunderts, als die Admiralität schließlich durch das noch heute bestehende Gebäude des Architekten Andrej Sacharow ersetzt wurde. Sacharow hielt sich jedoch an das ursprüngliche Volumen und die Gesamtkonzeption des Baus.

Ein weiterer, sehr bekannter Architekt der 1730er Jahre war Michail Semzow, der bei Domenico Trezzini studiert hatte. Er arbeitete später zusammen mit Niccolo Michetti. Der zum Studium nach Rom entsandte Architekt Pjotr

Torbogen zur Insel Neu-Holland. 1765 von dem französischen Architekten J. Vallin de la Mothe meisterhaft entworfener Eingang zu den Holzlagern der von Sawwa Tschewakinskij auf einer dreieckigen, über Kanäle zugänglichen Insel erbauten Werften.

Neu-Holland, entworfen von dem Architekten Fabrizky. Anonymes Aquarell

Blick auf den Katharinen-Kanal und die Erzengel-St.-Michaels-Kirche, Ende des 19. Jahrhunderts

Blick auf den Katharinen-Kanal

Woronzow-Palais. Lithographie von H. Awnatomow nach einer Zeichnung von Joseph Charlemagne, 1858

Stroganow-Palais und die Polizeibrücke von Paul Jaquot nach einer Zeichnung von Joseph Charlemagne, 1855

Palais Stroganow. Der Moika zugewandte Fassade. Da die Siedlungsdichte ständig zunahm, mußten gartenlose Palais, die an die Straße stießen, gebaut werden. Zwischen 1751 und 1754 errichtete Rastrelli daher für den Grafen Stroganow einen »Blockpalast«. Bossenwerk umzieht die gesamte Grundmauer, die Fassaden sind geschickt gegliedert, die Fenster der Beletage liebevoll mit raffiniert abwechselnden viereckigen und runden Fensterbuchten gestaltet, eine Reihe mächtiger Säulen schmückt die Risalite.

Jeropkin stand der italienischen Architektur noch näher als Semzow. Er blieb sieben Jahre in Italien und erwarb dort eine solide Ausbildung als Architekt und Ingenieur. Er übersetzte als erster Andrea Palladios »Vier Bücher zur Architektur« ins Russische.

Bei seiner Rückkehr in die Heimat erwartete Jeropkin ein steiler Aufstieg. Gegen Mitte des Jahres 1737 war er bereits Leiter des Städtebaus in Petersburg. Zu dieser Zeit wurde auch eine Sonderkommission gegründet, die mit einer topographischen Bestandsaufnahme und dem Entwurf eines neuen Generalplans beauftragt wurde. Für jedes Stadtviertel wurde in Jeropkins Büro ein Plan ausgearbeitet, der anschließend zusammen mit Semzow, Korobow und Trezzini überarbeitet und schließlich der Kaiserin zur Genehmigung vorgelegt wurde. Das Ergebnis war ein voller Erfolg. Schließlich wurde beschlossen, daß das Zentrum der Stadt nicht etwa die Peter-Pauls-Festung oder die Wassiljewskij-Insel, sondern die Admiralität sein sollte. Der Wahl der Admiralität als Stadtzentrum lag die Idee der strahlenförmig von diesem Punkt abfließenden Hauptadern zugrunde, nämlich der Newskij-Prospekt, die Gorochowaja Straße und die Wosnessenskij Straße, die die Peripherie mit der Admiralität verbanden und exakt auf deren Turmspitze zuliefen. Die Kommission legte fest, daß *nichts den Blick auf die Turmspitze der Admiralität versperren dürfe*. Auch heute noch ist dies eines der auffälligsten Merkmale des Stadtbilds. Man kümmerte sich ferner um die Gestaltung der Kais. So wurde, insbesondere in der näheren Umgebung der Admiralität, die Bebauung des Schloßkais entlang der Newa, der Ufer der Moika und der Fontanka mit noblen Wohnhäusern mit Gärten fortgesetzt. Die Straßen des Admiralitätsviertels wurden netzförmig miteinander verbunden. Jeropkins Plan sah in diesem Teil der Stadt den Bau eines großen Wohnviertels vor, dem Kolomna, dessen Struktur uns in großen Zügen überliefert ist. Die Wassiljewskij-Insel wurde belassen, wie Domenico Trezzini sie geplant hatte. Alle anderen Stadtteile hingegen wurden komplett neu geplant.

Diese Pläne zeugen von einer außergewöhnlichen Fähigkeit, Grundstrukturen einer Stadt herauszuarbeiten und sie ausgewogen und klar zu gliedern, ohne dabei den Realitäts-

Palais Stroganow,
Mineralienkabinett

Palais Stroganow, Arabeskensaal. Die Innenausstattung des Palais wurde zwischen 1790 und 1800 von A. Woronichin, nach seiner Rückkehr aus Paris, völlig erneuert.

sinn zu verlieren. Mit erstaunlichem Geschick wußte Jeropkin die bereits vorhandenen Straßen und Gebäude in seine Pläne einzubeziehen und den malerischen Verlauf der Flüsse und Kanäle zu nutzen.

Auch heute, gegen Ende des 20. Jahrhunderts, ist in den Stadtvierteln von Petersburg der Einfluß dieses außergewöhnlichen Baumeisters augenfällig. Ohne Zweifel entstand zu Lebzeiten Jeropkins eines der Meisterwerke des barocken Städtebaus. Seine Architektur zeichnet sich durch die Vorliebe für weitläufige Perspektiven und eine imposante geometrische Bauweise aus, durch seine Leidenschaft für die ungewöhnliche und abwechslungsreiche Anordnung ebenmäßiger Elemente, auf deren Grundlage (wie auch auf der Grundlage der dekorativen Elemente) er ein harmonisches Ganzes errichtete. Unter Anna Iwanowna wurde mit Jeropkins Hilfe der Grundstein für die Ausstrahlung und Schönheit Petersburgs gelegt, einer Schönheit, die sich in der Folgezeit, der Regentschaft Elisabeth I., weiter entfalten konnte.

Elisabeth Petrowna oder die Blüte des Rastrelli-Barock

Anna Iwanowna hinterließ keine eigenen Nachkommen und starb am 17. Oktober 1740. Kurz zuvor hatte sie verfügt, den acht Wochen alten Iwan VI., Sohn ihrer deutschgebürtigen Nichte Anna Leopoldowna, als ihren Erben einzusetzen, und bestimmte ihren treuesten Gefolgsmann und langjährigen Liebhaber, Ernst Biron, zum Regenten des Kaiserreichs. Biron wurde bald darauf von Anna Leopoldowna gestürzt und nach Sibirien verbannt, und sie ernannte sich, zusammen mit ihrem Ehegatten, dem Fürsten Anton Ulrich von Braunschweig, zur Regentin des Reiches. Ihre Regentschaft sollte jedoch nur von kurzer Dauer sein. In der Nacht vom 6. Dezember 1741 drang in Begleitung der Garde eine große Frau mit Brustpanzer ins Gemach der Kaiserin und ließ sie und den kleinen Zaren mit den Worten: »Auf, Schwesterchen!« abführen. Diese Frau war Elisabeth, die Tochter Peters des Großen. Sie regierte zwanzig Jahre lang, bis 1761. Der unglückliche junge Kaiser Iwan VI. wurde indes in der Festung gefangengehalten, bis er bei einem Fluchtversuch von der Garde getötet wurde.

Die Regierungsperiode Elisabeth I. war für Rußland eine glückliche Zeit. Die Reformen begannen Früchte zu tragen. Die Feldzüge der russischen Armeen wurden von militärischen Erfolgen gekrönt, und das Kaiserreich faßte Fuß in der europäischen Politik. Die Beziehungen zu den deutschen Staaten entwickelten sich gut, es kam sogar zum Abschluß eines gegen den preußischen König Friedrich II. gerichteten Bündnisses mit dem Heiligen Römischen Reich Deutscher Nation und Frankreich. Dank ihrer klugen Politik schritten im Land, wenn auch nur behutsam, die Veränderungen fort. Insgesamt schienen gemäßigtere Sitten Einzug zu halten. Es war Elisabeths Verdienst, daß die unter der Regentschaft Anna Iwanownas wütende Grausamkeit allmählich nachließ. Während ihrer Regierungszeit wurde die Todesstrafe abgeschafft. Elisabeth hatte Gefallen an Maskeraden, war zutiefst fromm und liebte Kirchengesänge. Manche behaupten, sie sei ihr ganzes Leben einem Günstling treu geblieben, dem schönen, mit einer herrlichen Stimme und einem fröhlichen Wesen begabten Ukrainer Alexej Rasumowskij, dem sie den Grafentitel verlieh. Das Leben in Petersburg wurde ruhiger und luxuriöser. Aus kunsthistorischer Sicht der Entwicklung St. Petersburgs entspricht ihre Regierungszeit der Blüte des Barock.

Igor Grabar schrieb in dem bereits erwähnten und bedeutenden Werk über die Architektur dieser Zeit: *Unter Peter dem Großen verwandelte sich St. Petersburg zu einer Art architektonischer Versuchsstadt. Allerlei Künstler strömten hier zusammen: große, mittlere und viele völlig unbedeutende. Jeder warf natürlich alles, was vor ihm bereits gemacht worden war, über den Haufen, [...] oder er starb früh, oder er verließ Petersburg für immer. Ist die Entwicklung eines bestimmten Stils unter diesen Umständen überhaupt möglich? Nur Splitter des italienischen Barocks gelangten nach Petersburg. Die Formen des deutschen Barocks hatten einen weitaus größeren Einfluß, aber es fehlte noch immer die starke Hand [...], es gab nicht diesen Über-Künstler, auf dessen Schultern die ganze Last der Probleme gelegen und der das Petersburg seiner Zeit von seiner Hand geprägt hätte. Ein solcher Mensch kam erst später [...], und erst dann entstand der eigentliche Petersburger Barock, der die Stadt kennzeichnet. Dieser Mann hieß Rastrelli.*

Der Architekt Bartolomeo Francesco Rastrelli war der Sohn des bekannten italienischen Bildhauers Carlo Bartolomeo Rastrelli, der 1716 von Peter dem Großen nach Rußland gerufen worden war. Er kam aus Paris, wo er recht erfolgreich gearbeitet hatte. Der spätere Architekt wuchs in Paris auf und begleitete seinen Vater nach Petersburg, von wo aus er, mit einem Stipendium des Zaren ausgestattet, zum Studium ins Ausland, wahrscheinlich nach Deutschland, geschickt wurde. Schon bald nach seiner Rückkehr nach Rußland wurde ihm vom Hofe die Leitung bedeutender Bauwerke anvertraut, zunächst in Moskau, wo er den gewaltigen kaiserlichen Palast Annenhof ganz aus Holz errichtete, später in den baltischen Ländern, wo er in Mitau das noch bestehende herrliche Palais der Fürsten von Kurland baute, und schließlich in Petersburg, wo Anna Iwanowna ihn zum Hofarchitekten ernannte. Ab 1741 war er der Lieblingsarchitekt Elisabeths I. Bis zum Tod der Kaiserin leitete er die wichtigsten Arbeiten in der Hauptstadt und deren Umgebung.

Die Bauwerke Rastrellis sind ein vollendeter Spiegel der russischen Kultur um die Mitte des 18. Jahrhunderts: Die Opulenz und das Malerische, die Optimismus vermitteln, eine einzigartige Festlichkeit, die besondere Repräsentation und der Hang zu Monumentalität. Der Barock in Rußland ist weit entfernt von empfindsamer Mystik und extrem verfeinertem Geschmack. Rastrellis Kunst ist durch den Schwung und die Schlichtheit der Phantasie, das Organische und die Kraft gekennzeichnet. Seine Werke heben sich vor allen Dingen durch die üppige und großzügige Fülle der Formen, die flutende Farbenvielfalt und den Reichtum an Verzierungen sowie eine gewisse Feierlichkeit ab. Im Zusammenhang mit den von Rastrelli ausgestatteten Sälen sagte der berühmte russische Kunsthistoriker Boris Wipper: *Seine prächtigen, lebensprühenden Interieurs sind voller Bewegung, Glitzern und Beben. Die Reflexionen der Mehrfachspiegel, die vergoldeten Schwünge der Holzschnitzereien, die Deckengemäl-*

Luftaufnahme vom Schloßplatz. Rechts: Winterpalast und Eremitage; links: das Halbrund des Generalstabsgebäudes

Winterpalast, der Admiralität zugewandte Fassade. Im Vordergrund ist das Eckgebäude der Admiralität zu sehen.

de und Parkettmuster, die Kartuschen und Schnecken, die schwelgerischen Rosetten und die fliegenden Cupidos – alles funkelt und glitzert. Ein blendend prachtvoller Hintergrund für die Günstlinge in den wülstigen Kleidern.

Bartolomeo Rastrelli verfügte über eine erstaunliche Fähigkeit: Er vermochte der Originalität des ihn umgebenden Milieus künstlerischen Ausdruck zu verleihen. Dieser in Paris aufgewachsene Italiener besaß die Gabe, die Eigenheiten des russischen Geschmacks nachzuempfinden.

Durch seine Tätigkeit in Moskau und Kiew war ihm die Architektur des alten Rußlands vertraut. Er wußte ihren dekorativen Wert und die Besonderheiten russischer Kompositionen und deren Farbenspiel sinnvoll einzusetzen. Es ist sein Verdienst, daß die neue russische Architektur schließlich zu ihrem eigenen Ausdruck fand.

Die Entwicklung des kulturellen Lebens in Petersburg unter der Regentschaft Elisabeths begünstigte den Erfolg Rastrellis. Die Stiche Michail Machajews aus dem Jahr 1753 zeigen uns eine ausgesprochen schöne, große, zu den weiten Landschaften hin offene Stadt, eine Stadt, durchzogen von Flüssen und Kanälen, mit Grünanlagen und Palästen, geschmückt mit vergoldeten Figuren. Die Jachten, die Segel- und Ruderboote zogen die Kanäle und Flüsse auf und ab, entlang der Fassaden und unterbrochenen Galerien, die auch als Anlegestellen dienten.

Die Perfektion, die Geschlossenheit, die Vorherrschaft der barocken Architektur waren für diese Epoche kennzeichnend. Möglicherweise erscheint die Stadt wohlhabender, ausgewogener und europäischer, als sie es wirklich war. Die kleinen Handwerkerhäuser, die sumpfigen und unbefestigten Gebiete, die in der Stadt weiterhin bestanden, lockten die Künstler nicht. Selten verarbeiteten sie in ihrer Kunst das »militärische Petersburg« und die tristen Kasernenviertel jenseits der Fontanka. Uns kommt es jedoch darauf an, Petersburg in seiner Gesamtheit, also seiner Größe und Weite, seiner Entwicklung während eines halben Jahrhunderts, seiner Prachtentfaltung im Barock zu erfassen. Rastrellis Bauwerke sind architektonische Glanzlichter jener Zeit: der Winterpalast, die Palais Woronzow, Schuwalow, Bestuschew-Rjumin, Stroganow und das Smolnyj-Kloster – aber auch die Arbeiten seines Konkurrenten, des russischen Architekten Sawwa Tschewakinskij, der ihm mit seinem Talent in nichts nachstand, wie seine berühmte Kathedrale St. Nikolaj der Marine beweist.

Winterpalast, Westseite, 1840. Aquarell von V. S. Sadownikow

Das Smolnyj-Kloster

Das Smolnyj-Kloster ist vielleicht das eindrucksvollste Bauwerk des Petersburger Barocks. Kaiserin Elisabeth I. liebte den Pomp religiöser Messen.

Oft setzte sie sich in der Kirche neben den Chor und fiel ein in den Gesang und das Gebet. Die Kaiserin und der Hof hielten sich streng an die Regeln der Fastenzeit. Einzig ihr Günstling Rasumowskij hatte die Erlaubnis, Fisch zu essen. Der Reichskanzler Graf Bestuschew-Rjumin mußte Seine Heiligkeit den orthodoxen Patriarchen von Konstantinopel um die offizielle Erlaubnis ersuchen, ein weniger strenges Fastenregime einhalten und auf Pilze, die einzige Speise, von der sich die Kaiserin während der Fastenzeit zu ernähren pflegte, verzichten zu dürfen. Ihre Religiosität war nicht nur zur Schau getragen: Sie hielt sich streng an die religiösen Bräuche und träumte häufig davon, im Alter abzudanken und sich in ein Kloster zurückzuziehen, dessen Priorin sie sein würde. Rastrelli baute ein Kloster auf dem Grundstück, wo einst die alten, zur Zeit Peters des Großen gebauten Teerlager für die Schiffe standen.

Das Volk nannte es das Smolnyj-Kloster (das »Teer-Kloster«), ein Name, der sich schließlich einbürgerte, obwohl die offizielle Bezeichnung Neujungfrauen- und Auferstehungskloster lautete. Diese zweifache Widmung galt dem Gedenken an zwei berühmte Klöster des alten Rußlands, die Elisabeth I. gern besuchte: das Auferstehungskloster nahe Moskau, welches auch Neu-Jerusalem genannt wird, und das Neujungfrauen-Kloster in Moskau selbst. Hinter diesen Namen verbirgt sich die »Petersburger Mythologie«, die ihre Wurzeln in der Zeit des Barock hat. Mit dem Begriff »Neu-Jerusalem« war die Vorstellung von der Wiedergeburt der Orthodoxie und ihrer Alleingültigkeit verbunden. Der Begriff »Neujungfrauen-Kloster« stand ganz in der Moskowiter Tradition, nach der sich die dem Zarengeschlecht angehörenden Frauen gegen Ende ihres Lebens ins Kloster zurückzuziehen hatten. So wollte es das alte Zarenprotokoll. Smolnyj war auch eine Erinnerung an die Epoche Peters des Großen. All diese Themen flossen in die Architektur des Klosters mit ein.

Im Jahre 1744 begann Bartolomeo Rastrelli an den Plänen zu arbeiten, vier Jahre später wurde der Grundstein gelegt. Der Rohbau der Kathedrale und der anderen Gebäude war 1764 fertig. Es fehlte nur die Innenausstattung. Die letzten Arbeiten schloß der Architekt W. P. Stassow 1832 ab. Das Kloster wurde in einem relativ weit vom Stadtzentrum Pe-

Winterpalast, zur Newa weisende Fassade. Der von Rastrelli im Auftrag der Kaiserin Elisabeth I. zwischen 1754 und 1762 erbaute Winterpalast ist der vierte dieses Namens. Durch die Fülle und Vielfalt der Verzierungen, inbesondere bei den Fenstern, gehört er zu den berühmtesten Beispielen des Barock. Zwei durchgehende Säulenreihen schmücken die zweistöckigen Fassaden.

Winterpalast, die Botschaftertreppe, auch Jordan-Treppe genannt, weil der Zar jedes Jahr am Epiphanias-Tag über diese Treppe zur Weihe des Newawassers in Gedenken an Christi Taufe herabstieg. Sie wurde von Rastrelli gebaut und später, entsprechend seinen Entwürfen, rekonstruiert.

Winterpalast, Thronsaal oder Petersaal. Er wurde 1833 von A. de Montferrand zu Ehren Peters I. gestaltet und nach dem Brand, gemäß seinen Plänen, rekonstruiert. Über dem von N. Clausen geschaffenen Thron hängt ein Porträt Peters I. mit Minerva, ein nach dem Tod des Zaren entstandenes Gemälde des italienischen Künstlers G. Amiconi.

Neue Eremitage, Zwanzigsäulensaal

tersburgs gelegenen Stadtviertel errichtet, genau in einer Biegung der Newa. Seine Lage am Eingang zur Stadt, dort, wo der große Strom in die Stadt einfließt, und seine Pracht und »Feierlichkeit« erweckten sofort die Vorstellung einer »Hauptstadt«.

Die fünfkupplige Kathedrale über dem Grundriß eines in ein Viereck eingelegten griechischen Kreuzes umgibt ein riesiger, ebenfalls kreuzförmiger Hof, den die außenherum angesiedelten Klostergebäude einfassen. An den vier Ecken des Hofes stehen kleine, einkupplige Kapellen. Die gesamte Anlage wurde von einer Steinmauer mit Ecktürmchen umgeben. Vor der der Stadt zugewandten Hauptfassade wurde entlang der Mittelachse ein eher länglicher Platz angelegt, der durch die Wirtschaftsgebäude am Eingang des Klosters noch betont wurde. Die geschlossene Komposition ist charakteristisch für die Architektur des Petersburger Barocks. Das auffällig diagonal in Richtung der fünf Kuppeln der Kathedrale allmählich zunehmende Volumen vermittelt den Eindruck von Monumentalität und Dynamik. Hierin scheint der wesentliche Unterschied zwischen Rastrellis Barock und dem italienischen Barock und seine Verwandtschaft mit dem süddeutschen und österreichischen Barock zu liegen.

Rastrellis Bezug auf die altrussische Architektur ist von besonderem Interesse für den Kunsthistoriker. Kaiserin Elisabeth I. hatte ihn angewiesen, sich von der Formensprache der traditionellen, russisch-orthodoxen Kirchen inspirieren zu lassen, wobei sie an zwei konkrete Beispiele dachte: die Mariä-Entschlafens-Kathedrale im Moskauer Kreml und der danebenstehende Glockenturm »Iwan der Große«. Rastrelli nahm den oberen Teil des Moskauer Glockenturms zum Modell für seinen Glockenturm und entlehnte typische Elemente russischer Kirchen für seine Kathedrale, nämlich das griechische Kreuz als Grundriß und die fünf Kuppeln, von denen die größte in der Mitte steht, wie beim Neujungfrauen-Kloster in Moskau. Auch verwendete Rastrelli die gleichen strahlenden und kontrastreichen Farben, weiße Verzierungen auf farbigem Grund, wie in den Moskowiter Kirchen des späten Mittelalters. Für die Mauern wählte man allerdings nicht die Farbe Rot, sondern Türkisblau, die Lieblingsfarbe der Kaiserin.

Im 19. Jahrhundert und Anfang des 20. Jahrhunderts galt das Smolnyj-Kloster als die »schöpferische Vollendung der Baukunst« des Meisters des Barock.

Als Giacomo Quarenghi, einer der besten Architekten Katharinas II., vor das Bauwerk trat, zog er seinen Hut und rief: »Jawohl, das ist eine Kirche!«. In Petersburg kann nur die Kathedrale St. Nikolaj der Marine mit dem Smolnyj-Kloster konkurrieren.

Kleine Eremitag – der Nordpavillon des »Hängenden Gartens« der Eremitage – mit dem angrenzenden Saal

Kleine Eremitage, Pavillon-Saal, Detail aus dem Dekor des Halbkuppelgewölbes

Kleine Eremitage, Pavillon-Saal. Er wurde von A. Stakenschneider zwischen 1850 und 1858 gestaltet. In diesen Räumen hatte Katharina II. die ersten Stücke ihrer Kunstsammlung aufbewahrt. Es heißt, der Architekt habe, inspiriert von Puschkins Gedicht »Die Fontäne von Bachtschisaraj«, die Stimmung eines orientalischen Salons erzeugen wollen.

Eremitage-Theater. Zwischen 1783 und 1787 von Giacomo Quarenghi an der Stelle des alten Winterpalasts Peters des Großen nach dem Vorbild der antiken Theater mit stufenförmig im Halbkreis angeordneten Bänken erbaut. Die Innenausstattung wurde in Anlehnung an das Teatro Olimpico in Vicenza gestaltet.

Die Kathedrale St. Nikolaj der Marine

Ihr Bau wurde 1753 in der Blütezeit des Barock begonnen und 1761 vollendet. Der Plan wurde von Sawwa Tschewakinskij, einem der begabtesten russischen Meister der Mitte des 18. Jahrhunderts geschaffen. Nach dem Studium an der Marine-Akademie in Petersburg arbeitete er als Schüler des Architekten der Admiralität, Iwan Korobow. Nach dessen Tod trat Tschewakinskij seine Nachfolge an. Deshalb ging auch der Auftrag für den Bau der großen Kathedrale St. Nikolaj der Marine an ihn. Im Volksmund wird die Kathedrale heute noch die Nikolaj-Marine-Kathedrale genannt. Diese Kirche hat viel Ähnlichkeit mit der Kathedrale des Smolnyj-Klosters. Man findet die gleiche monumentale und überladene Komposition, die gleichen hellen Farben wieder, ebenso die Elemente traditioneller orthodoxer Kirchen, wie den Grundriß eines griechischen Kreuzes und die fünf Kuppeln. Was diese Kathedrale von Rastrellis Kirche unterscheidet, ist die sanftere Komposition, die majestätische Schwere der Gebäudeteile, die geringere Dynamik, die den Charme des Bauwerks nicht mindern. Seine Fassaden haben etwas Profanes und erinnern eher an die eines Palais. Die Gestaltung des Vorraums läßt jene Suche nach dem Gleichgewicht der Bewegung vermissen, die den Smolnyj-Komplex in seiner Gesamtheit kennzeichnet. Hingegen durchflutet mehr Licht den Raum, der ein stärkeres Gefühl der Geborgenheit ausstrahlt. Wir treffen hier auf zwei Kirchen, auf eine Ober- und eine Unterkirche. Die Unterkirche zu ebener Erde wirkt gedrungen und düster. Geht man jedoch über eine der Seitentreppen zur Oberkirche hinauf, ist man von dem durch die Kuppeln einfallenden Licht und der Pracht der goldglänzenden Verzierungen beinahe überwältigt. Die Ikonostase wurde von russischen Bildhauern Mitte des 18. Jahrhunderts geschaffen und ist noch erstaunlich gut erhalten. Auch wenn die zierlichen Proportionen der vergoldeten korinthischen Säulenreihe bereits auf den Klassizismus hindeuten, zählt sie mit ihren reichen Pflanzengirlanden noch zum Barock. Viele der Ikonen wurden Mitte des 18. Jahrhunderts von den Brüdern Kolokolnikow gemalt. Etwas abseits vor der Westfassade der Kathedrale ließ der Architekt einen schlanken, dreistöckigen Glockenturm mit einer vergoldeten Spitze errichten.

Die Petersburger Barock-Palais

War Moskau Mitte des 18. Jahrhunderts berühmt für seine »vierzig mal vierzig« Kirchen (1600), so kannte man das barocke Petersburg vor allen Dingen als die »Stadt der Palais«. Jedes Jahr der Regierungszeit der Kaiserin Elisabeth I. sah die Entstehung eines neuen Palais.

Zwischen 1746-1757 baute Rastrelli am Ufer der Fontanka das Palais des russischen Reichskanzlers, des Grafen Michail Woronzow. Damit begann eine neue Etappe der ba-

Neue Eremitage, Ehrentreppe

Neue Eremitage. Nach dem Brand im Jahre 1837 wurde Leo von Klenze, der Architekt der Pinakothek in München, mit dem Bau der Neuen Eremitage als Museum für die kaiserliche Kunstsammlung beauftragt. Das Gebäude wurde 1852 eingeweiht. Die Bauleitung hatten die beiden russischen Architekten W. Stassow und N. Jefimow. Der Haupteingang des Gebäudes besteht aus einem monumentalen Portikus, den zehn in Granit gehauene Atlanten des russischen Bildhauers A. Terebenew tragen.

rocken Wohnarchitektur Rußlands. Die glatte, wie gezeichnete Fassade wurde in einen Raum für Gestaltung umgewandelt. Mit dem Palais Woronzow überschritt der Baumeister die Schwelle zur Gesimsgestaltung. Auffallend der Kontrast zwischen den glatten, nüchternen Mauern und der Opulenz des zentralen Vorbaus. Virtuos spielt Rastrelli mit dem Rhythmus runder Säulen und Pilaster, den Licht- und Schatteneffekten als Bereicherung des äußerlichen Erscheinungsbildes des Palais. Zwischen der Fassade und dem Fluß wurde ein Garten angelegt.

Zwischen 1751 und 1754 baute er das Palais des Grafen Sergej Stroganow, eines Abkömmlings einer der reichsten Familien Rußlands, die zur Zeit Iwans des Schrecklichen die Mehrheit der Salzminen des Landes besaß. In diesem Palais steigerte Rastrelli noch die »Erhabenheit« seiner Architektur. Da die Siedlungsdichte in der Hauptstadt zunahm, mußten gartenlose Palais gebaut werden, die an die Straße stießen. Rastrelli schuf daher einen Blockpalast mit einem viereckigen Innenhof, einem rustikalen Erdgeschoß, meisterhaft gegliederten Fassaden, liebevoll gestalteten Fenstern auf der Beletage, raffiniert abwechselnden viereckigen und runden Fensterbuchten und mächtigen Säulen vor den Risaliten. Die Innenräume gestaltete der Architekt Andrej Woronichin in den 80er Jahren des 18. Jahrhunderts im klassizistischen Stil.

Rastrelli war jedoch nicht der einzige Architekt. Die heute noch erhaltene, bedeutende Residenz der Scheremetjews wurde an den Ufern der Fontanka an der Stelle errichtet, an der zuvor die Villa des Feldmarschalls Boris Scheremetjew, einer der berühmten russischen Generäle Peters des Großen, stand.

Den Plan zeichnete Sawwa Tschewakinskij. Auch der berühmte Hausarchitekt der Scheremetjews, Fjodor Argunow, arbeitete an diesem Projekt.

Tschewakinskij baute zwischen 1753 und 1755 ein Palais an der Ecke der Mala Sadowaja für Elisabeths Günstling, den Grafen Schuwalow. Die nüchterne Architektur dieses Palais verrät bereits den Übergang vom Barock zum Klassizismus. Zwar wurde es zwischen 1816 und 1819 und später nochmal zwischen 1846 und 1852 neu aufgebaut, aber der Charakter des 18. Jahrhunderts blieb erhalten. Auch waren die Aristokraten nicht die einzigen, die sich Palais bauen ließen. So blieb das zwischen 1750 und 1753 nach Plänen Rastrellis an den Ufern der Moika errichtete Haus des reichen Händlers Stegelmann erhalten. Das Grabbe-Haus in der Gorochowajastraße erscheint eher wie ein normales Wohnhaus aus der Mitte des 18. Jahrhunderts. Die Monumentalität dieser Gebäude, ihre stattliche Eleganz und das Malerische vermitteln das Bild einer Hauptstadt der Pracht und der Festlichkeiten.

Der Winterpalast

Das bedeutendste Beispiel aller Palastbauten dieser Zeit ist zweifelsohne der Hauptsitz der Zarin in Petersburg – der Winterpalast. Wir erwähnten bereits die ersten beiden Winterpaläste aus der Zeit Peters des Großen, die nicht erhalten sind.

Zwischen 1732 und 1735 baute Bartolomeo Rastrelli am Kai einen Winterpalast für die Zarin Anna. Zwischen 1754 und 1762 baute er den Winterpalast komplett neu auf und errichtete damit den heute zu besichtigenden vierten Winterpalast. Der Bau dieses Palastes begann unter der Herrschaft Elisabeths; er wurde kurz nach ihrem Tod fertiggestellt. Die monumentalen Formen dieses Gebäudekomplexes sind typisch für die russische Barockarchitektur.

Vier miteinander verbundene Gebäude bilden in der Mitte des Palasts einen Innenhof. Über dem Erdgeschoß erheben sich die zwei durch eine gewaltige, korinthische Säulenreihe verbundenen Obergeschosse.

Der Rhythmuswechsel der Säulen, die Vielfalt und Abwechslung dekorativer Details, der Reichtum der Statuen und Vasen an der Dachbrüstung, die unterschiedlichen Formen der mit Engelsköpfen und Löwenmasken geschmückten Fensterumrahmungen, die kleinen, verspielten Fenstergiebel

Eremitage, Wintergraben. 1718 wurde der Kanal als Verbindungsstück zwischen Moika und Newa gegraben. Auf seinem linken Ufer steht die Neue Eremitage, auf dem rechten Ufer das Eremitage-Theater. Über den Graben spannt sich eine von Jurij Veldten 1770, als die Uferböschungen der Newa befestigt wurden, gebaute Brücke. 1787 fügte derselbe Architekt eine Galerie zur Verbindung des Eremitage-Theaters mit dem Palast hinzu.

Schloßplatz, Blick auf den Triumphbogen des Generalstabsgebäudes. Der zwischen 1819 und 1828 von Carlo Rossi gestaltete Platz vor dem Winterpalast hat die Form eines riesigen Halbrunds. Der monumentale Triumphbogen in der Mitte des gegenüberliegenden Gebäudekomplexes ist nach römischer Art mit Militärtrophäen und lorbeerkranzgeschmückten Persönlichkeiten verziert. Den Bogen überragt der Wagen der Siegesgöttin mit einem Sechsergespann aus Bronze.

und die halbkreisförmigen Gesimse bilden ein einzigartiges Dekor. Dieser Überschwang an Verzierungen, das Weiß der Säulen, das Türkis der Mauern und die Vergoldungen haben etwas Ungewöhnliches, das ans »Barbarische« grenzt.

Drei der prachtvollen Schloßfassaden sind der Newa, dem Schloßplatz und der Admiralität zugewandt. Die vierte Fassade grenzt an das Gebäude der Eremitage. Der Palast ist so riesig, daß seine volle Pracht nur vom anderen Ufer der Newa, also von der Peter-Pauls-Festung und der Wassiljewskij-Insel aus erfaßt werden kann.

Majestätisch beherrscht er den Schloßplatz. Seine Architektur entfaltet sich dem Betrachter am vollendetsten aus der Nähe. Dann scheint sich der Fassadenschmuck zu bewegen, die Säulen, Gesimse und Statuen richten sich in verkürzter Perspektive auf, die Vorbauten und Eckenvorsprünge heben sich ab. Der Winterpalast war das letzte Bauwerk Rastrellis.

Der Ausbau der gesamten Innenräume des Palasts fand nach 1762 statt.

Die besten Architekten Katharinas II. waren mit dieser Arbeit von 1760 bis 1770 beschäftigt: J. Veldten, J. Vallin de la Mothe, A. Rinaldi. Zwischen 1780 und 1790 gestaltete G. Quarenghi die Zimmerflucht entlang der Newa mit dem Thronsaal, der auch St.-Georgs-Saal genannt wird.

Im 19. Jahrhundert baute C. Rossi die Militärgalerie. A. Brüllow wurde mit der Gestaltung des Alexandersaals beauftragt. A. de Montferrand entwarf den Saal der Feldmarschälle, den Peter- und den Wappensaal. Nach der Feuersbrunst im Jahr 1837 wurde der Palast unter der Leitung W. Stassows und A. Brüllows wiederaufgebaut.

Die Bibliothek Nikolaus II. (Architekt A. Krassowskij), der Goldsalon (Architekt W. Schreiber), das Rote Boudoir (Architekt C. Bossé) stammen aus der Übergangszeit vom Ende des 19. zum 20. Jahrhundert. Die Stilrichtung all dieser Säle wird in einem späteren Kapitel behandelt.

Je intensiver man die stilistische Ausführung all dieser Mitte des 18. Jahrhunderts entstandenen Petersburger Bauwerke studiert, desto eher versteht man, warum die Entstehung eines neuen Stils zu einem Zeitpunkt, da sich der Barock gerade zu vollster Blüte entfaltete, eine der Überraschungen in der Entwicklung der russischen Kunst darstellt.

Der Barock der 60er Jahre des 18. Jahrhunderts läßt nicht die geringste Spur eines Untergangs oder Verfalls der Kunst und Kultur erkennen. Im Gegenteil. Und trotzdem, kaum hatte Rastrelli seine Hauptwerke vollendet, begann sich, nach kurzem Aufflammen des Rokokos, der russische Klassizismus durchzusetzen.

Schloßplatz mit der zwischen 1829 und 1834 von Auguste de Montferrand errichteten Alexandersäule. Lithographie von Paul Jaquot nach einer Zeichnung von Joseph Charlemagne.

Bogen des Generalstabsgebäudes. Der dem Haupteingang des Winterpalasts genau gegenübergelegene Triumphbogen sollte den Schloßplatz mit der leicht gebogenen Gasse verbinden, die zum Newskij-Prospekt führt. Der Architekt fügte noch einen zweiten Bogen hinzu, dessen Verlauf einen Kreisbogen bildet. Vom Platz aus gesehen, entsteht der Eindruck einer der Fassade parallelen Tiefe.

Katharina II.

Die Stadt der Aufklärung

Sollte es nicht möglich sein, da Eure kaiserliche Majestät der Auffassung ist, daß Moskau erst in hundert Jahren Sitz des Hofes werden kann, einstweilen mehr Menschen nach St. Petersburg zu holen und es lebendiger, betriebsamer und geschäftiger zu machen, indem man die zahlreichen isoliert stehenden Paläste mit Häusern für die Bürger der Stadt verbindet?

Denis Diderot, *Denkschrift an Katharina II.*, 1773

Semenow-Brücke über die Fontanka.
Ende des 18. Jahrhunderts wurden zu beiden Seiten der Brücke, an den Kreuzungspunkten der Gorochowaja-Straße mit der Fontanka, Plätze angelegt. Die Häuser entlang der Kais wurden im ersten Drittel des 19. Jahrhunderts in klassizistischer Bauweise – oft nach dem gleichen Entwurf – errichtet.

Vom Barock zum Klassizismus

Die Zarin Elisabeth Petrowna starb am Weihnachtstag des Jahres 1761. Mit ihrem Tod ging auch die Zeit des Barock in der russischen Architektur zu Ende. Diese enge Verknüpfung der Entwicklung der Kunst mit dem Schicksal der Herrscher ist charakteristisch für das Rußland des 18. Jahrhunderts. Sie läßt sich durch die raschen Veränderungen erklären, die das Land damals erlebte. Rußland näherte sich schrittweise Europa an, jedoch nicht harmonisch, sondern in Schüben, mit radikalen politischen Umwälzungen, Komplotten und Revolten.

Thronerbe war der Neffe Elisabeths – ein kränklicher, wenig intelligenter Sonderling; er wurde als Peter III. zum Zaren gekrönt. Was man von seinem Geschmack in Sachen Kunst weiß, läßt darauf schließen, daß er eine Vorliebe für den Rokoko hatte. Dies zeigt sich sehr deutlich an dem Landschloß Oranienbaum. Die Gepflogenheiten Peters III. waren jedoch von jeglichem Raffinement weit entfernt.

Fürst Tscherbatow überlieferte in seinen Aufzeichnungen die berühmteste Anekdote aus der nur sechsmonatigen Regierungszeit Peters III. Eines Tages wollte Peter sich mit einer Hofdame zurückziehen. Er sagte der offiziellen Favoritin, daß er die ganze Nacht über mit seinem Sekretär ein neues, wichtiges Gesetz ausarbeiten würde. Der Sekretär wurde in ein Zimmer eingeschlossen, man gab ihm eine dänische Dogge zur Gesellschaft und den Befehl, irgendeinen Ukas zu verfassen. So kam es, daß der Sekretär einen Erlaß betreffend »die Freiheit des Adels« ausarbeitete, der die Dienstpflicht des Adels aufhob. Am nächsten Morgen unterzeichnete Peter III. diesen Erlaß, der die Lage und die Lebensweise des Adels grundlegend verändern sollte und als Folge davon auch das Stadtbild St. Petersburgs.

Peter III. ließ sich jedoch nicht immer so leicht von seinen Höflingen einen Streich spielen. Sein ungehobeltes Wesen und sein exzentrisches Verhalten in der Politik, das die russische Außenpolitik oft teuer zu stehen kam, vor allem aber die Verachtung, die er gegenüber der Religion und den russischen Traditionen an den Tag legte, bewirkten, daß sich eine Verschwörergruppe bildete, die nach seinem Sturz trachtete. An die Spitze dieser Verschwörung trat die Gemahlin Peters III., die die verstorbene Tante für ihn aus Deutschland hatte kommen lassen: Sophie von Anhalt-Zerbst, die in Rußland später Katharina II. oder Katharina die Große genannt werden sollte. Ihr lebendiger Geist und ihre außerordentliche Intelligenz verschafften ihr Sympathien, und ihre ungewöhnliche politische Begabung trug wesentlich zum Erfolg des Komplotts bei, das sie auf den Zarenthron und ihren Gemahl ins Grab brachte. Bei jeder Palastrevolte war es nämlich für die Verschwörer von entscheidender Bedeutung, ob sie die Garderegimenter für ihre Sache gewinnen konnten, und das gelang Katharina sehr gut. Ihre lange Regierungszeit, die von 1762 bis 1796 dauerte, steht für eine neue Epoche – eine der bedeutendsten Rußlands. In diese Zeit fielen zahlreiche militärische Erfolge. Die Türken wurden vom nördlichen Ufer des Schwarzen

Tschernyschew-Brücke über die Fontanka. Die Fontanka-Kais entstanden zwischen 1780 und 1789. In dieser Zeit wurden in gleicher Bauweise auch sieben Brücken mit jeweils drei Brückenbögen errichtet. Die Tschernyschew-Brücke blieb als einzige in ihrem ursprünglichen Zustand erhalten. Im Hintergrund sind die blauen Kuppeln der Dreifaltigkeitskathedrale oder Ismajlowskij-Kathedrale, wie sie auch genannt wird, zu sehen.

»Die Fontanka«, Gemälde eines unbekannten Meisters aus dem 19. Jahrhundert

Die Moika. Im Hintergrund sind der Newskij-Prospekt und das Stroganow-Palais zu sehen.

Blick auf den Katharinen-Kanal, im Hintergrund die Bankbrücke.

Die Bankbrücke. Ihr Name geht auf das erste Kreditinstitut Rußlands, die Assignatenbank, zurück. Sie wurde zwischen 1825 und 1826 von dem Ingenieur G. Tretter gegenüber der Bank errichtet und gehört zu einer Reihe von Metallgußbrücken, die im ersten Viertel des 19. Jahrhunderts gebaut wurden. Sie stammt aus den Werkstätten der Firma C. Beard. Die gußeisernen Greifenfiguren mit den vergoldeten Flügeln wurden von dem Bildhauer P. Sokolow geschaffen. Die Halteseile der Brücke enden in den Mäulern der Greifen.

Meeres vertrieben, und durch die Aufteilung Polens zwischen Österreich, Preußen und Rußland konnte sich das Zarenreich große Teile der Ukraine, Weißrußlands und Litauens einverleiben. Die Reformen im Innern waren noch weit erfolgreicher. Sie erstreckten sich auf alle Lebensbereiche: die Gesetzgebung, die Verwaltung des Landes, den Handel, die Städte, die Bewirtschaftung des Bodens und die Kirche. Ihre große Entschlossenheit kennzeichnete die Durchführung dieser Reformen, denn Katharina orientierte sich an den neuesten europäischen Ideen. Oft war sie bei deren Verwirklichung sogar den Ländern voraus, in denen sie entstanden waren, wie Frankreich oder Deutschland.

Katharina versuchte, Rußland zu einem aufgeklärten Staat par excellence zu machen. Dieses anspruchsvolle Ziel galt sowohl für die Politik als auch für die Kunst, denn Katharinas Entscheidungen auf dem Gebiet der Kunst waren mit politischen und wirtschaftlichen Plänen verknüpft. Sie wurde dabei von den Ratschlägen Diderots beeinflußt. Denis Diderot, den sie zum Konservator der Bibliothek gemacht hatte, die sie für ihn gekauft hatte und die er zeit seines Lebens benutzen durfte, sagte ihr, als er sie im Mai 1773 in St. Petersburg besuchte: *Der Hof legt die Gesetze für die Hauptstadt fest, die Hauptstadt legt ihrerseits die Gesetze für die Provinz fest. Sie muß, damit sie diese gesetzgeberische Funktion erfüllen kann, sehr dicht bevölkert sein und darf den Provinzstädten nicht gleichen. Die Nähe der Menschen verbindet sie; dadurch werden sie sanfter und gesitteter; so entstehen alle schönen Künste, die dann auf Dauer zur Stadt gehören werden.* Diese Vorstellungen prägten die Entwicklung St. Petersburgs in der zweiten Hälfte des 18. Jahrhunderts in einzigartiger Weise.

Gleich nach ihrer Thronbesteigung richtete Katharina II. eine Baukommission ein, die sogenannte »Kommission für die Neugestaltung St. Petersburgs und Moskaus durch Steinbauten«, die jedoch in allen russischen Städten tätig wurde. Zunächst wurden auf ganz St. Petersburg die Vorstellungen von architektonischer Harmonie angewendet, die schon Vitruv schätzte: *Beim Bauen von Häusern sind drei Prinzipien zu beachten: Solidität, Nützlichkeit und Schönheit; eine Stadt stellt im großen genau dasselbe dar, was ein Haus im kleinen ist,* hieß es in einem Dokument der Kommission. Deshalb wurde verfügt, daß *die Straßen breit und gerade und die Plätze groß [sein sollten] [...]. Bei allen Häusern einer Straße sollten die Fassaden die gleiche Fluchtlinie haben.* Die Mitglieder der Kommission machten sich die Ideen Diderots zu eigen und erklärten, daß *die Gesellschaft leistungsfähiger sein werde, wenn die Stadt kompakter sei und ihre Einwohner näher beieinander wohnten.* Das hieß nichts anderes, als daß die weiten freien Flächen der russischen Städte, die noch aus der Barockzeit stammten, durch eine dichte Bebauung mit einheitlicher architektonischer Gestaltung ersetzt werden sollten.

Andrej Kwasow, einer der Stadtplaner Katharinas, schrieb: Man muß *die Entwicklung der Stadt lenken,* um so *für immer einen umfassenden Plan festzulegen.* Man war damals davon überzeugt, daß sich die Zukunft einer Stadt mittels eines vernunftgemäßen Plans »für immer« festlegen ließe. Die Vorstellung von dem, wie eine Stadt sein sollte, war nahezu denselben Prinzipien unterworfen wie das klassische Drama: der Einheit von Ort, Zeit und Handlung. Das Rußland der Aufklärung versuchte, an einem bestimmten Ort (Einheit des Orts) kompakte Städte mit einer genau festgelegten Struktur (Einheit der Handlung) zu bauen, die folglich für immer so bleiben würden (Einheit der Zeit). Das gilt auch für St. Petersburg.

Es wurde beschlossen, das Stadtgebiet genau einzugrenzen, um die Einwohner der Stadt vor einer »ausufernden Ausdehnung« zu schützen. Im Süden verlief die Grenze entlang der Fontanka, im Norden wurden nur noch die Peter-Pauls-Festung mit den angrenzenden Bezirken sowie die östliche Hälfte der Wassiljewskij-Insel in das Stadtgebiet miteinbezogen. Alles, was außerhalb davon lag, wurde zu den Vorstädten gerechnet. Zwei Möglichkeiten wurden erwogen: Die Stadt völlig neu zu gestalten oder die bereits existierenden Gebäude zu erhalten, die noch unbebauten Flächen zu parzellieren und neue Plätze anzulegen. Man entschied sich für die zweite Lösung, da sie weniger kostspielig war. Diesem Umstand ist es zu verdanken, daß der Grundriß St. Petersburgs aus der Zeit Peters des Großen bewahrt wurde.

Marstall-Brücke,
mit Blick auf die Moika

21

Tschesme-Kirche.
Sie wurde 1777-1780 von Jurij Veldten neben dem Tschesme-Palast errichtet, mit dessen Bau 1770 begonnen worden war. Die Kirche sollte den Sieg über die Türken verherrlichen, den Alexej Orlow 1780 bei Tschesme errungen hatte. Sie ist eines der ersten Beispiele für den neogotischen Baustil in Rußland.

Akademie der Künste, die der Newa zugewandte Fassade. Jean-Baptiste Vallin de la Mothe begann 1764, nachdem der Entwurf von Jacques-François Blondel für eine Kunstakademie in Moskau als unzureichend für St. Petersburg beurteilt worden war, mit der Errichtung des Gebäudes, das wie eine erweiterte Version des ursprünglichen Entwurfs wirkt.

Das Stadtzentrum blieb auf dem linken Ufer der Newa, in der Umgebung des Admiralitätsgebäudes mit den drei strahlenförmig von ihm ausgehenden, breiten Straßen. Eine größere Anzahl von Plätzen war vor allem an den Kreuzungspunkten der großen Straßen mit der Fontanka vorgesehen. Zwischen 1770 und 1780 wurden nach den Plänen von Jurij Veldten die Newa-Kais errichtet. In dieser Zeit begann man auch, die Ufer von Fontanka und Moika zu befestigen – später wurden sie in Granit gefaßt – und Kanäle anzulegen. Das Aussehen der Stadt veränderte sich. Die sumpfigen, mit Gras und Gebüsch bewachsenen Uferböschungen, an denen sich hie und da Anlegestellen befanden, verwandelten sich allmählich in mächtige Blöcke aus Stein mit nüchtern-erhabenen, horizontalen Linien. An den Ufern der Newa sollten die Bauprinzipien der antiken Architektur verwirklicht werden.

Zu Beginn der Herrschaft der neuen Regentin lebte Bartolomeo Rastrelli noch, danach arbeiteten seine Schüler an seinen Bauten weiter, und es entstanden barocke Häuser, die, wie die Zarin sagte, Manschetten mit Alençon-Spitzen glichen, da sie über und über mit Ornamenten und Skulpturen bedeckt waren. Zur gleichen Zeit kamen aber auch Architekten mit ganz anderen Ideen nach St. Petersburg. Antonio Rinaldi, ein Schüler des italienischen Baumeisters Luigi Vanvitelli, war bereits 1752 in Italien angeworben worden. Er arbeitete zunächst in der Ukraine und wurde dann der persönliche Architekt von Peter III. und später von Katharina. Anfang der sechziger Jahre des 18. Jahrhunderts errichtete er prächtige Bauten in den außerhalb der Stadt gelegenen Zarenresidenzen Oranienbaum, Gatschina und Zarskoje Selo. In der Hauptstadt arbeitete Rinaldi erst etwas später, denn hier dominierte aufgrund des Wirkens von Vallin de la Mothe noch der französische Geschmack in der Architektur.

Vallin de la Mothe und die Geburt des Klassizismus in St. Petersburg

Jean-Baptiste Vallin de la Mothe wurde 1759 eingeladen, an der Akademie der Künste in St. Petersburg zu unterrichten, die zwei Jahre zuvor auf Initiative des Grafen Iwan Tschuwalow gegründet worden war. Tschuwalow hatte Jacques-François Blondel damit beauftragt, einen Entwurf für die geplante Kunstakademie in Moskau auszuarbeiten. Als 1757 entschieden wurde, die Akademie in St. Petersburg einzurichten, versuchte man, Blondels Entwurf zu ändern. Die Angelegenheit zog sich bis zur Thronbesteigung Katharinas hin. Die aufgeklärte Zarin wollte ihren Förderungswillen von Wissenschaft und Kunst durch die imposanten Ausmaße des Akademiegebäudes offensichtlich machen. Dafür schien das von Blondel entworfene Gebäude etwas zu klein geraten. Vallin de la Mothe, der sich seit kurzem in Rußland aufhielt und Schüler Blondels war, kam da wie gerufen. Er wurde damit beauftragt, ein gewaltiges Gebäude am Newa-Kai der Wassiljewskij-Insel zu entwerfen und dabei den Stilmerkmalen seines Lehrmeisters Rechnung zu tragen. Er sollte mit dem russischen Architekten Alexander Kokorinow zusammenarbeiten und gemeinsam mit ihm ein Bauwerk errichten, das schon allein durch sein Äußeres den Schülern der Akademie als Lehrbeispiel für den klassizistischen Stil dienen konnte.

Akademie der Künste, Kuppel der Eingangshalle mit einem Gemälde von Tschebujew

Mit der Errichtung des Gebäudes wurde 1764 begonnen, 1788 wurde es fertiggestellt. Es ist ein großer, rechteckiger, 140 m langer und 125 m breiter Bau und besteht aus einem der Newa zugewandten Hauptgebäude und drei für die Hörsäle bestimmten Nebengebäuden. Im Zentrum steht ein Rundbau, der einen runden Innenhof umschließt. Im Innern der Akademie wurde eine Reihe von Ausstellungssälen eingerichtet. In den Ecken des Bauwerks wurden vier Lichthöfe angelegt. Von der jetzigen Eingangshalle aus gelangte man über einen Durchgang in den runden Innenhof. Es gibt deutliche Unterschiede zwischen diesem Gebäude und dem Entwurf Blondels. Vallin de la Mothe und Kokorinow verwendeten eine »zeitgemäßere« Variante des klassizistischen Stils, die, vor allem im Entwurf, durch eine ausgeprägtere Vorliebe für geometrische Strenge und ein Gefüge großer, einfacher Blöcke gekennzeichnet ist. Insgesamt ist der Stil strenger, wie die Verwendung der »strengeren« römisch-dorischen Säulenordnung zeigt; Blondel hatte dagegen die korinthische Säulenordnung vorgesehen. Außerdem ist die Ausführung ersichtlich nüchterner als die Entwürfe. So wurden bei den Seitenrisaliten die Säulen beibehalten, zwischen den Seitenrisaliten und dem Mittelrisalit aber Pilaster verwendet. Die Akademie wurde von Kokorinow errichtet und nach seinem Tod von Veldten vollendet. Die Innenräume wurden großenteils im 19. Jahrhundert umgebaut.

Akademie der Künste, Ausgestaltung des Treppenaufgangs in einem der Seitenflügel

Akademie der Künste, Eingangshalle und Ehrentreppe

Marmorpalais, die der Newa zugewandte Fassade. Rinaldi begann 1768 mit dem Bau dieses Palais für Grigorij Orlow, den Günstling Katharinas II. Er wurde 1785, nach dem Tod seines Eigentümers, fertiggestellt. Die strenge Granitverkleidung von Erdgeschoß und Untergeschoß kontrastiert mit der erlesenen Marmorverkleidung der oberen Stockwerke.

Das Ensemble »Neu-Holland«, das von Vallin de la Mothe im Admiralitätsviertel errichtet wurde, ist nicht weniger eindrucksvoll. Neu-Holland war ein riesiger Lagerplatz für Holz, das zum Schiffbau bestimmt war. Der Ort war bereits 1730 wegen seiner günstigen Lage gewählt worden, weil das Holz auf dem Wasser herangeschafft werden konnte. Zwischen 1763 und 1765 arbeitete Sawwa Tschewakinskij neue Pläne aus, die auch ausgeführt wurden; mit den Entwürfen für die Fassaden wurde jedoch Vallin de la Mothe beauftragt. Er errichtete langgezogene Gebäude, brachte die abgerundeten Ecken durch mächtige Doppelsäulen vorteilhaft zur Geltung und baute einen Triumphbogen über dem Eingangskanal. Die Nüchternheit und zugleich die Kühnheit bei der Behandlung der Ausmaße kündigen bereits die Extravaganz der Barrières (Zollhäuser) von Claude Ledoux in Paris an.

Weitere wichtige Bauwerke von Vallin de la Mothe am Newskij-Prospekt sind der Kaufhof Gostinyj Dwor, der zwischen 1759 und 1785 errichtet wurde, und die 1763 erbaute katholische Katharinenkirche. Von 1764 bis 1775 baute er neben dem Winterpalast die Kleine Eremitage mit ihrem großen, ionischen Säulengang und dem hohen Untergeschoß.

Ein weiterer großer Baumeister des Klassizismus ist Jurij Veldten, der Sohn eines Küchenmeisters von Peter I. Veldten hatte in Deutschland studiert und arbeitete nach seiner Rückkehr für Bartolomeo Rastrelli; seine ersten eigenen Arbeiten gehören jedoch zum Frühklassizismus und weisen keinerlei barockisierende Züge mehr auf. Seit ca. 1770 baute Veldten neben der Kleinen Eremitage von Vallin de la Mothe die Alte Eremitage und neben dem Smolnyj-Kloster das Alexander-Institut, ein Erziehungsinstitut, sowie die beiden lutherischen Kirchen St. Katharina und St. Anna und die Armenische Kirche am Newskij-Prospekt. Diese Bauten belegen, wie frei und dennoch bewundernswert Veldten die Bauprinzipien des Klassizismus handhabte. Auch das 1783-1784 ausgeführte Gitter des Sommergartens ist ein Beispiel dafür.

Eines der seltsamsten Gebäude Veldtens entstand außerhalb der Stadt, befindet sich aber heute auf dem Stadtgebiet St. Petersburgs: Es handelt sich um den Tschesme-Palast, das erste Beispiel für den neogotischen Baustil in Rußland. Die Pläne dafür gehen auf das Jahr 1770 zurück. Trotz des klassizistischen Entwurfs und der Ausgewogenheit der Komposition kommt bei diesem Schloß zweifellos zum ersten Mal die aus England übernommene Begeisterung für das Mittelalter zum Ausdruck. Man gab dem Palast nicht nur das verspielte Aussehen eines Märchenschlosses, sondern erfand sogar eine regelrechte Entstehungsgeschichte dafür. An dieser Stelle hatte sich angeblich einmal ein Sumpf voller Frösche befunden, weshalb das Schloß »Froschsumpf« hieß und einen Frosch im Wappen führte. Die Zarin bestellte bei Wedgewood ein Tafelservice mit den Wappen und Ansichten von englischen Schlössern. Im Innern des Tschesme-Palasts befand sich eine Sammlung von Porträts und Medaillons aller gekrönter Häupter dieser Zeit und der Herrscher vergangener Jahrhunderte, die die Geschichte wiederaufleben lassen sollte. Katharina II. trug selbst zur Legendenbildung des Schlosses bei: *Der alte Wachposten hörte auf seinem Rundgang um den Tschesme-Palast Lärm aus dem Innern [...], die Porträts und Medaillons unterhielten sich miteinander ...*

Marmorpalais, die von Antonio Rinaldi geschaffe-ne Ehrentreppe

Marmorpalais,
Großer Marmorsaal

Marmorpalais, von Antonio Rinaldi entworfenes Dekor im Großen Marmorsaal mit Basreliefs von F. Tschubin und M. Koslowskij

Marmorpalais, Detail des Dekors im Großen Marmorsaal

Ludwig XVI.: Ich will das Gute.

Die Königin: Ich küsse Eure Majestät für diese wunderbaren Worte und werde deshalb heute abend einen Ball geben ...

Kaiserin Maria Theresia (die Mutter der Königin): Antoinette ist weltlichen Dingen so sehr zugetan, daß ich um ihr Seelenheil fürchte.

Joseph II.: Aber sie ist so schön, so liebenswürdig und so jung.

Diese Anekdote spiegelt sehr gut den Geist wider, der zu Beginn der Regierungszeit Katharinas der Großen herrschte.

Doch »Adel verpflichtet«. St. Petersburg mußte ein strenges, majestätisches Aussehen erhalten, und Rokoko oder exotische Baustile traten nur selten neben dem Klassizismus in Erscheinung, der in der zweiten Hälfte des 18. Jahrhunderts das Stadtbild zunehmend prägte. Sogar Architekten mit einer blühenden Phantasie wie Antonio Rinaldi, der Schöpfer der meisten »Chinoiserien« in der Umgebung St. Petersburgs, legte sich in der Stadt Zurückhaltung auf.

Rinaldi entwarf 1766 das Marmorpalais für den Grafen Orlow. Dieses Bauwerk, das 1781 am Palastkai errichtet wurde, macht von außen mit seiner erlesenen, durch flache Pilaster mit korinthischen Kapitellen aus rosa Marmor gegliederten Fassade einen kalten, beinahe abweisenden Eindruck. Bei der 1766-1789 errichteten Wladimir-Kirche dagegen könnten die Komplexität der Dimensionen und die Dynamik der räumlichen Komposition als barocke Stilelemente aufgefaßt werden, obgleich auch hier bereits der klassizistische Rationalismus zu erkennen ist.

Von großer Bedeutung für die Stadt war jedoch ein Ereignis, das nichts mit Architektur, sondern mit einer Skulptur zu tun hatte. Es handelt sich um den berühmten »Ehernen Reiter«, ein Peter dem Großen gewidmetes Reiterstandbild, das von Étienne Maurice Falconet auf dem Senatsplatz errichtet wurde. Es blieb über die Jahrhunderte hinweg das Wahrzeichen St. Petersburgs. Alexander Puschkin schrieb in seinem Gedicht »Der eherne Reiter«:

... hoch am Felsenrand
Des Sockels ragte, nachtumwoben,
Die Hand zum Newastrom erhoben,
Auf erznem Rosse der Gigant.
[...]
Oh mächt'ger Zwingherr des Geschicks!
Hast du nicht so, am Eisenzaume,
Emporgeschnellt aus dumpfem Traume,
Vorm Abgrund, Rußland, festen Blicks?

Dieses Reiterstandbild wurde zu einem Monument der Erinnerung, und sicher ist es kein Zufall, daß unter den zahlreichen Varianten, die für die Inschrift vorgeschlagen wurden, gerade die kürzeste gewählt wurde: »Peter dem Ersten, Katha-

Marmorpalais, Deckengemälde des Barocksaals im Seitenflügel, der Mitte des 19. Jahrhunderts eingerichtet wurde.

rina die Zweite«. Das sollte heißen, die zweite, die dem ersten Erneuerer Rußlands und Gründer der Stadt St. Petersburg auf seinem Reformkurs folgte. *Mein Denkmal wird einfach sein*, schrieb Falconet an Denis Diderot in Paris: ... *Galopp über einen steilen Felsen – das ist das Sujet, das Peter der Große mir eingab.*

Der Bildhauer war 1766 nach Rußland gekommen und blieb dort bis 1778, bis das Reiterstandbild gegossen war. Der Kopf der Statue wurde von Marie-Anne Collot modelliert. Die Installierung des Denkmals erforderte gewaltige Anstrengungen. Ganz Europa sprach vom Transport des gewaltigen Granitfelsens, des sogenannten »Donnersteins«, auf den die Statue gestellt wurde. Diese Arbeiten leitete Jurij Veldten. »Der Eherne Reiter« wurde 1782 in Gegenwart Katharinas mit großem Pomp enthüllt.

Der Palladianismus und der Klassizismus am Ende des 18. Jahrhunderts

Die Regierungszeit Katharinas besteht aus zwei ungleichen Abschnitten, den ersten fünfzehn Jahren, von 1762 bis zum Ende der siebziger Jahre des 18. Jahrhunderts, und den beiden folgenden Jahrzehnten bis zu ihrem Tod im Jahre 1796. Katharina schrieb 1779 an Grimm: *Es gibt eine Krankheit, die darin besteht, mit Leidenschaft Gesetze zu erlassen. Die russische Zarin erlag dieser Leidenschaft zweimal: Beim ersten Mal legte sie lediglich die Grundprinzipien fest, diesmal aber hat sich alles, was zum Besseren führt, ihrer bemächtigt.* Zweimal hat sie nicht nur die Grundprinzipien ihrer Politik definiert, sondern auch ihre Einstellung in Sachen Architektur geändert. Sie wollte weiterhin so viel wie möglich bauen: *Die Bauwut hat bei uns im Augenblick mehr als jemals zuvor den Charakter einer Raserei angenommen [...]. Sie ist eine echte Krankheit, ähnlich wie die Trunksucht, und vielleicht auch eine Gewohnheit.* Doch der französische Klassizismus, der in den vorhergehenden Jahren vorherrschend war, befriedigte sie nicht mehr. Zu den neuen Tendenzen in der französischen Architektur, insbesondere den Bauten und Entwürfen von Ledoux und Boullée, fand sie keinen Zugang, sie erschienen ihr zu kompliziert. *Ich wollte zwei Italiener, schreibt sie, denn wir haben Franzosen, die zuviel davon verstehen und häßliche Häuser bauen [...], und all das, weil sie zu sachkundig sind.* So lud sie zwei Italiener, Giacomo Quarenghi und Giacomo Trombara, nach St. Petersburg ein, aber auch den Schotten Charles Cameron, der angeblich in Rom aufgewachsen war. Außerdem kamen russische Architekten in Mode, vor allem Nikolaj Lwow, der Palladios »Vier Bücher zur Architektur« ins Russische übersetzt hatte. Auf Lwow gehen zwei für den Klassizismus der Jahre 1780-1790 typische Merkmale zurück: der Palladianismus und die Vorliebe für eine möglichst genaue Nachahmung der antiken Architektur.

Giacomo Quarenghi spielte eine wesentliche Rolle für die Entstehung des klassizistischen St. Petersburgs. Er baute nicht nur zahlreiche Privathäuser und viele wichtige öffentliche Gebäude, sondern war eine Persönlichkeit, die das Alltagsleben der Hauptstadt prägte. Ein Zeitgenosse erinnert sich daran, daß Quarenghi oft in den Straßen St. Petersburgs spazierenging, um seine zahlreichen Bauten zu besichtigen, und daß er leicht zu erkennen war: *Jeder erkannte ihn an der riesigen bläulichen Knolle, die die Natur anstelle einer Nase in sein Gesicht gepflanzt hatte.* Diese Nase war in der Tat höchst ungewöhnlich.

Quarenghi stammte aus Bergamo in Norditalien. Er hatte in Rom bei dem berühmten Maler Raphael Mengs studiert und anschließend zahlreiche Reisen unternommen. 1780 kam er nach Rußland; das Wohlwollen der Zarin erlangte er etwa um das Jahr 1783. Von da an erhielt er zahlreiche Aufträge. Von Quarenghi stammt das Eremitage-Theater, das die Zarenresidenz am Palastkai noch einmal erweiterte. Der Theatersaal wurde wie bei Palladios Teatro Olimpico in Vicenza als Amphitheater ausgeführt. Die Fassade wurde mit palladianischen Motiven gestaltet. Igor Grabar schrieb, Quarenghi *hat einen Bau von makelloser stilistischer Strenge errichtet, der jedoch genauso malerisch ist wie die Bauten Rastrellis.* Zur gleichen Zeit baute Quarenghi am gegenüberliegenden Ufer der Newa – am Kai der Wassiljewskij-Insel – die Akademie der Wissenschaften. Dieses Gebäude ist noch nüchterner als das Eremitage-Theater – ein langgestreckter, rechteckiger Bau ohne jegliches Dekor mit einem wuchtigen, ionischen Portikus unter einem schmucklosen Giebel. In der meisterhaften Ausgewogenheit der Proportionen und der geradezu römischen Erhabenheit der Innenräume zeigen sich typische Merkmale des Stils von Quarenghi.

Als das vollendetste Werk dieses Baumeisters in St. Petersburg wird gemeinhin die Assignatenbank in der Sadowaja-Straße angesehen, die 1783-1788 errichtet wurde. Im Zentrum dieses Bauwerks befindet sich eine Art »gewöhnliche« palladianische Villa mit drei Stockwerken, einem korinthischen Portikus und Skulpturen in den Ecken des Giebels. Es hat verhältnismäßig bescheidene Ausmaße, als ob es sich um einen Landsitz mittlerer Größe handelte. Dieser zentrale Bau ist von einem zweistöckigen Gebäude in der Form eines gewaltigen Hufeisens umgeben, das durch einen langen Mittelkorridor unterteilt wird. Die Fassade wird durch Pilaster in gleicher Höhe gegliedert. Ein Säulengang, der einen Durchgang bildet, verbindet den Mittelbau mit dem hufeisenförmigen Gebäude, als hielte er einen gespannten Bogen in der Mitte fest. Der Hof wird durch ein bemerkenswertes Gitter mit einem Portal abgeschlossen. Dieses Gebäude ist in seiner Gesamtheit wie auch in allen Details eines der vollkommensten klassizistischen Bauwerke des 18. Jahrhunderts in St. Petersburg.

*Marmorpalais,
Detail des neogotischen
Dekors in einem Saal des
Seitenflügels*

Smolnyj-Kloster, Gesamtansicht. Das Kloster wurde 1748-1754 von Bartolomeo Rastrelli errichtet, die Ausgestaltung der Innenräume wurde 1835 von Wassilij Stassow vollendet. Die Klosteranlage ist streng zentralsymmetrisch aufgebaut. Der weite Hof hat ebenso wie der Grundriß der Kirche die Form eines griechischen Kreuzes. Vier mit Kuppeln bekrönte Kapellen betonen die Eckpunkte der Zellentrakte, die den Komplex von allen Seiten umschließen. Vor der Hauptfassade, die der Stadt zugewandt ist, wurde ein länglicher Platz angelegt, der sich zu beiden Seiten einer Mittelachse erstreckt.

Quarenghi arbeitete lange in der Hauptstadt. 1784 begann er auf der Spitze der Wassiljewskij-Insel mit dem Bau der Börse, der allerdings nicht nach seinen Entwürfen zu Ende geführt wurde. Quarenghis Wirken wurde durch den Tod Katharinas nicht unterbrochen. 1798 baute er im Auftrag Pauls I. die Kirche des Malteserordens, 1800-1804 die Manege (Reitschule) der Gardekavallerie und 1805/1806 das kaiserliche Kabinett (die Hofkanzlei) sowie den Säulengang des Anitschkow-Palais und schließlich 1806-1808 neben dem Smolnyj-Kloster das Smolnyj-Institut, in dem junge Mädchen aus verarmten Adelsfamilien erzogen wurden. Sein letztes Werk in St. Petersburg war der Triumphbogen für das Narwa-Stadttor, der 1814 anläßlich der Rückkehr der russischen Armee aus den napoleonischen Kriegen errichtet wurde. Quarenghis Bauwerke sind fast über das gesamte Stadtgebiet verteilt. Es sind streng klassizistische Bauten, die den palladianischen Prinzipien entsprechen und äußerst genau römischen Vorbildern nachempfunden sind.

Der zweite Bewunderer Palladios gegen Ende des 18. Jahrhunderts war Nikolaj Lwow. Lwow, ein Mann von universaler Bildung, Musiker, Ingenieur, Dichter und Übersetzer, zeichnete sich noch mehr als Quarenghi durch seine stilistische Vielfalt aus. Während die Hauptpost, das erste Gebäude, das er in St. Petersburg errichtete, noch den palladianischen Prinzipien entsprach, zeigen die Kirchen, die in der Umgebung St. Petersburgs, auf den Landsitzen des Adels, entstanden – heute gehören sie zum Stadtgebiet –, seine Vorliebe für das »Spiel« rein geometrischer Formen, hervorgegangen sowohl aus dem Palladianismus wie zugleich aus einer neuen Annäherung an die Antike. Die interessanteste dieser Kirchen ist die Katharinenkirche, die in den achtziger Jahren des 18. Jahrhunderts auf dem Landsitz der Grafen Woronzow in Murino erbaut wurde. Hier setzte Lwow neben den zylindrischen, von einer ionischen Säulenhalle umgebenen Rundbau der Kirche einen hohen, spitzen, pyramidenförmigen Glockenturm. Im Volksmund wurde die Kirche »Kulitsch und Pas'cha« genannt, nach den traditionellen russischen Osterspeisen, dem hohen, runden, »Kulitsch« genannten Osterbrot und »Pas'cha«, der pyramidenförmigen Quarkspeise mit Rosinen.

Die Kathedrale des Alexander-Newskij-Klosters und der Taurische Palast

Beide sind Werke Iwan Starows, einem der bedeutendsten Baumeister zur Zeit Katharinas. Starow studierte nach dem Besuch der Akademie der Künste bei Charles de Wailly in Paris und hielt sich anschließend in Rom auf. Später arbeitete er häufig für den Fürsten Potemkin, den berühmten Günstling der Zarin. 1775 wurde Starow damit beauftragt, eine Kathedrale für das älteste Kloster St. Petersburgs, die »Lawra« Alexander Newskij zu errichten; dieses Kloster war 1710 von Peter dem Großen an der Stelle gegründet worden, an der der Überlieferung zufolge der Großfürst Alexander Newskij die schwedischen Truppen besiegt hatte. Domenico Trezzini hatte

Smolnyj-Kloster. Die Kathedrale mit den fünf Kuppeln wurde über dem Grundriß eines griechischen Kreuzes errichtet, das in ein Quadrat eingezeichnet ist.

Alexander-Newskij-Kloster, Dreifaltigkeits-Kathedrale, Tambour der Kuppel und Königstür

Alexander-Newskij-Kloster, Kuppel der Dreifaltigkeits-Kathedrale. Die Kathedrale wurde 1774-1780 von Iwan Starow über dem Grundriß eines lateinischen Kreuzes errichtet. Die Vierung wird von einer Kuppel überwölbt.

bereits 1717 einen ersten Entwurf für ein Kloster ausgearbeitet: Die Kathedrale sollte sich im Zentrum des Klosters befinden, umgeben von den Zellen der Mönche. Doch nur der Zellentrakt wurde gebaut, zunächst ab ungefähr 1720 die Zellen im nördlichen Teil, in den vierziger Jahren folgten die Zellen im südlichen Teil. 1717-1722 wurde in einem Seitenflügel die Mariä-Verkündigungs-Kirche errichtet. Theodor Schwertfeger begann bereits vor 1720 mit dem Bau der Hauptkirche; sie mußte jedoch aufgrund technischer Probleme wieder eingerissen werden.

Ein neuer Bauabschnitt begann 1776 mit der Errichtung der großen Dreifaltigkeits-Kathedrale durch Iwan Starow. Die Kathedrale wurde über dem Grundriß eines lateinischen Kreuzes erbaut und erhielt zwei Türme und eine mächtige Kuppel. Sie zeichnet sich durch ihre nüchtern-sachliche Baukörperverteilung und eine schlichte architektonische Gestaltung aus. Der Newskij-Prospekt, der von der Admiralität zum Kloster führte, stammte aus der Zeit Peters des Großen und war die große Verkehrsader der Stadt. Starow entwarf einen kreisrunden, von einer niedrigen Einfriedung umgebenen Platz am Ende des Newskij-Prospekts. In der Mitte dieses Platzes wurden zwischen 1783 und 1785 Tore errichtet, die den Haupteingang des Klosters bilden.

Im 18. und 19. Jahrhundert bekam das Alexander-Newskij-Kloster weitere symbolische Bedeutung. 1723 wurde die Asche Alexander Newskijs hierher überführt und in der Mariä-Verkündigungs-Kirche wurde die Grabstätte des Feldmarschalls Suworow errichtet. In der Nähe der Eingangstore legte man einen Friedhof an, auf dem sich die Grabmäler vieler berühmter Vertreter der russischen Kultur – Lomonossow, Dostojewskij, Tschaikowskij, Mussorgskij und Rimskij-Korsakow – sowie zahlreicher Petersburger Architekten befinden.

Das andere herausragende Werk Iwan Starows in St. Petersburg ist der Taurische Palast, der zwischen 1783 und 1789 für den Fürsten Potemkin gebaut wurde. Dieser war nicht nur deshalb berühmt, weil er einer der Günstlinge der Zarin war, sondern auch wegen seiner militärischen Erfolge. Nach der Annexion des ehemaligen Taurien (der Krim-Halbinsel) durch Rußland erhielt Potemkin den Ehrentitel »Fürst von Taurien« und den Taurischen Palast zum Geschenk.

Der Taurische Palast ist sicherlich das bedeutendste Bauwerk des russischen Klassizismus: Er spiegelt sehr gut den Ehrgeiz wider, so genau wie möglich die Architektur des kaiserlichen Rom wiedererstehen zu lassen. Er wurde an der Mündung eines Kanals in die Newa errichtet. Heute betritt man direkt den Hof mit seinen einfachen, geradezu asketischen Fassaden. Vor dem mittleren Teil des langgezogenen Hauptgebäudes befindet sich ein strenger, dorischer Portikus. Die Seitengebäude, die einen quadratischen Grundriß haben, sind mit dem Hauptgebäude durch prächtige Säle verbunden.

Alexander-Newskij-Kloster, Mariä-Verkündigungs-Kirche. Sie wurde 1717-1725 von Domenico Trezzini erbaut. In ihr befindet sich das Grabmal des im Jahre 1800 verstorbenen Marschalls Suworow.

Taurischer Palast, oktogonaler Saal. Seine architektonische Gliederung ist ebenso wie die ihn überwölbende Kuppel dem römischen Pantheon nachempfunden.

Taurischer Palast, Kuppel-Trompe-l'œil des oktogonalen Saals

Am 28. April 1791, kurz vor seinem Tod, gab Potemkin, der Fürst von Taurien, hier ein Fest zu Ehren Katharinas der Großen, das in die Geschichte einging. Dank der Beschreibung eines Gastes können wir uns eine Vorstellung von den Innenräumen des Taurischen Palastes machen.

Man betrat eine niedrige Vorhalle, die zu einem achteckigen Saal mit Galerien und einer Kuppel führte, der wie eine Art Tempel aussah [...]; auf dem Gesims stand in goldenen Lettern: Katharina der Großen. Dieser Saal wurde »Pantheon« genannt. Dahinter befand sich der prächtige große Saal. Bereits vom Eingang aus sah man einen langen, ovalen Saal oder genauer gesagt, einen Saal, in dem 5000 Personen bequem Platz fanden. Es scheint, als hätten herkulische Kräfte die ganze Natur an diesem Ort versammelt, bewunderte besagter Augenzeuge. Sechsunddreißig weiße Säulen mit Kapitellen wie das Erechtheion in Athen begrenzten diesen Saal zum nicht weniger großartigen Wintergarten hin. *Hier ist überall Frühling, die Kunst wetteifert mit der Natur. Der Geist badet in reinem Vergnügen!* heißt es in der Beschreibung weiter. Um den Palast herum wurde von dem englischen Gartenarchitekten William Gould, einem Schüler Lancelot Browns, des größten britischen Gartenarchitekten des 18. Jahrhunderts, ein Landschaftsgarten angelegt. Der Prunk des potemkinschen Festes wurde der Nachwelt überliefert und sei es auch nur in einem Detail: der Aufmachung des Hausherrn. Potemkin trug einen scharlachroten Kaftan und einen Überwurf aus schwarzer Spitze. Sein Hut war über und über mit Diamanten besät und so schwer, daß er ihn nicht auf dem Kopf tragen konnte – ein Adjutant mußte ihm die Kopfbedeckung hinterhertragen.

In den letzten Jahren ihrer Herrschaft ließ Katharina immer großartigere Bauten errichten. Sie betraute Iwan Starow mit dem Bau eines neuen, weiter flußaufwärts an der Newa gelegenen Palastes. Dieser Palast sollte alles bis dahin Geschaffene übertreffen und die kühnsten Vorstellungen der Architekten des ausgehenden 18. Jahrhunderts verwirklichen, in Bauten, in denen der Glanz und die Majestät der Antike wiederaufleben sollten. Katharina die Große gab dem neuen Palast den Namen der Hauptstadt des alten Mazedonien: Pella. Die Bezugnahme auf den Namen der Stadt, in der die Vorfahren Alexanders des Großen gelebt hatten, war kein Zufall. Katharina hatte dabei ihren Lieblingsenkel Alexander im Sinn, den sie mit den antiken Heroen verglich. Sie war nicht die einzige, die derartige Vergleiche anstellte. Claude Nicolas Ledoux widmete sein Buch dem »Alexander des Nordens«. Die Zarin hätte Großfürst Alexander gern als ihren Nachfolger auf dem Zarenthron gesehen, während sie ihren eigenen Sohn Paul, den Vater Alexanders, davon fernhalten wollte. Doch die Geschichte entschied anders. Am 5. November 1796 starb Katharina die Große. Alexander wagte es nicht, sich des Throns zu bemächtigen, und Paul I. wurde Zar.

Taurischer Palast, Gesamtansicht. Dieser Palast, der 1783–1789 von Iwan Starow für den Marschall Potemkin, den Eroberer der Krim und Fürsten von Taurien, erbaut wurde, ist ein Beispiel für den von römischen Vorbildern beeinflußten Petersburger Klassizismus.

Taurischer Palast.
Der monumentale Saal mit den sechsunddreißig ionischen Säulen aus weißem Marmor wurde senkrecht zur Mittelachse errichtet.

Paul I.

Der Gequälte

Wir besitzen keine ausführlichen und genauen Informationen über Einzelheiten der Bauten des Zarenschlosses St. Michael: Alle Auskünfte, die einzuholen wir vor Ort wiederholt in Auftrag gaben, haben uns nie erreicht ... Diese Zarenresidenz ist weit weniger wegen ihres schönen und geschmackvollen Baustils bekannt als wegen des schrecklichen Unglücks, dessen Opfer Paul I. wurde.

Percier und Fontaine, *Residenzen der Fürsten*, Paris, 1833

Michael-Schloß oder Ingenieursschloß, Gesamtansicht. Mit dem Bau des Schlosses, mit dem 1796, unmittelbar nach dem Tod Katharinas, begonnen wurde, beauftragte Paul I. seinen persönlichen Architekten Vincenzo Brenna. Mit seinem quadratischen Grundriß und dem achteckigen Innenhof ist es eine wahre Festung; es war früher auch von Wassergräben umgeben. Zwei mit militärischen Trophäen geschmückte Obelisken umrahmen das Eingangsportal, dessen Giebelrelief den Ruhm Rußlands illustriert. Im Hintergrund sind das Marsfeld und das Marmorpalais und auf der anderen Seite der Newa die Peter-Pauls-Festung zu sehen.

»Das Marsfeld«, Gemälde von De Mayr aus dem 18. Jahrhundert

Das romantische Schloß

Die Gräfin Warwara Golowina hielt folgende Erinnerung an dieses Ereignis fest: *Die Thronbesteigung des neuen Zaren löste überall Furcht und Schrecken aus. Obwohl er über alle Eigenschaften eines großen Herrschers verfügte und einer der charmantesten Männer des ganzen Reiches war, gelang es ihm nicht, andere Gefühle als Angst zu erwecken, weshalb sich die Leute von ihm fernhielten. Paul besaß ein heftiges Temperament ... Seine angeborene Neigung zum Jähzorn verstärkte sich noch. Er wurde argwöhnisch, streng und unerbittlich selbst bei Kleinigkeiten ... Sein sonderbares Wesen bewirkte, daß man seine Gesellschaft soweit irgend möglich mied. Doch [...] man kam immer noch davon, denn man mußte nur seine Wutanfälle ertragen. Jetzt aber steht die gesellschaftliche Stellung auf dem Spiel, es droht die Verbannung oder sogar der Verlust des Lebens.* Diese Zeilen vermitteln einen genauen Eindruck von dem Klima, das in St. Petersburg in den vier Jahren der Regierungszeit Pauls I. herrschte.

Den Zeitgenossen schien es, als ob *alles, was in den vierunddreißig Jahren der Herrschaft Katharinas an Ruhmreichem geschaffen wurde, zugrunde ginge und als ob Paul von einer einzigen Leidenschaft erfüllt sei: seine Mutter zu demütigen.* Jedenfalls wurden alle Baumaßnahmen, die noch unter Katharina eingeleitet worden waren, eingestellt und Bauten, die kurz vor ihrer Vollendung standen, zu einem erheblichen Teil wieder zerstört. Zahlreiche Architekten, die für die verstorbene Zarin gearbeitet hatten, fanden sich nun ohne Arbeit wieder.

Pauls Lieblingsarchitekt war Vincenzo Brenna, ein Italiener, der aus Florenz stammte und in Rom und Paris studiert hatte. Brenna hatte bereits in Polen gearbeitet, ehe er Ende des Jahres 1783 nach Rußland kam und dort die Residenzen des Thronfolgers in der Umgebung St. Petersburgs – Pawlowsk und Gatschina – errichtete. Er verstand es, das Wohlwollen des Großfürsten zu erlangen, und wie fast alle, die Paul vor seiner Thronbesteigung nahestanden, machte auch Brenna unter Pauls Herrschaft rasch Karriere. Paul betraute ihn damit, den neuen Zarenpalast für die Stadt St. Petersburg zu bauen, das Michael-Schloß.

Paul I. ging beim Bau dieses Schlosses sehr überstürzt vor: Kaum einen Monat nach dem Tod Katharinas der Großen erließ er einen diesbezüglichen Ukas, und schon im Februar 1797 wurde unter großem Pomp der Grundstein gelegt. Die Arbeiten wurden ohne Unterbrechung durchgeführt, sogar nachts bei Fackelschein. Das gewaltige Bauwerk wurde im Jahre 1800 vollendet. Es liegt nicht weit vom Zusammenfluß von Moika und Fontanka, an der Stelle, an der sich zuvor der Sommerpalast der Zarin Elisabeth befunden hatte. Der Sommergarten, in dem der kleine Sommerpalast Peters des Großen lag, sollte dem Michael-Schloß als Park dienen.

Wie die Persönlichkeit Pauls I. wirkt auch das Michael-Schloß überraschend und ziemlich seltsam für die Zeit des Klassizismus, vor allem wenn man es mit den von Starow oder Quarenghi erbauten Palästen vergleicht. Die Skizzen des vom Zaren selbst entworfenen Plans blieben erhalten. Möglicher-

Michael-Schloß,
von der Fontanka aus gesehen

Michael-Schloß, die dem Sommergarten zugewandte Nordfassade. Der Vorbau besteht aus einem monumentalen Treppenaufgang, der zu einem dorischen Säulengang führt, auf dem sich eine Terrasse befindet. Auffallend ist der bauplastische Schmuck der Attika, eine alternierende Folge von Reliefs und als Halbfiguren gestalteten Stützatlanten.

Michael-Schloß, Ehrentreppe

Michael-Schloß, Rotunde, die sich zur Fontanka hin aus dem Gebäude hinauswölbt.

weise war der berühmte Moskauer Architekt Wassiljewskij Baschenow, der Paul I. aufgrund freimaurerischer Verbindungen nahestand, an der Ausarbeitung des Plans beteiligt, doch die endgültige Version stammt zweifellos von Vincenzo Brenna. Wie dem auch sei, man gab dem Palast den geschlossenen und undurchdringlichen Charakter einer Festung. Der Grundriß besteht aus einem riesigen Quadrat, dessen Ecken durch kleine Türme abgerundet werden. In der Mitte befindet sich ein achteckiger Innenhof, auf den die Mehrzahl der Räume hinausgeht. Von außen wirkt das Schloß in erster Linie wie ein düsterer, monolithischer Block. Die Zufahrt zum Schloß wurde in geraden Linien konzipiert, zwischen den langgezogenen, niedrigen und symmetrischen Bauten der Stallungen, an die sich zwei relativ große, einander gegenüberliegende, achteckige Pavillons anschließen und endlich der weiträumige Platz, auf dem sich ein Denkmal Peters des Großen erhebt, das von Bartolomeo Rastrelli dem Älteren, dem Vater des Architekten, geschaffen wurde. Es trägt folgende Inschrift: »Dem Urgroßvater, der Urenkel«. Für Paul I., in dessen Adern im Gegensatz zur Zarin Katharina tatsächlich das Blut Peters des Großen floß, war diese Widmung von großer Bedeutung.

Der kompositionelle Schwerpunkt der Hauptfassade liegt im Mittelteil, in dem sich zwischen zwei Obelisken und unter einem wuchtigen Giebel mit einer zurückgesetzten Attika der einzige Zugang zum Innenhof befindet. Das Erdgeschoß besteht aus einem wuchtigen, monumentalen Unterbau mit einer Verblendung aus pyramidenförmigen Bossen. Die dem Sommergarten zugewandte Fassade des Schlosses wirkt leichter und gefälliger; auf der Höhe des ersten Stockwerks befindet sich ein gewaltiger Mittelbalkon. Die Ausgestaltung des Michaels-Schlosses enthält eine Fülle von prächtigen, dekorativen Details, Waffentrophäen und Medaillons mit dem Monogramm des Zaren in kunstvollen Rahmen. Diese Merkmale entsprechen bereits dem Stilempfinden der aufkommenden Zeit der Romantik.

Von allen Empfindungen, die die Seele Pauls quälten, war sicher die Angst vor dem Tod die heftigste. Er erinnerte sich nur zu gut an die zahlreichen Verschwörungen und Staatsstreiche, die die Herrschaft seiner Vorgänger ins Wanken gebracht hatten. Dies ist der Grund, weshalb das Michael-Schloß als geschlossener, von der Außenwelt abgeschnittener und praktisch uneinnehmbarer Ort konzipiert war. Deshalb war es zu der Zeit auch von allen Seiten von Wassergräben umgeben und hatte Zugbrücken, die nachts hochgezogen wurden. Durch ein rigoroses Reglement wurde unter der Palastgarde eine strenge Disziplin aufrechterhalten. Aber nichts von alldem rettete den Zaren: In der Nacht des 2. März 1801 fanden seine Höflinge, die ihn haßten, Mittel und Wege, ins Michael-Schloß einzudringen und ihn zu töten. Sein Sohn Alexander I. konnte hier nicht leben, und so wurde das Schloß dem Ingenieurskorps überlassen, um Wohnungen für die höheren Beamten einzurichten und verschiedene Verwaltungseinheiten unterzubringen. Seit dieser Zeit heißt das Gebäude auch Ingenieursschloß.

Michael-Schloß, Kuppel über dem Chor der Kirche

Michael-Schloß,
Ikonostase der Kirche

*Michael-Schloß,
vom Sommergarten und
dem Kanal aus gesehen*

Alexander I. und Nikolaus I.

Der Klassizismus

Die Prophezeiung Peters des Großen, gehauen in aus dem Meer herausragende Granitblöcke, geht während der letzten einhundert Jahre unter den Augen der Welt in Erfüllung. Wenn man bedenkt, daß diese Sätze, die außerhalb Rußlands emphatisch wirkten, hier nur der gerechte Ausdruck der Wirklichkeit sind, hält man mit Respekt inne und sagt sich: Es gibt doch einen Gott! Es ist das erste Mal, daß Stolz mich anrührt: Überall, wo die Macht der menschlichen Seele sich gänzlich offenbart, besteht ein Grund zur Begeisterung.

Marquis de Custine, *Rußland im Jahr 1839*, Paris, 1843

Die Börse, vom Meer aus gesehen. Aquarellierter Stich von I. Iwanow, 1814

Die Börse, vom Meer aus gesehen. Luftaufnahme. Das Gebäude gab Alexander I. 1805 dem französischen Architekten Thomas de Thomon in Auftrag. In Form eines griechischen Tempels erbaut, wurde es 1810 vollendet. Es liegt auf der Spitze der Wassiljewskij-Insel und ist von zwei Rostralsäulen im römischen Stil eingerahmt.

Petersburg und seine Kultur in der ersten Hälfte des 19. Jahrhunderts

Zu Beginn des 19. Jahrhunderts gelangte der Enkel Katharinas der Großen, Alexander I., auf den Thron. Dieses Ereignis wurde im ganzen Land und besonders in der Hauptstadt mit ungewöhnlicher Aufmerksamkeit aufgenommen. Ein Zeitgenosse schrieb darüber: *[...] Katharina ersteht wieder in diesem wunderbaren jungen Mann. Das Kind ihres Herzens, ihr geliebter Enkel, verkündet durch ein Manifest, daß er uns seine Zeit schenken will. Wir werden anschließend sehen, wieweit er sein Versprechen hält. Aber nein: Selbst unter der Regierung Katharinas haben wir dieses Empfinden des Wohlergehens nicht gekannt, von dem ganz Rußland während der ersten sechs Monate der Regierung Alexanders ergriffen worden ist. Die Liebe regiert es, und Freiheit und Ordnung sind gleichzeitig in ihm wiederauferstanden [...], die Blicke haben innegehalten, alle fühlen eine moralische Größe [...] eine kühnere, wohlwollendere Haltung, einen Atem von Freiheit.*

In der Tat kennzeichneten die ersten Regierungsjahre des jungen Zaren von 1801 bis zum Eindringen der napoleonischen Armeen in Rußland einen nie gekannten Liberalismus. Alexander I. hatte sich vorgenommen, die Reformen Katharinas der Großen fortzuführen. So nahmen sein Staatssekretär, Michail Speranskij sowie die »jungen politischen Freunde« des Zaren eine tiefgreifende Reform der Gesetzgebung in Angriff. Das Finanzsystem des Staates wurde verbessert; der Handel entfaltete sich in dem Maße, wie auch die Beziehungen zu den europäischen Ländern ausgebaut wurden.

Rußland war sehr daran interessiert, sich in die europäische Politik einzugliedern, und beteiligte sich an der Mehrzahl der Koalitionen, die gegen das revolutionäre Frankreich gerichtet waren. Nachdem Napoleon, von seinem Feldzug gegen Ägypten zurückgekehrt, zum ersten Konsul ernannt worden war, änderte sich die Situation.

Bereits Paul I. schloß mit ihm eine Allianz, die sich gegen England richtete, Alexander I. jedoch führte von neuem Krieg gegen Frankreich. Nach der Niederlage der mit Rußland und Österreich verbündeten Armeen in Austerlitz und der schnellen Niederlage von Preußen standen sich die Armeen Napoleons und Alexanders von neuem in Polen gegenüber. Trotz des hartnäckigen Widerstandes mußten sich die russischen Armeen am Tag nach der Niederlage von Friedland im Juni 1807 zurückziehen. In einem kleinen Grenzort bei Tilsit unterzeichneten Rußland und Frankreich einen Friedensvertrag, der eine Wende in der Außenpolitik und kulturellen Orientierung Rußlands zeitigte. Der Pakt mit Napoleon wurde durch den Krieg von 1812 und die Besetzung von Moskau durch die Franzosen gebrochen. Ein strenger Winter, die unermeßliche Weite des Landes, das strategische Talent des Feldmarschalls Kutusow, der Stoizismus der russischen Soldaten trieben die Große Armee des französischen Kaisers im Schnee von Zentralrußland in den Untergang. Als nach der endgültigen Niederlage Napoleons die russischen Armeen bis nach Frankreich vorgedrungen waren, brachten eine große Zahl von Offizieren und Adligen Einflüsse der französische Kultur in ihre Heimat mit zurück.

Alexander Puschkin schrieb dazu: *Unterdessen war der Krieg mit seinem Ruhmeszug beendet. Die Regimenter kamen aus dem Ausland zurück. Das Volk eilte ihnen entgegen. Die Musik spielte kriegerische Weisen: (»Es lebe Heinrich IV.«), Tiroler Walzer und Arien [...] Die Soldaten plauderten freudig untereinander, französische und deutsche Ausdrücke mischend. Unvergeßlicher Augenblick! Augenblick des Ruhms und des Entzückens! Die Frauen, die russischen Frauen, waren bewundernswert. Ihre gewöhnliche Kälte hatte sie verlassen. Ihre Begeisterung war wahrhaft köstlich, wenn sie bei der Begegnung mit den Siegern riefen: Hurra!*

Die russische Kultur war in dieser Zeit von einem Gefühl des Triumphes erfüllt. Der Klassizismus dominierte in der Architektur ebenso wie in der Mode, den Interieurs und der Ausschmückung der Häuser.

Allegorie des Dnjepr, eines der großen Flüsse Rußlands, am Fuß einer der Rostralsäulen

Dorische Kolonnade der Börse

Folgende Doppelseite:
Universitätskai. Blick auf die Akademie der Wissenschaften, die G. Quarenghi von 1783 bis 1789 erbaute, und auf die Kunstkammer, das erste Petersburger Museum, das von Peter dem Großen gegründet, 1718 von G. Mattarnowy begonnen und 1734 von M. Semzow fortgesetzt wurde.
Im Hintergrund die Peter-Pauls-Festung

Landungssteg der Kunstakademie. Den Steg legte 1830 K. Thon an. Ihn zieren zwei Sphinxen, die aus der Regierungszeit Amenophis III. stammen und bei Ausgrabungen in Theben entdeckt wurden. 1832 kauften russische Gesandte beide Figuren und brachten sie nach St. Petersburg.

Blick auf den Englischen Kai und die Isaaks-Kathedrale

Senatsplatz mit der Reiterstatue Peters I. Aquarellierter Stich von Ludwig nach einer Zeichnung von B. Patersen, 1799

Diese Skulpturen, deren Vorbilder an den Ufern der Ägäis und des Tiber zu Hause sind, leben an der Seine wieder auf und finden auch an der Newa ihren Nachklang. Ohne die Uniformen und die Fräcke hätte man bei den Bällen an Motive antiker Basreliefs und etruskischer Vasen denken können. Und wirklich, das war nicht häßlich: An den jungen Frauen und den jungen Mädchen war alles so sauber, so einfach und so frisch […] überall sah man nun die Alabastervasen mit ihren mythologischen Darstellungen, Rauchtische und Dreifüße […], lange Ruhebetten mit Lehnen, wo die Hände auf Adlern, Greifen und Sphinxen ruhten. Das einfache, vergoldete, bemalte oder lackierte Holz […] geriet in Vergessenheit. Edelhölzer wie Mahagoni, das allgemein in Gebrauch gekommen war, zierten vergoldete Bronzefiguren […], Leiern und Köpfe: Medusen, Löwen, Widder. All das ist nicht vor 1805 bei uns angekommen, und meiner Ansicht nach können wir uns nichts Besseres in der Art vorstellen. So überliefert Philippe Viguel, ein bedeutender Chronist russischer Geschichte der ersten Hälfte des 19. Jahrhunderts, die Atmosphäre jener Zeit. Der Empire-Stil, der nach 1805 aufkam, enfaltete sich bis in 40er Jahre. Er verwandelte das Gesicht der Stadt.

Von den Architekten, die bereits vor dem Krieg von 1812 in der Hauptstadt arbeiteten, ist uns Giacomo Quarenghi bekannt, der trotz neuer Tendenzen dem Stil Palladios treu blieb. Drei weitere Architekten vertraten den neuen Stil, u. a. Andrej Woronichin. Er war möglicherweise ein illegitimer Sohn eines der reichsten russischen Aristokraten jener Zeit, des Grafen Stroganow, und wurde zusammen mit dessen legitimen Erben erzogen. Von 1785 bis 1795 unternahm er mit den Söhnen des Grafen einige Reisen durch Rußland und Frankreich. In Paris begeisterte ihn vor allem die Architektur. 1790 rief man ihn aus dem revolutionären Frankreich nach Rußland zurück.

Der Eherne Reiter von Etienne Falconet. Katharina II. beauftragte den französischen Bildhauer, ein Denkmal Peters I. zu schaffen. 1766 in St. Petersburg angekommen, brauchte Falconet zwölf Jahre, um das Modell fertigzustellen. Das Modell für den Kopf der Statue entwarf seine Schülerin Marie-Anne Collot. Der Steinblock stammt aus Lakhta am Finnischen Meerbusen. Das Denkmal weihte Katharina II. 1782 – anläßlich der 100. Wiederkehr der Thronbesteigung Peters I. – in Abwesenheit des Künstlers, der 1778 nach Frankreich zurückgekehrt war, ein.

Der Senat, Fassade zur Newa hin. Im Hintergrund die Isaaks-Kathedrale. Den Senat erbaute Carlo Rossi 1829-1833. Er ist durch einen effektvollen Bogen mit dem Gebäude der Synode verbunden und mit einem behauenen Fries gekrönt.

Große Preise von Rom Ende des 18. Jahrhunderts dienten ihm als Referenz, um die Kasaner Kathedrale zu bauen. Wie viele seiner Zeitgenossen inspirierte auch ihn das griechische Vorbild sowohl der archaischen als auch der klassischen Periode. Seine späten Arbeiten beziehen sich dagegen mehr auf den dekorativen Charakter des Empire-Stils. Diese Entwicklung ist repräsentativ für den Wandel in der Architektur Petersburgs. Andrejan Sacharow, der bedeutendste Baumeister Petersburgs zu Beginn des 19. Jahrhunderts, beendete seine Studien an der Kunstakademie von Petersburg, die ihm eine Medaille verlieh. Er wurde nach Paris geschickt und arbeitete bis 1786 im Atelier von Chalgrin. Dennoch ist die Admiralität – sein Hauptwerk – eher mit den Entwürfen von Boullée vergleichbar. Ein weiterer Hauptvertreter des »Alexandrinischen Klassizismus« war Thomas de Thomon. Viguel charakterisiert sein Schaffen: *Monsieur Thomon [...]war ein Mann, dem es nicht an Talent fehlte, wie der Bau der Börse zeigt. Er war ebenfalls als versessener Royalist und glühender Katholik bekannt [...]* Thomon, der aus Nancy stammte, lebte lange Zeit in Italien. Er kam 1799 im Gefolge des Grafen von Artois nach Rußland und wurde bald durch seine Zeichnungen berühmt. Seine Arbeit inspirierte sich an den Ideen, die an der französischen Akademie in Rom in Mode waren. Sein Stil balancierte zwischen der Genauigkeit nach den antiken Vorbildern und dem Romantizismus, der den Empirestil beeinflußte.

Giacomo Quarenghi starb 1817 in hohem Alter, Andrejan Sacharow 1811, Thomas de Thomon 1819 und Andrej Woronichin 1814.

Die nachfolgenden Architekten begannen nun, mit ihren Arbeiten der Stadt einen anderen Charakter zu geben. Die Planung und Ausführung der Stadtentwicklung und des Häuserbaus wurden vorangetrieben. Mit dem Übergang vom 18. zum 19. Jahrhundert schritt die Entwicklung Petersburgs im wesentlichen durch die Errichtung einzelstehender monumentaler Gebäude, wie z. B. des Michael-Palais, der Börse, der Kasaner Kathedrale oder der Admiralität – jedes Gebäude bildete eine in sich geschlossene Anlage – voran. Nach dem Krieg von 1812 rückte verstärkt die gesamtstädtebauliche Orientierung in den Vordergrund. Deshalb stand in der zweiten Hälfte der Regierungszeit Alexanders I. und später unter Nikolaus I. jeder neue Bau in Beziehung zur Gesamtstruktur der

Isaaks-Kathedrale, Luftaufnahme

Stadt. Diese Forderung wurde sogar in einem Dekret formuliert: Es war obligatorisch, *die Regelmäßigkeit, die Schönheit und Angemessenheit jedes Gebäudes in Anpassung an den Gesamtplan der Stadt* einzuordnen.

So wurde eine neue Behörde, das »Komitee für Bauten und hydraulische Arbeiten«, eingerichtet, die sich den Fragen der Urbanisation und Stadtplanung von Petersburg widmete. Dem Komitee gehörten folgende Architekten an: Carlo Rossi, Wassilij Stassow, Andrej Michailow, William Guestier; Präsident des Amtes war der aus Spanien stammende Graf Augustin de Béthancourt. Der Graf hielt *die Regulierung der alten und das Anlegen neuer Plätze für unerläßlich. Er stimmte dem zu, daß dort öffentliche und andere Gebäude, die der Lage dieser Grundstücke entsprachen, erbaut wurden und so den Bedürfnissen der Industrie sowie den Interessen der Gesellschaft dienten*. Sie verfolgten damit eine völlige Neuorganisation der Hauptstadt, vom Stadtzentrum bis zu den Inseln. Der in Rußland geborene Architekt italienischer Herkunft Carlo Rossi, der bei Vicenzo Brenna studiert hatte und einer der wichtigsten Petersburger Architekten wurde, charakterisierte die Urbanisation dieser Zeit mit der Beschreibung einer seiner Baustellen: *[...] die Dimensionen meines Planes übersteigen die der Römer in ihren Bauten. Wir fürchten nicht, uns mit ihnen an Pracht zu vergleichen. Wir dürfen darunter nicht die Üppigkeit der Ausschmückung verstehen, sondern die Großartigkeit der Formen, den Adel der Proportionen, die Stabilität der Materialien*. Ihn interessierten die Pläne in großem Maßstab. Einmal schrieb er, *daß er alles, was die Europäer unseres Zeitalters erbaut hatten, übertreffen wolle*. Er war vielseitig begabt. Er konnte sowohl ein Landhaus »voller Poesie und Initimität« bauen wie das für Alexander I. auf der Jelagin-Insel als auch dem Zaren den Plan der völligen Neubebauung des Stadtzentrums vorlegen. Von 1819 bis 1825 errichtete er die gesamte Anlage des Michael-Palais, jetzt Russisches Museum, und wandelte den davorgelegenen Platz ebenso um wie den Senatsplatz, erbaute den Theaterplatz und die Theaterstraße, die heute nach Rossi benannt ist.

Insgesamt arbeitete er an der Neugestaltung von zwölf Plätzen und dreizehn Straßen in Petersburg mit. Stilistisch blieb er in der Linie Andrejan Sacharows: des monumentalen Klassizismus, streng, triumphal, mit großartigen Proportionen, reich an architektonischen Details und an Skulpturen. Ihm sind die Strenge und die Kohärenz der städtischen Anlagen zu verdanken.

Die Zeitgenossen Rossis versuchten es ihm gleichzutun. Wassilij Stassow war einer der ersten russischen Edelleute, die eine Karriere als Archtitekt einschlugen. In bezug auf Rossi war er dessen *vollkommenes Gegenteil. Traurigkeit spiegelte sich in seinem Blick wider. Er war kein schlechter Mann, aber er war immer mißmutig*, schreibt Viguel. Betrachtet man die Bauwerke von Stassow sowie den Marstall am Ufer der Moika oder die Kasernen des Regiments von Pawlowsk auf dem Marsfeld, ist man überrascht, daß sie weniger feierlich und kalt als Rossis Bauten sind. In Stassows Klassizismus liegt mehr Milde und Freiheit.

Die Architekten unterschieden sich durch zwei Grundpositionen: das Nachempfinden der Denkmäler des antiken Griechenlands und die Inspiration an der Formensprache Roms. Igor Grabar bezeichnet die erste Tendenz als »Hellenismus« und die zweite als »Latinismus«. Diese Klassifizierung ist sicherlich unvermeidlich konventionell, denn es war selten der Fall, daß Architekten jener Zeit einem »reinen Stil« treu blieben.

Andrej Michailow errichtete 1817 am Hauptgebäude der Akademie der Künste ein neues Vestibül mit Paradetreppe und übertrug den griechisch-dorischen Stil auf den Portikus. Giovanni Lucchini setzte den schweren dorischen Säulen des monumentalen Saals der Börse, den de Thomon erbaut hatte, die ionische Eleganz der Fassaden, die er von 1829 bis 1832 errichtete, entgegen. Dagegen gehören das Sommertheater, das 1827 von Smaragd Schustow auf der Kamennyj-Insel in der Art eines römischen Tempels errichtet wurde, oder die Gebäude von David

Isaaks-Kathedrale. Der größte Kirchenbau St. Petersburgs wurde nach den Plänen Auguste de Montferrand in der Form eines griechischen Kreuzes errichtet. Vier Portiken mit monolithischen Säulen aus finnischem Granit, die mit einem dreieckigen Giebel geschmückt sind, bilden an jeder Fassade einen Vorbau. Der hohe »Tambour« der vergoldeten Rippenkuppel ist von 24 Säulen aus poliertem roten Granit umgeben, deren Gebälk eine von 24 Engeln geschmückte Balustrade trägt.

Isaaks-Kathedrale, Außenansicht der Rippenkuppel

Isaaks-Kathedrale.
Die Kuppel wurde von Karl Brüllow gestaltet, die die Muttergottes, umgeben von Heiligen, Aposteln und Evangelisten, darstellt.

Isaaks-Kathedrale, Mosaiken der Ikonostase. Sankt Alexander Newskij

Vichonti, vor allem die katholische Kirche St. Stanislas, zum »lateinischen« Baustil.

In der Architektur trat das russische Reich unter Alexander I. und Nikolaus I. das »stilistische Erbe« Frankreichs unter Napoleon I. an. Das verdeutlichen besonders die Bauten eines der letzten großen Meister des Petersburger Klassizismus der ersten Hälfte des 19. Jahrhunderts: Alexander Brüllow. Nach Abschluß seiner Studien an der Petersburger Akademie der Künste setzte Brüllow, wie sein Bruder Karl, der berühmte Maler, seine Studien in München, Rom, Neapel, Paris und schließlich in London fort. Dieser Weg war nicht zufällig, zeigte er doch die Interessenslage der russischen Künstler jener Zeit auf. Er bezeugt einmal die tiefen Bindungen an Deutschland, weist auf den obligatorischen Umweg über Rom und Pompeji – Orte, denen man eine besondere Aufmerksamkeit gewährte. Schließlich war es für die »Bildung des Geschmacks« wichtig, daß der Künstler die Studien zur Architektur in Frankreich und England fortsetzte. Alexander Brüllow verstand es wie kein anderer, die europäische Erfahrung und den Geist von Petersburg zu vereinen. Seine Werke unterscheiden sich durch eine rationelle Komposition und eine karge Zeichnung. Beispiele dafür sind das Stabsgebäude der Garderegimenter auf dem Schloßplatz und die evangelisch-lutherische Peterskirche auf dem Newskij-Prospekt. Sein Schaffen steht in Beziehung zu den Arbeiten Leo von Klenzes, den Brüllow in München kennengelernt hatte und der nach Petersburg eingeladen worden war, um die Neue Eremitage zu bauen. Leo von Klenze war nicht der einzige ausländische Architekt, der zu dieser Zeit in Petersburg arbeitete.

Philippe Viguel schrieb 1816: *Ich erinnere mich nicht, ob es der Juni oder der Juli dieses Jahres war, als ein Mann aus Paris ankam, dessen Erscheinen von unseren großen Architekten völlig unbemerkt blieb, dessen Erfolge aber stets zum Gegenstand ihrer Enttäuschung und ihres Ärgers wurden. Ich traf eines Morgens bei Béthancourt […] einen blaßblonden Franzosen, der ungefähr dreißig Jahre alt und nach der letzten Mode gekleidet war, der ihm einen Empfehlungsbrief seines Freundes, des Uhrmachers Breguet, überbrachte. Als er das Zimmer verlassen hatte, fragte ich nach seinem Namen – es war Montferrand.* Auguste de Montferrand erregte bald allgemeine Aufmerksamkeit: *[…] er stellte vierundzwanzig Pläne vor […], die alles berücksichtigten, was damals aktuell war: Entwürfe im chinesischen, indischen, gotischen, byzantinischen Stil, im Renaissancestil und natürlich auch nach der griechischen Architektur.* Alle Zeichnungen stellten ein und dasselbe Gebäude dar – eine große Kathedrale. Das Album wurde Alexander I. vorgelegt. Es gefiel ihm, und 1817 beauftragte er Auguste de Montferrand mit der Errichtung der Isaaks-Kathedrale, die dieser 1858 beendete. Sie ist nicht nur die größte Kirche von Petersburg, sondern auch das letzte wichtige Denkmal des Klassizismus der ersten Jahrhunderhälfte.

Um 1815 veränderte sich infolge der Politik der Heiligen Allianz unter Alexander I. das geistig-kulturelle Leben in Petersburg. Die zaristische Zentralgewalt wurde weiter gestärkt; sie ging einher mit der Ausbreitung einer kriegerischen Mentalität, einer Schwärmerei für den Mystizismus sowie einem Anwachsen der Bürokratie. Teile der russischen Aristokratie – vor allem der Offiziersadel, der an den napoleonischen Kriegen teilgenommen hatte und mit der westlichen Kultur in Berührung gekommen war – waren äußerst unzufrieden über diese »Neuorientierung« des Zaren. Vor allem kritisierten sie die wirtschaftliche Rückständigkeit Rußlands und das Weiterbestehen der Leibeigenschaft. In Petersburg entstand eine starke liberale Opposition, die sich in Geheimgesellschaften zusammenschloß. Dies war die Zeit der Dekabristen, aber auch das »goldene Zeitalter« der russischen Kultur. Das Wachsen des russischen Nationalbewußtseins in der ersten Hälfte des 19. Jahrhunderts brachte die sogenannte »klassische russische Literatur« hervor. An erster Stelle sei das Werk Alexander Puschkins genannt. Petersburg wird die Stadt Puschkins. Seine Dichtung ist mit den Erinnerun-

Isaaks-Kathedrale, »Königliche Türen« der Ikonostase, zum Chor hin geöffnet.

Marien-Palais. In diesem Palais, das 1839-1844 realisiert wurde, nimmt A. Stakenschneider das traditionelle, klassizistische Schema wieder auf: ein mächtiger zentraler Vorbau mit einer kolossalen korinthischen Säulenordnung, die den Portikus trägt und von einer Attika gekrönt ist, sowie zwei seitliche Vorbauten, die von Giebeln abgeschlossen werden.

gen seiner Freunde verknüpft – jenen russischen Aristokraten, deren Erhebung nach dem Tod Alexander I. eine neue Epoche in der Geschichte Rußlands einleitete.

Nikolaus I., der zweite Sohn von Paul I., bestieg nun den Zarenthron und regierte bis 1855. Für die Russen war das zweite Viertel des 19. Jahrhunderts weniger liberal. Alexander Puschkin lebte bis 1837, Gogol geißelte weiter die russische Bürokratie; der junge Turgenjew, Tolstoj und Dostojewskij begannen zu publizieren. Der Zar betrachtete die Literatur mit Mißtrauen; dagegen zollte er dem Militär und den Ingenieuren, zu denen er auch die Architekten zählte, große Achtung. Die Bürokratie blühte. Es herrschte scheinbar eine strenge Ordnung im Staat. Die Wirklichkeit aber sah ganz anders aus; das Land stand vor großen Problemen, und das Zeitalter der Reformen, das Katharina die Große eingeleitet hatte, ging vorüber. Die Regierungszeit Nikolaus I. endete mit der schweren Niederlage des Krimkrieges und der Einnahme von Sewastopol durch das französisch-englische Expeditionskorps. So endete die Epoche, die mit dem Sieg über Napoleon begonnen hatte, mit einem Rückschlag. Uns bleibt als Zeugnis jener Zeit die Architektur.

Die Spitze der Wassiljewskij-Insel

Der Ort, an dem die Newa, die hier außerordentlich breit ist, vor der Peter-Pauls-Festung vorbeifließt und sich in zwei Arme teilt, ist einer der schönsten von Petersburg. Die Anhöhe, mit der die Wassiljewskij-Insel im Osten abschließt, überragt eine riesige Wasserfläche.

Der Bau der Börse, in der Regierungszeit Katharinas der Großen von Quarenghi begonnen, wurde unter Alexander I. abgerissen. Thomas de Thomon schlug 1801 ein neues Projekt vor. Er organisierte sogar eine prunkvolle Zeremonie zur Grundsteinlegung. 1805-1810 wurde die Börse nach seinem Entwurf unter Mitwirkung von Andrejan Sacharow errichtet. Die feierliche Eröffnung der neuen Börse fand jedoch erst nach dem Ende der napoleonischen Kriege, 1816, statt.

Auf einem Granitsockel, der mit monumentalen Treppen und sanft geneigten Rampen versehen ist, erhebt sich der »Tempel des Handels« über der Newa, der von einer dorischen Kolonnade umgeben ist: je 14 abgestumpfte Säulen auf den Längsseiten und je 10 auf den Schmalseiten. Sie sind den Säulen von Paestum nachempfunden. Die Kapitelle, die mit breiten Deckplatten versehen sind, tragen das Gesims und darüber einen dorischen Fries ohne Basreliefs. Die Anordnung der Börse schließt die ganze Originalität dieser Architektur ein.

Die Rückkehr zum antiken Griechenland, genauer zu der Epoche, die am Übergang von der archaischen zur klassischen Kunst liegt, stellte für de Thomon die Suche nach den Quellen der Schönheit, ihre Frische und Neuheit dar, die die klassische Architektur der Antike im Augenblick ihrer Entstehung charakterisieren sollten. Zar Alexander hatte das verstanden. Die Formensprache de Thomons hinterläßt einen starken Eindruck und ein seltsam bewegendes Gefühl, das sich mit den Anfängen der romantischen Epoche verbindet.

Hinter dem »griechischen« Säulengang verbirgt sich jedoch Rom. Die Wände sind mit Bögen dekoriert, und die Umrandung der Türen ist römisch. Über dem Säulengang ist das Hauptgebäude von riesigen Thermalfenstern durchbrochen. Das Deckengewölbe des großen Saals erinnert an das römischer Thermen. Die auf dem Gebälk der Schmalseiten befindlichen Figurengruppen stellen Allegorien des Meeres und der Flüsse dar: an der Ostseite Neptun, umgeben von Meeresnymphen, an der Westseite Merkur, ebenfalls von weiblichen Figuren umringt. Seit 1940 ist im großen Saal das Kriegsmarinemuseum untergebracht, in dem mehr als tausend Schiffsmodelle zu sehen sind.

Der Architekt stellte die Börse in Beziehung zu ihrer Umgebung. Er legte vor dem Gebäude einen Platz an, der mit einer halbkreisförmigen Terrasse aus Granit abschließt, die in die Newa hineinragt. Zu beiden Seiten wurden zwei gigantische Rostralsäulen aufgestellt, die einst als Leuchttürme dienten. Um die Granitsockel gruppieren sich Statuen, die die großen russischen Flüsse symbolisieren. An den Feiertagen zündete man an den Spitzen der Säulen ein Leuchtfeuer an. Dann belebte sich dieses romantische Bild, das von einem französischen Baumeister entworfen worden war.

Entlang der Börse errichtete man zwischen 1826 und 1828 Lagerhäuser für die Aufbewahrung von Handelswaren. Schon zu Zeiten Peters I. standen an dieser Stelle ähnliche Zweckbauten, die oft erneuert wurden. Die große Überschwemmung von 1824 zerstörte die alten hölzernen Lagerhäuser bis auf den Grund. Der Architekt Giovanni Lucchini schlug 1825 vor, der Börse symmetrisch zugeordnete Gebäude mit klassizistischen Fassaden zu bauen. Auf kluge Weise berücksichtigte er in seinen Plänen die Anlage de Thomons. Seine Architektur war taktvoll: Er richtete die Giebelmauern zur Seite der Spitze hin aus, verlieh den Fassaden, die zum Kai hin orientiert waren, mehr Bedeutung, errichtete daran grenzend dorische Säu-

Platz der Admiralität. Stich von Ferdinand Perrot, 1840

Die Admiralität, östlicher Pavillon. Die beiden Seitenflügel der Admiralität werden von zwei symmetrischen Pavillons mit einem Bogen abgeschlossen, der einen Vorbau zu einem Gebäude bildet, vor das ein Portikus mit riesigen dorischen Säulen gebaut ist.

lengänge, die genau den dorischen Elementen der Börse entsprachen, und brachte das nördliche Lagerhaus symmetrisch zu seinem Pendant, dem südlichen Lagerhaus, unter.

Das von ihm 1825-1832 erbaute Zollgebäude ist heute Sitz des Instituts für russische Literatur der Akademie der Wissenschaften. Dort werden die Manuskripte der berühmtesten Schriftsteller Rußlands aufbewahrt, darunter die Originale von Puschkin, weshalb es heute auch »Puschkinhaus« heißt.

Jenseits des südlichen Lagerhauses, entlang des Universitätskais, liegen folgende Gebäude: die Akademie der Wissenschaften, die Giebelmauer der »Zwölf Kollegien«, das Menschikow-Palais, die Kunstakademie und die Landungsbrücke, die Konstantin Thon erbaut hat. Die beiden Sphinxen, die sie einrahmen, wurden aus Ägypten mitgebracht: Sie stammen aus dem einstigen Theben und sind die Lieblingshelden der Petersburger Dichter Anfang des 20. Jahrhunderts. Geht man die Uferböschung entlang, stößt man auf das ehemalige Marinegebäude, ein Bauwerk, das mit einem ionischen Säulengang versehen ist, der 1789 von dem Architekten Fjodor Wolkow erbaut wurde. Die etwas entfernter gelegene Kirche im neorussischen Stil gehörte einst zu den Repräsentationsgebäuden

Die Admiralität. Aquarell von Angelo Toselli aus der Sammlung Panorama, St. Petersburg, 1817-1820

Die Admiralität. Blick auf die Turmspitze. Alexander I. gab Andrejan Sacharow den Wiederaufbau der Admiralität in Auftrag, die von Peter dem Großen 1704 gegründet wurde, mit der Auflage, die Grundmauern sowie die Reste der u-förmigen Gebäude in die Konzeption einzubeziehen. Die Arbeiten begannen 1806 und wurden 1823 beendet. Ein luftiger, von Säulen umgebener »Tempel« mit 28 Statuen als Krönung und einer vergoldeten Spitze verbindet den Triumphbogen mit einem Bogen des Eingangs.

Kasaner Kathedrale, Südfassade. Die Kathedrale in Form eines lateinischen Kreuzes erbaute der russische Architekt Andrej Woronichin zwischen 1801 und 1811. Paul I. hatte von Woronichin eine Kolonnade im Stil Berninis verlangt, die sich zum Newskij-Prospekt hin öffnete und dadurch einen monumentalen Platz schuf. Auf der Nordseite sollte ebenfalls eine Kolonnade errichtet werden und damit den Kern eines neuen, ebenfalls monumentalen Viertels bilden. Sie wurde aus finanziellen Gründen nicht gebaut.

des Petscherskij-Klosters von Kiew, und zwar zum Gästetrakt des ältesten Klosters von Rußland.

Jenseits der Kirche finden sich die Häuser aus dem 18. Jahrhundert und schließlich eines der berühmtesten Bauten des russischen Klassizismus: das Bergbauinstitut, das zwischen 1806 und 1811 von Woronichin erbaut wurde. Die Skulpturengruppen aus Tuffstein vor dem Gebäude bilden dramatische Szenen ab: den »Raub der Proserpina durch Pluto« von W. Demut-Malinowskij und den »Kampf des Herkules mit Anteus« von S. Pimenow. Die Basreliefs, auch aus Tuffstein, schuf ebenfalls Demut-Malinowskij; sie stellen Venus und Vulkanus bzw. Apollo und Vulkanus dar. Die Architektur des Gebäudes von Woronichin ist ein Hymnus auf Griechenland. Die archaische, dorische Säulenordnung mit Kannelierung, die für den Portikus ausgewählt wurde, scheint jedoch das ganze Gebäude zu erdrücken. Der Fries mit Triglyphen macht den hohen, leeren Giebel noch schwerer. Woronichin teilte die »Leidenschaft für die Säulen von Paestum«, die in der russischen Architektur zu Beginn des 19. Jahrhunderts weit verbreitet war.

Die Admiralität

Ossip Mandelstam, einer der großen russischen Dichter des 20. Jahrhunderts, beschrieb das Bauwerk in seinem Gedicht »Die Admiralität«: *Und im dunklen Grün der Fregatten glänzt die Kuppel von weitem, Himmel und Wasser sind Brüder.*

Diese ausgedehnte Anlage gehört zu den repräsentativsten des »Alexandrinischen Klassizismus«. Die neue Admiralität ist von jedem Standort der Stadt aus zu sehen, gleichsam so, als ob sie über der Stadt schwebte. Andrejan Sacharow war zum leitenden Architekten der Marinebauten in Petersburg berufen. Seine zahlreichen Pläne evozieren das romantische Bild einer »Hauptstadt des Meeres.« Er hatte die Vision von einem Zentrum, das den »maritimen Charakter« der Stadt in sich vereint.

Sicht auf die Kasaner Kathedrale vom Newskij-Prospekt aus, um 1800, Aquarell von B. Patersen

Kasaner Kathedrale, Innenansicht der Kolonnade

Der Turm der Duma (Gemeinderat), von 1799 bis 1804 von G. Ferrari erbaut

Gostinnyj Dwor (Großer Kaufhof). Das monumentale Gebäude schuf Vallin de la Mothe von 1761 bis 1785. Es nimmt, auf mehreren Stockwerken um einen Hof angeordnet, einen ganzen Häuserblock ein und gehört zu den Prestigebauten des Newskij-Prospekts.

Der Newskij-Prospekt, Gostinnyj Dwor und der Turm der Duma. Anonymes Aquarell

Michael-Palais, Hauptfassade. Als Prototyp einer großen russischen Landresidenz wurde das Michael-Palais zwischen 1819 und 1825 von Carlo Rossi erbaut. Das Hauptgebäude mit drei Stockwerken und einer riesigen Kolonnade, die die beiden oberen Stockwerke verbindet, zwei seitlichen Vorbauten und in der Mitte einem vorkragenden, mit einem dreieckigen Giebel gekrönten Portikus liegt am Ende eines Ehrenhofs. Im rechten Winkel dazu umrahmen etwas niedrigere Gebäudeflügel, mit einer Kolonnade an der Fassade, das Hauptgebäude symmetrisch. Vor der Anlage befindet sich ein gußeisernes Gitter mit drei Toren.

Die Admiralität war schon allein durch ihren Standort prädestiniert dafür. 1704 wurde nach eigenen Plänen Peters I. mit der Anlage begonnen, an der sich die ganze Struktur des linken Newa-Ufers ausrichtete. Iwan Korobow, der seit 1727 im Admiralitätskollegium arbeitete, entwarf das Projekt des Einfahrtstores mit dem Turm, der von einer vergoldeten Spitze bekrönt war, zu dem die drei wichtigsten Avenuen der Stadt führten: Newskij, Gorochowaja, Wosnessenskij.

Zu Beginn des 19. Jahrhunderts erhielt Sacharow den Auftrag, das Gebäude vollständig zu rekonstruieren. Er behielt die von Koborow geschaffene Turmspitze bei, bezog sie also in seine neue Komposition ein, die durch das bereits vorhandene Bauwerk vorbestimmt war, das u-förmig zur Newa hin offen war. Im Innenhof befanden sich die Werften.

Die geniale Leistung des Architekten bestand darin, diesen Komplex von so grandiosem Ausmaß durch das logische System seines Aufbaus und eine geschlossene äußere Gestaltung in die Gesamtstruktur der Stadt zu integrieren. Sacharows Plan wurde am 23. Mai 1806 angenommen, und Zar Alexander I. bewilligte die Mittel für einen völligen Wiederaufbau des Gebäudes. Sacharow erlebte die Vollendung der Admiralität nicht mehr, er starb während ihres Baus, der 1823, zwölf Jahre nach seinem Tod, abgeschlossen wurde.

Zu der Zeit, als Sacharow bei Chalgrin in Paris lernte, waren so gigantische Vorhaben auf dem Papier keine Ausnahme, jedoch vorher noch nicht verwirklicht worden. Die alten Träume, all die utopischen und verrückten Pläne der europäischen Klassizisten, sollten also in Petersburg konkrete Gestalt annehmen.

Das Zentrum bildet der Turm mit seiner Spitze, der mitten in die lange Fassade der Admiralität gesetzt ist. Sein unterer Teil gleicht einem imposanten Triumphbogen, errichtet zu Ehren der russischen Kriegsflotte, der an den von Chalgrin auf der Place de l'Etoile in Paris erinnert. Ein schweres dorisches Gesims krönt die glatte Mauer über dem einzigen Bogen, der die Haupteinfahrt bildet. Eine Vielzahl von Skulpturen zieren die Wand. Rechts und links des Eingangs stehen auf zwei Granitsockeln Figuren dreier Nymphen, die Himmels- bzw. die Erdkugel tragend. Es sind Werke des Bildhauers S. Schtschedrin. Darüber sind die Wände mit Kränzen und Fackeln ge-

Michael-Palais,
Ehrentreppe

schmückt. Ein beeindruckendes Beispiel der dekorativen Plastik jener Zeit ist auch der Relieffries auf der Attika von A. Terebenew, das der »Gründung der Flotte in Rußland« gewidmet ist: Neptun überreicht Peter I. seinen Dreizack, während Nymphen und Tritonen Schiffe bauen und Ankommende begrüßen. Die zahlreichen allegorischen Darstellungen künden von der Bedeutung und der Rolle der russischen Flotte. An den Ecken der Attika befinden sich die Plastiken der griechischen Helden Achilles, Ajax, Alexanders des Großen und Pyrrhus. Über diesem »Triumphbogen« erhebt sich ein Kubus, der einem ionischen Tempel gleicht, den 28 Skulpturen krönen, die die vier Jahreszeiten, die vier Elemente und die vier Himmelsrichtungen symbolisieren. Unter diesen Allegorien befinden sich die Darstellungen der ägyptischen Göttin Isis und der Muse Urania.

Die Hauptfassade der Admiralität erstreckt sich auf 406 Meter. An den äußeren Enden schließen riesige Gebäudekomplexe die Anlage ab, deren Dimensionen und Formen an die großen Landhäuser der klassischen Epoche erinnern: Das Zentrum bildet jeweils ein zehnsäuliger Portikus mit Frontgiebel, die Seitenfassaden schließen dorische Kolonnaden von bescheideneren Ausmaßen ab. Im Tympanon krönt Themis die Schöpfungen der Kunst und die Ruhmestaten der Flotte. Die Giebelmauern, die zur Newa zeigen, sind in Form eines Triumphbogens gebaut. In der Innenausstattung wurden nur einige Räume genau nach den Entwürfen Sacharows gestaltet, da er sein Werk, wie schon erwähnt, nicht vollenden konnte. Glücklicherweise blieben sie erhalten.

Hervorzuheben ist hier das repräsentative Treppenhaus im Mittelrisalit des Ostflügels, das über die ganze Höhe dekorative Skulpturen schmücken.

Die unmittelbare Umgebung der Admiralität verschönert seit den 70er Jahren des 19. Jahrhunderts eine Parkanlage mit geradlinigen Alleen und Brunnen sowie Denkmälern für die Dichter Nikolaj Gogol, Michail Lermontow, Wassilij Jukowskij, für den Komponisten Michail Glinka sowie weitere Berühmtheiten des kulturellen Lebens von St. Petersburg.

Der Park verleiht dem angrenzenden Wohnviertel einen bezaubernden Anblick.

Michael-Palais, Weißer Saal. Entwurf von Carlo Rossi

Detail einer Decke in einem Salon des Michael-Palais

Das Generalstabsgebäude und der Schloßplatz

Die Erbauung der Admiralität war noch nicht beendet, als Carlo Rossi 1819 mit der Ausgestaltung des Schloßplatzes begann. Es mutet seltsam an, daß während der ersten Hälfte des 18. Jahrhunderts dieses Grundstück, das mitten im Herzen von Petersburg neben dem Winterpalast lag, nie Gegenstand eines Bauplanes war. Eine große Wiese zog sich von der Admiralität bis zum Ufer der Moika hin. Man zeichnete lediglich die Wiesenstraße mit reizenden kleinen Häusern ein. Nachdem Bartolomeo Rastrelli 1762 die Erbauung des Winterpalastes beendet hatte, war schon die Gestalt eines Platzes zu erkennen, die eher dem Konzept einer Hauptstadt entsprach. Der Architekt hatte einen großen, runden, repräsentativen Hof, umgeben von Kolonnaden, vorgesehen, in dessen Mitte das Reiterdenkmal Peters I., welches sein Vater, der Bildhauer Bartolomeo Rastrelli d. Ä. gegossen hatte, aufgestellt werden sollte. Diese Anlage war als Zentrum der Stadt gedacht. Nach dem Tod von Elisabeth I. wurden Rastrellis Pläne aufgegeben. Zunächst diente der Platz, der den erhabenen Gründer der Stadt glorifizieren sollte, vor allem militärischen Zermonien. 1772 schlug der Architekt Iwan Starow vor, eine halbkreisförmige Kolonnade gegenüber dem Winterpalast zu errichten. Die Kolonnade wurde von Katharina der Großen verworfen, während ihr die Idee eines Rundplatzes gefiel. 1779 veranstaltete die Kunstakademie von Petersburg einen Wettbewerb, bei dem der Plan Jurij Veldtens favorisiert wurde. Er schlug vor, gegenüber dem Winterpalast einen Halbkreis von Häusern mit gleichen Fassaden zu errichten. Die Zarin nutzte die Gelegenheit, um ihrem Günstling Alexej Lanskoj, der zu ihrem Leidwesen kurz darauf starb, ein Haus anzubieten, das Giacomo Quarenghi einrichtete. 1811 mietete der Generalstab der russischen Armee das Haus von den Erben Lanskojs und übernahm weitere Häuser der Nachbarschaft. Da sich nun die neue Admiralität neben dem Winterpalast erhob, wirkten die Bauwerke auf der anderen Seite des Platzes mehr als bescheiden. Deshalb wurde 1819 beschlossen, das Areal von Grund auf zu verändern, um dort ein neues Verwaltungszentrum zu errichten. Dort sollten neben dem Generalstab der russischen Armeen auch das Finanz- und das Außenministerium untergebracht werden. Für die Planung wurde eine Kommission ins Leben gerufen und Carlo Rossi zum »Chefarchitekten« ernannt.

Unter der Bezeichnung »Kommission für die Einrichtung eines regelmäßigen Platzes gegenüber vom Winterpalast« nahm sie ihre Tätigkeit auf. In diesem Zusammenhang ist es wichtig, noch einmal auf die Bezeichnung »regelmäßig« hinzuweisen: Damit erhielten die russischen Architekten den Auftrag, einen Platz mit geometrischem Grundriß und mit Fassaden in einem einheitlichen Stil zu schaffen. Darauf begründete Rossi seinen Plan. Er nahm den Gedanken von Iwan Starow – die gebogene Baulinie, die dem Palast gegenüberliegen sollte – als auch den Vorschlag der einheitlichen Fassade Jurij Veldtens auf. Dadurch erhielt der Platz eine Weite und »Majestät« ohnegleichen. Rossi scheute sich nicht, mit den Dimensionen seiner Gebäude »das kaiserliche Rom« zu übertreffen.

Ähnliche Plätze gibt es in anderen europäischen Metropolen. Erwähnt sei hier der »Royal Crescent« von Bath in England, eine Halbellipse mit sanften, aber festen Formen, die sich zur Landschaft und zum Horizont hin öff-

Michael-Palais, Fassade zum Garten hin. Sie wurde ebenso sorgfältig ausgeführt wie die Hauptfassade. Ein Portikus mit Schmuckelementen und durchlaufenden Vorsprüngen trägt eine korinthische Kolonnade, die auf beiden Seiten von Vorbauten, die ein dreieckiger Giebel krönt, eingefaßt ist.

net. Der Unterschied zu Rossis Entwurf besteht darin, daß es keine Ellipse ist, sondern eine Parabel, die durch ihre geometrische Form die Bewegung nach vorn trägt und zum Zarenpalast hin ausläuft.

Die »Annäherung« an den Winterpalast beginnt schon am Newskij-Prospekt. Die Kurve zur Rechten und der kleine Ausschnitt der Seitenstraße führen auf den Triumphbogen, der grandios und tief ist wie ein Tunnel. Der Bogen befindet sich genau in der Achse zur Haupteinfahrt des Winterpalastes. Der Triumphbogen ist mit Skulpturengruppen geschmückt. Er wird über der Attika von einem sechsspännigen Triumphwagen mit der Allegorie des Sieges gekrönt, den Krieger flankieren. Sämtliche Plastiken und Reliefs stammen von S. Primenow und W. Demut-Malinowskij.

Rossi schlug weiter vor, in der Mitte des Platzes eine gigantische Säule nach dem Vorbild der Trajanssäule in Rom zu errichten. Der Plan wurde zwischen 1830 und 1834 von Auguste de Montferrand verwirklicht. Die »Alexandersäule«, die Alexander I. gewidmet ist, ist ein Denkmal seines Sieges über Napoleon. Sie ist eine der schönsten Arbeiten Montferrands in Petersburg. Mit ihrer Gesamthöhe von 47,5 Metern und einem Säulendurchmesser von 3,66 Metern ist sie die höchste »Triumphsäule« der Welt. Der Transport und die Aufrichtung des ca. 600 Tonnen schweren Monolithen wurden damals als technische Heldentat gefeiert. Über dem Bronzesockel erhebt sich der Monolith, der die Figur eines Engels mit einem Kreuz trägt, die an den verstorbenen Zaren erinnern sollte, denn die Vertrauten des Zaren nannten ihn »die Verkörperung des Engels«. Das Volk erinnerte der Engel daran, daß Gott Rußland vor Napoleon gerettet hatte und es auch weiterhin schützte. Auf dem Piedestal symbolisieren Basreliefs die Weisheit und den Reichtum, die im Zarenreich herrschten; die anderen Basreliefs stellten die Genien des Sieges und des Friedens dar. Der Greis, der Wasser aus einem Krug gießt, versinnbildlicht die Memel, die die napoleonischen Armeen beim Einfall in Rußland überquerten. Die junge Frau symbolisiert die Weichsel als Grenzlinie des nach dem Wiener Kongreß von 1815 geteilten Polen. Die Waffen, die auf dem Basrelief dargestellt sind, sind Kopien altrussischer Waffen, die heute in der Rüstkammer des Kremls aufbewahrt werden, und sollen an die Tapferkeit der russischen Armeen erinnern. Die Reliefs wurden nach Zeichnungen von G. Scotti ausgeführt.

Zwischen 1837 und 1843 schuf Alexander Brüllow auf der Nordseite, am Platz des Exerziersaals, nach Entwürfen Vincenzo Brennas aus den 90er Jahren des 18. Jahrhunderts, das Gebäude der Leibwache des Generalstabs in klassizistischem Stil. Das ist die einzige Hinzufügung. Dieser Platz ist einer der schönsten Plätze St. Petersburgs.

An der Moika, Pavillon des Landungsstegs des Michael-Palais.
Entwurf von Carlo Rossi

Der Senatsplatz – Platz der Dekabristen

Auf der anderen Seite der Admiralität befindet sich ein weiterer Platz, der ebenfalls Rossi zu verdanken ist. Gegenüber dem Seitenflügel der Admiralität lag das Barockpalais des Kanzlers des Zarenreichs, A. Bestuschew-Rjumins. Nach seinem Tod kaufte der Staat das Haus für den Senat – die »absolute Verwaltungs- und Entscheidungsbehörde«. Danach benannte man diesen Platz in Senatsplatz um. 1768 begann man auf der südlichen Hälfte mit dem Bau der Isaaks-Kathedrale nach einem Plan Antonio Rinaldis, der jedoch nicht vollendet und erst im 19. Jahrhundert durch Auguste de Montferrand weitergeführt wurde. 1782 errichtete Falconet auf dem Platz das Denkmal Peters I.; zugleich wurde der Wiederaufbau des Senatsgebäudes in Angriff genommen.

Zwischen 1804 und 1807 schuf Quarenghi an der südwestlichen Ecke des Platzes die Gardekavallerie-Manege. Das Gebäude erhebt sich über einem rechteckigen Grundriß und schließt mit der einem antiken Tempel nachempfundenen Hauptfassade die Perspektive des Schloßplatzes ab. Die Seitenfassaden sind einfach gestaltet. Vor dem Portikus der Hauptfassade mit 8 korinthischen Säulen stehen die »Dioskuren«, die P. Triscorni in Carrara nach dem Vorbild der Statuen vor dem Quirinalspalast in Rom anfertigte. So sah 1825 der Senatsplatz aus. Und an diesem Ort kam es am 14. Dezember 1825 zum »Dekabristenaufstand«. Die aufständischen Regimenter verharrten den ganzen Tag am Fuß des Denkmals bis zu dem Augenblick, als die Regierung sich entschlossen hatte, sie anzugreifen. Mit Artilleriebeschuß wurden die Dekabristen niedergemetzelt.

Sehr schnell versuchte man, die Erinnerung an diese Ereignisse aus dem Stadtbild auszulöschen. 1827 – die Überlebenden des Aufstandes waren gerade zum Tode verurteilt bzw. nach Sibirien deportiert worden – begannen die vorbereitenden Arbeiten für die Umgestaltung des Platzes.

Für den Neubau des Senats wurde ein Wettbewerb ausgeschrieben, an dem sich die besten Architekten beteiligten, u. a. auch Stassow, Schustow, Michailow. Den Preis gewann Rossi.

Sein Entwurf sah vor, dem Gebäudekomplex auf dem Westteil des Platzes eine einheitliche Fassade zu geben, in dem der Senat und die Synode – das höchste Organ der russischen Kirche im 19. Jahrhundert – ihr Domizil finden sollten. Diese Konzeption, die Gebäude mit einem Bogen zu verbinden, wurde angenommen. Im Zentrum jedes Baukörpers befindet sich eine Loggia mit 8 korinthischen Säulen, die von einer Attika gekrönt werden. An

Der Newskij-Prospekt auf der Höhe des Anitschkow-Palais, um 1895. Aquarell von A. Beggrow

Anitschkow-Palais. Seit seiner Grundsteinlegung 1741 häufig umgebaut, erhielt das Anitschkow-Palais seine endgültige Form von Carlo Rossi, als dieser 1818 eine Umgestaltung des Viertels einleitete.

den äußeren Eckrisaliten der beiden Teile umrahmen je zwei korinthische Säulen Statuen, die weltliche und geistliche Tugenden darstellen. Die Attika schmückt eine Figurengruppe »Gerechtigkeit und Barmherzigkeit«. Die an den Seitenrisalit der Synode anschließende abgerundete, säulengeschmückte Gebäudeecke stellt die Verbindung zur Newafassade her.

Der majestätische Platz erstreckt sich bis zum Englischen Kai, an dem sich das Haus Laval befindet, eine schöne klassizistische Villa. Hier erkennt man die Handschrift Thomas de Thomons wieder, der sie im ersten Drittel des 19. Jahrhunderts wieder aufbaute.

Die Isaaks-Kathedrale

Theophile Gautier, der 1829 Rußland besuchte, beschrieb sie folgendermaßen: *Der Blick des Reisenden, der sich vom Finnischen Meerbusen St. Petersburg nähert, fällt zuerst auf den Dom von Sankt-Isaak, der wie eine goldene Mitra über der Silhouette der Stadt ruht. Der Anblick [...] erinnert, in einer wahren Synthese vereint, an Sankt-Peter in Rom, das Pantheon von Agrippa, Skt. Paulus von London, Sainte-Geneviève und den Invalidendom von Paris.* Und in einem anderen Teil des Kapitels heißt es: *Jede Stunde des Tages bringt ihre eigenen Träume hervor. Betrachtet man Sankt-Isaak am Morgen, erscheint sie in den Farben von Amethyst und gebranntem Topas inmitten eines Nimbus von milch- und rosafarbenem Glanz [...] Abends [...] scheint sie mit ihren von der untergehenden Sonne durchschienenen Fenstern im Inneren wie von einer Feuersbrunst erhellt [...] Wenn [...] das Flimmern der Sterne und der ungewisse Schein der Milchstraße die Trugbilder der Dinge sichtbar machen, zeichnen die großen Massen der Kathedrale sich majestätisch ab und nehmen eine geheimnisvolle Feierlichkeit an.* Die Kathedrale erstand in vierzig Jahren Bauzeit, von 1818 bis 1858, nach den Plänen Auguste de Montferrand und ist eine der großartigsten Kirchen St. Petersburgs. Es ist schwierig, genau zu entscheiden, welcher Richtung innerhalb des Klassizismus sie angehört, denn sie steht nicht in der Tradition der benachbarten Gebäude von Sacharow und Rossi. Die Kirche weist ein anderes Gefühl für Struktur und Proportionen, eine andere Methode, die Details

Anitschkow-Palais, Wintergarten, um 1830

der Architektur zu benützen, eine andere Art und Weise, auf historische Prototypen zurückzugreifen auf. Man hätte erwarten können, daß Montferrand sich an der französischen Architektur orientierte, aber im Pariser Empire oder später in der Zeit der Restauration gibt es nichts Vergleichbares.

Man kann, wie es Theophile Gautier getan hat, stilistische Gemeinsamkeiten mit den bedeutendsten Kultgebäuden Europas, vom römischen Pantheon bis zum Pariser Pantheon, herausstellen. Die Kuppel von Sankt-Isaak ist ein Echo auf die Kuppel von Skt. Paulus in London, die Christopher Wren erbaut hat; sie ist auch der Kirche Sainte-Geneviève in Paris in der Beziehung zwischen dem strengen korinthischen Portikus und den großen Oberflächen der glatten Mauern verwandt. Aber in ihrer Gesamtanlage ist die Isaaks-Kathedrale der Nikolajkirche in Potsdam, die fast zur selben Zeit von Karl Friedrich Schinkel erbaut wurde, ähnlich. Dennoch sind all diese Analogien anfechtbar. Die Isaaks-Kathedrale steht in einer besonderen Tradition, in der der »geschlossenen Gesellschaft«, die mächtige Kathedralen hervorbrachte und im Petersdom von Rom ihren wichtigsten Orientierungspunkt hatte. Es waren besondere Gesetze, die ihrer Errichtung vorausgingen, Gesetze, die von einem riesigen Maßstab diktiert wurden und das Gebäude so einzigartig machen.

Sie überrascht vor allem durch ihren erhabenen Charakter, die dunkle Masse ihres grauen Marmors, der den prachtvollen klassischen Formen eine besondere Mäßigung verleiht. 48 Granitsäulen, die jede beinahe 110 Tonnen wiegen, bilden vier gigantische Portiken. Die schweren Giebel sind üppig mit Skulpturen biblischer Themen geschmückt. Es gibt wenige Architekturdetails: 12 Kuppel- und 9 Seitenfenster, die aber nur ungenügend Licht geben, vier bekrönte Glockentürmchen – wie klassische Pavillons – vergoldete Kuppeln von kleinen Ausmaßen. Eine horizontale Linie krönt die Kathedrale. Der hohe »Tambour« der vergoldeten Rippenkugel wird von 24 Granitsäulen umgeben. Sie sind leichter als die Säulen des Portikus, jede von ihnen wiegt 64 Tonnen, aber diese Monolithen mußten auf eine Höhe von 48 Metern gehoben werden. Eine Balustrade und die elegante, vergoldete Kuppel krönen die Trommel. Es wird berichtet, daß etliche Vergolder durch Verdunstung von Quecksilber beim Auftragen der Goldmischung auf die Kuppel zu Tode kamen oder schwere gesundheitliche Schäden erlitten. Bewundernswert ist die Innendekoration, in der sich die Wirkung von Gold, Bronze, Marmor, Malachit und Lapislazuli vereint. Weiterhin sind eine Vielzahl vergoldeter Bronzestatuen, prachtvoller Mosaiken und Skulpturen zu finden. 200 Gemälde zahlreicher Künstler verschönern den Innenraum. Hier arbeiteten u. a. die Bildhauer I. Vi-

Anitschkow-Palais, Ehrentreppe, um 1830

Antischkow-Palais, Blauer Salon, um 1830

Antischkow-Palais,
Zimmerflucht, um 1830

Alexandra-Theater. Die Hauptfassade wendet sich dem Newskij-Prospekt zu. Auf einem hohen Rusticasockel bilden 6 korinthische Säulen eine Loggia. Die Attika schmücken Reliefs mit Ruhmesgenien und die Quadriga Apollos. Ein Maskenfries umgibt das Gebäude. Das Theater von Carlo Rossi entstand im Rahmen der allgemeinen Anlage des Viertels zwischen 1828 und 1832.

tali, N. Pimenow, A. Loganowskij, P. Klodt, die Maler K. Brüllow, W. Chebujew und A. Iwanow und schufen für den wohl bedeutendsten Kirchenbau des Zarenreichs wahrhafte Meisterwerke.

Der Newskij-Prospekt

Es gibt nichts Schöneres als den Njewski-Prospekt, wenigstens in Petersburg: für diese Stadt bedeutet er alles. Wie voller Schönheit prangt diese prächtigste Straße unserer Residenz! Ich weiß, daß nicht ein einziger ihrer blassen und abgehetzten Bewohner den Njewski-Prospekt gegen alle Schätz der Welt eintauschen würde. Nicht nur der Jüngling von fünfundzwanzig Jahren, mit prachtvollem Schnurrbart und erstaunlich elegantem Rock, sondern auch der, an dessen Kinn sich schon weiße Haare zeigen und dessen Haupt glatt ist wie eine silberne Schüssel, ist vom Njewski-Prospekt begeistert.

Mit diesen Worten leitet Nikolaj Gogol seine Erzählung »Der Njewski-Prospekt«, die 1835 veröffentlicht wurde, ein.

Zu dieser Zeite war der Newskij-Prospekt das Zentrum Petersburgs. Am äußersten Ende der Avenue hatte Iwan Starow die Dreifaltigkeitskathedrale des Alexander-Newskij-Klosters erbaut, und am Anfang erhob sich der Turm der Admiralität. Zwischen diesen beiden Fixpunkten befanden sich die schönsten klassizistischen Bauwerke und einige erhaltene Barockpalais der Stadt. In der zweiten Hälfte des 19. und vor allem zu Beginn des 20. Jahrhunderts veränderte sich das Aussehen des Newskij-Prospektes völlig. Es entstanden Banken, Büros und große Kaufhäuser, die die Silhouette der Straße prägten und die bisherige Einheit des Stils durchbrachen. Der Newskij bewahrte trotz allem seinen großstädtischen Charakter, wurde aber pittoresker.

Die Admiralität im Rücken, gelangt man zum Generalstabsgebäude. Einige Häuser weiter entfernt befinden sich auf derselben Seite zwei Gebäude im klassizistischen Stil, die in den 60er Jahren des 18. Jahrhunderts und nach 1830 umgebaut wurden. Die Nr. 13 ist das Tschaplin-Haus, ein Bau des Architekten W. Beretti, ein charakteristisches Wohnhaus Petersburger Bauweise aus dem ersten Viertel des 19. Jahrhunderts. An der Kreuzung der Bolschaja Morskaja mit dem Newskij-Prospekt befindet sich ein Haus, das mit einer zweistöckigen Kolonnade ausgestattet und an den Ecken abgerundet ist. Das Haus ließ Katharina II. für den Petersburger Polizeigeneral Tschitscherin bauen. Es ist eines der ersten klassizistischen Bauten, die Innenausstattung ist leider nicht erhalten. Am Ende des Newskij-Prospekts, an seinem schmalsten Abschnitt, nahe der Moika, gelangt man schließlich zu der gußeisernen Brücke, die zwischen 1806 und 1808 nach dem Entwurf des Schotten William Guestier entstand. Sie war die erste städtische Metallbrücke Rußlands und hieß

Rossi-Straße. 1828 von Carlo Rossi angelegt, weist die ehemalige Theaterstraße außergewöhnliche Proportionen auf. An den Seiten der 200 Meter langen Straße erstrecken sich die identischen, strengen Fassaden der Gebäude. Die Straßenbreite entspricht genau der Höhe der Gebäude (20 Meter).

Belosselskij-Beloserskij-Palais, Galerie

damals »Polizeibrücke« oder »Grüne Brücke«. Auf der anderen Seite der Moika, dort wo der Newskij-Prospekt breiter wird, entdeckt man – einander gegen-überliegend – das Stroganow-Palais und das Kotomin-Haus, das in den Jahren um 1812-1815 von Wassilij Stassow in klassizistischer Manier wieder aufgebaut wurde. Das folgende Gebäude zeigt, wie dieser Stil die Newskij-Perspektive in den folgenden Jahren geprägt hat: Das Haus der holländische Kirche [von P. Jaquot] entstand 1834-1839. Nicht weit davon entfernt, etwas zurückliegend, auf der linken Seite, errichtete Alxander Brüllow die Lutherische Kirche des hl. Petrus, die von der Verschmelzung der Petersburger Architektur der 30er Jahre des 19. Jahrhunderts mit der deutschen Architektur zeugt.

Aber der besondere Reiz des Newskij-Prospekts besteht in der Aneinanderreihung der Häuser, die durch große architektonische Aufschwünge unterbrochen wird. Das erste Beispiel dafür ist die Kathedrale zur Muttergottes von Kasan.

Die Kasaner Kathedrale

1801 begann Andrej Woronichin mit dem Bau, der 1811, vor dem Eindringen der napoleonischen Truppen, fertiggestellt wurde.

Das Gebäude ist insoweit für den Newskij-Prospekt charakteristisch, als es speziell für ihn als architektonischer Glanzpunkt konzipiert wurde. Die Außenansicht der Kathedrale vermittelt ein imposantes Bild; ihr Innenraum dagegen ist verhältnismäßig klein. Die Kirche hat einen kreuzförmigen Grundriß. Dem Kanon entsprechend, liegt der Altarraum im Osten. Dadurch ist der Seitenausgang dem Newskij-Prospekt zugewandt. Für beide Seiten der nördlichen Seitenfassade hat der Baumeister einen Halbkreis von zwei Reihen korinthischer Säulen aus rotem finnischen Marmor entworfen. Das Gesims über der Kolonnade wird von einer Balustrade gekrönt. Bei der von Fenstern durchbrochenen Kuppel wurde zum erstenmal Eisen für die äußere Schale verwendet.

Belosselskij-Beloserskij-Palais. Eines der ersten Beispiele neubarocker Architektur, 1846-1848 nach dem Modell des Stroganow-Palais erbaut, der ein Jahrhundert früher von B. Rastrelli errichtet wurde, ist er das Werk A. Stakenschneiders, des Meisters der »dekorativen« Architektur des 19. Jahrhunderts. Die Fassade zieren Dreiviertelsäulen und Pilaster, verkröpfte Giebel, zahlreiche Fensterverdachungen sowie Atlanten.

Woronichin plante weiterhin, eine zweite halbkreisförmige Kolonnade auf der anderen Seite der Kathedrale zu errichten und drei Plätze anzulegen: einen vor dem Hauptteingang und je einen vor den beiden Seiteneingängen. Doch es wurde nur der Teil, der zum Newskij-Prospekt geht, gebaut: Indem man die Anlage eines Platzes auf eine Stelle konzentrierte, erzielte der Halbkreis die gewünschte Verschönerung. Die Kolonnaden auf der anderen Seite legte man deshalb nicht an, weil man sie vom Newskij-Prospekt aus ohnehin nicht gesehen hätte. So blieb die Kathedrale unvollendet.

Die Öffnung zum Newskij-Prospekt hin wurde betont, als man vor dem Säulengang die Standbilder zum Gedenken an die Oberbefehlshaber der russischen Armee im Krieg gegen Napoleon, die Feldmarschälle Kutusow und Barclay de Tolly, aufstellte. Nach den Entwürfen des Bildhauers Boris Orlowskij ausgeführt, wurden sie 1837 enthüllt.

Der Statuenschmuck der Kathedrale ist bemerkenswert. In den Nischen stehen Bronzestatuen, »Der hl. Wladimir« und »Alexander Newskij« von S. Pimenow, »Johannes der Täufer« von I. Martos, der »Apostel Andreas« von W. Demut-Malinowskij. Die Basreliefs zeigen biblische Themen, u. a. »Moses schlägt auf den Felsen« von I. Martos, die »Errichtung der ehernen Schlange« von I. Prokofjew; vier Basreliefs von F. Gordjew im nördlichen Portikus bilden Themen aus dem Neuen Testament nach.

Von der Kasaner Kathedrale zum Großen Kaufhof

Die Kasaner Kathedrale liegt am Schnittpunkt des Newskij-Prospekts mit dem Katharinen-Kanal (zur sowjetischen Zeit Gribojedowkanal, benannt nach dem Dramatiker Gribojedow, dem Autor des Stücks »Das Unglück,

Belosselskij-Beloserskij-Palais, Kamin

geistvoll zu sein«). Jenseits der Brücke von Kasan, und zwar in Verlängerung der Kathedrale, sieht man einen Turm mit vier Stockwerken. Der Turm wurde zwischen 1799 und 1804 erbaut und diente lange Zeit als Leuchtturm. Er überragt die »Silbergalerien«, die Geschäfte der Juweliere, die zwischen 1784 und 1787 von Quarenghi erbaut worden waren, die Stadtduma, das ehemalige Rathaus von St. Petersburg, das vielfach umgestaltet, aufgestockt und mit einem Uhrenturm gekrönt wurde.

Im 19. Jahrhundert begann der bedeutendste Geschäftsteil des Newskij-Prospektes jenseits des Rathauses seine Gestalt anzunehmen. Der Besucher findet hier die Arkaden des Gostinyj Dwor (Großer Kaufhof), der zwischen 1761 und 1785 als eines der ersten klassischen Bauwerke der Stadt von J. Vallin de la Mothe errichtet wurde. In den 80er Jahren des 19. Jahrhunderts gab Alexander Benois der zum Prospekt hin gewandten Fassade ihre nüchternen Formen. Schon im 18. Jahrhundert waren in unmittelbarer Nachbarschaft Handelsgalerien gebaut worden, in denen man Waren aller Art kaufen konnte, u. a. Bettzeug, weshalb sie auch »Galerie des Daunenbetts« genannt wurden. Der Architekt Luigi Rusca fügte 1806 einen klassischen Portikus hinzu.

Belosselskij-Beloserskij-Palais, Grüner Salon

Belosselskij-Beloserskij-Palais, Zimmerflucht. Details der Supraporten. Die erste im Rokokostil schuf der Bildhauer J. Jensen, die anderen sind im neubarocken Stil gehalten.

Jussupow-Palais, Fassade zur Moika hin. J. Vallin de la Mothe versah 1760 den Palast, der dem Grafen Schuwalow gehörte, mit einem sechssäuligen Portikus. In den 30er Jahren des 19. Jahrhunderts von A. Michailow für den neuen Besitzer, den Fürsten Jussupow umgebaut, erhielt das Palais prunkvolle Innenausstattungen.

Auf der entgegengesetzten Seite des Newskij-Prospekts befindet sich die katholische Katharinenkirche, ein weiteres Werk von J. Vallin de la Mothe. Von ihr aus führt die kleine Michailowskaja (zur sowjetischen Zeit hieß sie Brodskistraße) zum Platz des Michael-Palais, eine der Hauptsehenswürdigkeiten des Viertels. Heute heißt dieser »Platz der Schönen Künste«, weil er vom Russischen Museum, dem Malytheater (Opern- und Ballettaufführungen) und der Philharmonie umgeben ist. Auch diese Anlage ist ein Werk Carlo Rossis.

Das Michael-Palais

Der Großfürst Michail war der jüngste der vier Söhne von Paul I. Er konnte nur im Fall des Todes seiner drei Brüder, was unwahrscheinlich war, Anspruch auf den Thron erheben. Vielleicht war das auch der Grund dafür, daß er gute Beziehungen zu jederman hatte und der Bau seines Palais als eine Staatsangelegenheit betrachtet wurde.

1817 begann Carlo Rossi mit den Vorarbeiten und entwarf wie gewöhnlich zahlreiche Varianten. Die ausführenden Arbeiten begannen 1819; 1825 wurde das Bauwerk vollendet.

Rossis Entwurf verband in einer glücklichen Synthese zwei Probleme, deren Lösung kaum miteinander vereinbar schien. Zum einen ein Palais mit einem Park zu errichten, das an die »Ussadba« (Landhäuser) erinnerte, zum anderen mit der Frontansicht des Palais eine Gliederung des Platzes zu erreichen, um damit einen städtebaulichen Glanzpunkt zu setzen. Daher spielte das Gebäude im Stadtbild von Petersburg eine besondere Rolle. Es wurde an der Stelle der Wirtschaftsgebäude und der Orangerie des Michel-Schlosses (auch »Ingenieurschloß«) gebaut, das Paul I. veranlaßt hatte. Rossi gelang es, das Palais mit seiner Anlage zu einem organischen Ganzen zu verbinden. Dadurch wurde dieses Viertel von Petersburg, das nicht nur das »Ingenieurschloß«, sondern auch das Marsfeld und den Sommergarten umfaßte, vollständig neu gestaltet.

Auf der anderen Seite des Palais wurde der Michael-Platz in einfacher, rechteckiger Form angelegt. Dem französischen Theater gab man die Fassade eines Wohnhauses, um die Einheitlichkeit des Platzes herzustellen. Aber in der Folgezeit wurde die schlüssige Konzeption Rossis verändert.

Der Architekt W. Swinin erbaute zu Beginn des 20. Jahrhunderts das Ethnographische Museum am Ostflügel des Platzes. Die Arbeiten wurden im Hinblick auf die Umwandlung des Palais in das Museum der Russischen Kunst ausgeführt. Eine Ausstellungsgalerie wurde 1914 im Westflügel des Palais eingerichtet.

Jussupow-Palais, Ehrentreppe

Jussupow-Palais, neubarocke Ehrentreppe, 1859 bis 1862 von I. Monighetti gebaut

Jussupow-Palais, Weißer Säulensaal, Detail der Dekoration

Der Theaterplatz

Vom Michael-Palais kommend, überquert der Besucher den Platz, geht durch die Michailowskaja Straße mit dem alten Europa-Hotel und gelangt von neuem auf den Newskij-Prospekt. Gegenüber auf der anderen Seite des Prospekts befindet sich die Öffentliche Bibliothek. 1795 gegründet, wurde sie 1814 der Öffentlichkeit zugänglich gemacht und war lange Zeit die wichtigste Bibliothek Rußlands. Sie umfaßt drei Gebäude. Das älteste mit einer runden ionischen Kolonnade wurde von E. Sokolow zur Regierungszeit Pauls I. zwischen 1796 und 1801 erbaut. Der interessanteste Teil der Bibliothek wurde von Rossi fünfzehn Jahre später erbaut und am Ende des 19. Jahrhunderts vergrößert. Er nimmt einen ganzen Häuserblock ein, dessen eine Seite auf den Theaterplatz geht, der zur sowjetischen Zeit Ostrowskijplatz hieß, benannt nach dem Schriftsteller aus dem 19. Jahrhundert.

Gegenüber der Bibliothek befindet sich das Anitschkow-Palais. Als Zarenresidenz 1741, zur Zeit des Barock begonnen, lag das Palais damals noch an der Stadtgrenze, im aristokratischen Viertel, am Ufer der Fontanka. Das dreistöckige Hauptgebäude war zum Kai hin ausgerichtet. Vor ihm lag ein Ehrenhof, der von Galerien und Seitengebäuden umgeben war. Zarin Elisabeth Petrowna schenkte das prächtige Palais ihrem Günstling Alexej Rasumowskij. Katharina II. kaufte es später für den Fürsten Potemkin. Danach gelangte es wieder in den Besitz der Zarenfamilie zurück und fiel an den dritten Enkel der Zarin, Nikolaus. Selbst Zar geworden, nutzte Nikolaus I. es weiterhin, und das Anitschkow-Palais wurde berühmt für die Bälle, die man dort veranstaltete. Am Ende des 18. Jahrhunderts wurde es durch Iwan Starow umgestaltet. Zu Beginn des 19. Jahrhunderts trennte Quarenghi das Palais von den Ufern der Fontanka, indem er ein Gebäude für die per-

Jussupow-Palais, Weißer Säulensaal von A. Michailow

Jussupow-Palais,
Decke des Weißen
Säulensaals,
genannt »die Rotunde«

Jussupow-Palais, Blauer Salon von A. Michailow, um 1830

Jussupow-Palais, Gemäldegalerie

Jussupow-Palais, Gemäldegalerie, geschnitzte Türfüllung, Mitte des 19. Jahrhunderts

sönliche Kanzlei des Zaren, das Kabinett, dort erbaute. Die Barockausschmückung der Innenräume begann man schon im 18. Jahrhundert umzugestalten. 1809-1810 führte Luigi Rusca einen weiteren Umbau durch. 1817-1818 wandelte Carlo Rossi die Anlage um, indem er den Garten stark verkleinerte und den so gewonnenen Raum dem Theaterplatz zufügte.

Heute ist der Anitschkow-Garten gegenüber dem Platz durch eine Einfriedung abgeschlossen, an deren Ecken der Architekt Pavillons erbaute, die sich dem Baustil der Umgebung anpaßten: dem Palast-, Senats- und Michael-Platz. Der Theaterplatz verdankt seinen Namen dem Alexandra-Theater, das Rossi von 1828 bis 1832 erbaute. Um seinen Plan besser zu erfassen, sollte man lieber über den Kai der Fontanka als über den Newskij-Prospekt zum Theater gehen. Der Architekt legte einen sechseckigen Platz an und schloß die hohen und strengen Fassaden einer Kolonnade im toskanischen Stil in Höhe des Unterbaus mit fortlaufenden Buckeln. Die Gebäude sind an den Ecken mit mächtigen Ketten versehen. Drei Straßen laufen darauf zu. Die Hauptstraße liegt nicht in der Mitte, sondern auf der rechten Seite. Sie führt zum Theater. Früher hieß sie »Theaterstraße«, wurde aber später in »Rossi-Straße« umbenannt. Die Architektur spiegelt deutlich das Anliegen Rossis wider. Die Kolonnade verläuft ohne Unterbrechung bis hin zum Theater. Die Linie aller Gesimse auf beiden Seiten der Straße führt nach einer genauen Perspektive bis zum Gesims der Kolonnade des Theaters hin. Oberhalb der Straße findet man dieselbe strenge Horizontale wieder, die das Theatergebäude und sein pyramidenförmiges Dach krönt. Diese perspektivische Sicht stellt einen der imposantesten Architektureindrücke von Petersburg dar. Die Hauptfassade des Theaters ist zum Platz hin ausgerichtet, der auf den Newskij-Prospekt geht. Die Attika schmücken Reliefs mit Ruhmesgenien und die Quadriga Apolls. Vor dem Theater befindet sich die Statue von Katharina II., die Alexander Opekuschin und Matwej Tschijow nach dem Entwurf des Bildhauers Michail Mikeschin schufen. Katharina ist in ihrer Staatsrobe aufrecht stehend dargestellt. Um den Sockel aus poliertem Granit reihen sich Bronzestatuen berühmter Würdenträger des Hofes und bekannte Kriegsherrn, wie Suworow, Potemkin und die Fürstin Daschkowa, die Präsidentin der Akademie der Wissenschaften in Petersburg. Der theatralische Charakter des Denkmals, das 1873 eingeweiht wurde, entspricht der Bezeichnung des Platzes.

Der Newskij-Prospekt jenseits der Anitschkow-Brücke

Das Anitschkow-Palais ist den Petersburgern wohlbekannt nicht nur wegen seiner Architektur, sondern vor allem durch die gleichnamige Brücke, die die Fontanka überquert und die von außergewöhnlicher Schönheit ist. Schon in der Epoche Peters I. stand an dieser Stelle eine Brücke. Die gegenwärtige wurde zwischen 1839 und 1841 gebaut und ist mit vier Skulpturengruppen, den Pferdebändigern, von Peter Klodt geschmückt. Sie zählen zu den Höhepunkten der klassischen russischen Skulptur. Dargestellt wird ein junger nackter Mann, der ein sich aufbäumendes Pferd am Zügel hält. Die Statuen wurden in Petersburg und in Europa schnell berühmt, so daß man nicht einmal Zeit hatte, sie an ihren Platz zu stellen. Schon

Jussupow-Palais, Theater. Das Theater wurde in der zweiten Hälfte des 19. Jahrhunderts vergrößert und im Barockstil dekoriert.

Jussupow-Palais, Maurischer Saal

nach dem Guß schenkte Nikolaus I. 1842 ein Paar dem König von Preußen, der sie vor seinem Berliner Schloß aufstellen ließ. Der Künstler schuf 1844 zwei neue Figurengruppen, die die Anitschkow-Brücke zierten. Doch schon 1846 gingen erneut zwei Figurengruppen als Geschenk an den König von Neapel. Klodt mußte wiederholt zwei Plastiken herstellen, die 1850 aufgestellt wurden und von nun an dort verblieben.

In der Tat endet der Newskij-Prospekt der klassischen Epoche an der Anitschkow-Brücke. Jenseits der Brücke befindet sich das Belosselskij-Beloserskij-Palais, das von Andrej Stakenschneider 1846 in neubarockem Stil in Anlehnung an Rastrelli errichtet wurde. Im weiteren Verlauf des Newskij gelangt man zu den Mietshäusern vom Ende des 19. Jahrhunderts, mit einigen Ausnahmen wie dem Haus Sukhozamet, das in den 20er Jahren des 19. Jahrhunderts erbaut und 1830 neu gestaltet wurde, oder dem prächtigen Jussupow-Palais, das als Hauptgebäude eine ionische Kolonnade auf einem hohen Unterbau hat. Es schließt sich an der Nikolausbahnhof, heute Moskauer Bahnhof, der von 1843 bis 1851 von K. Thon im Neorenaissancestil geschaffen wurde.

Das Marsfeld und die Bauten Wassilij Stassows

Wie das Marsfeld von Paris war auch das von Petersburg für Militärparaden bestimmt. Es ist in der Folgezeit ein riesiger Platz geworden, der von berühmten Bauten umgeben ist. Im Nordosten befinden sich der Garten mit dem Sommerpalast. Im Süden fließt die Moika, an die am anderen Ufer der Garten des Michael-Palais und das Michael-Schloß grenzen. Die Nordseite wird vom Palastkai begrenzt und ist durch das Marmorpalais, das von Antonio Rinaldi im Auftrag Katharinas II. erbaut wurde, durch das Saltykow-Haus, das zwischen 1784 und 1788 nach den Plänen von Quarenghi errichtet wurde, und durch das Betski-Haus, das de la Mothe bzw. Iwan Starow zugeschrieben wird, getrennt. Zwischen den Wirtschaftsgebäuden des Marmorpalais und dem Saltykow-Haus legte Rossi einen kleinen Platz an, auf dem das bemerkenswerte Denkmal des Oberbefehlshabers Suworow errichtet wurde, das der Bildhauer Michail Koslowskij 1801 ausführte. Man hat den Eindruck, daß alle großen Meister des Petersburger Klassizismus bei der Anlage des

Erlöserkathedrale, für das Preobraschensker Regiment erbaut. Sie wurde 1829, zwei Jahre nach dem Baubeginn, geweiht und war dazu bestimmt, an den Sieg der Russen über die türkische Flotte in Nawarin 1827 zu erinnern. Ihr Architekt, W. Stassow, verwendete als Stütze für die Einfassung des Kirchenplatzes von den Türken erbeutete Kanonen, die er mit Ketten verbunden hatte.

Marsfeldes Hand anlegen wollten. Dennoch war zu Beginn des 19. Jahrhunderts eine Seite des riesigen Platzes noch nicht auf dem Niveau einer »Harmonie der Meisterwerke«. Es blieb Wassilij Stassow überlassen, die architektonische Lücke zu schließen. Im Unterschied zu den anderen Architekten, die die Seitenteile bzw. die Rückseite der Gebäude nach dem Platz hin ausgerichtet hatten, kümmerte sich Stassow nicht um den Platz. Durch die Dimensionen, den Anblick und die Bestimmung entsprachen die Gebäude dem Ansehen des Ortes: Von 1817 bis 1819 errichtete Stassow die großartigen Kasernen des Pawlowsker Regiments.

Das Marsfeld jener Zeit ist ohne Paraden nicht vorstellbar. In Petersburg war die Parade ein kultureller Höhepunkt, ein grandioser Ritus, eine geheiligte Handlung, an der der Zar oft selbst teilnahm. Paul I. hielt täglich eine Parade ab, seine Söhne Alexander I. und vor allem Nikolaus I. veranstalteten das Schauspiel regelmäßig. Bei der Parade kam der Zar in prächtiger Uniform, umgeben von Wachen, die nach einem exakten militärischen Zeremoniell paradierten, besser zur Geltung als zu anderen Gelegenheiten. In der ersten Hälfte des 19. Jahrhunderts waren die Paraden von einer unnachahmlichen Vollkommenheit. Jeder Uniformknopf glänzte, jede Bewegung grenzte an Automatismus. Stassows Architektur mußte also einen Eindruck von Kraft hervorrufen, wie sie unerläßlich war für die enorme Ausdehnung des Platzes.

Nicht weit entfernt vom Marsfeld, am Zusammenfluß der Moika mit dem Katharinen-Kanal, verwirklichte Stassow eines seiner »lyrischsten« Bauwerke: die Stallungen des Hofes. Es ist eine komplexe Anlage von Bauwerken mit verschiedenen Funktionen. Es gab hier die Pferdeställe, die Reitbahn, die Lagerhäuser, aber auch das Domizil der Leitung der Stallungen, die eine Art Ministerium bildeten, und die Marstall-Kirche. Die Bauten sind von einer schüchternen Eleganz. Sie strömen eine gewisse Leichtigkeit aus, ein Gefühl der Klarheit, vor allem, wenn man sich auf dem kleinen, vor der Kirche angelegten Platz oder auf dem Moikakai, nahe an der niedrigen, runden Kolonnade befindet.

Weitere Petersburger Bauten von Stassow sind von anderer Art. So hat er für das Kriegsministerium Kasernen, Lagerhäuser, Kirchen und Gebäude von triumphalem Charakter realisiert. Man verdankt ihm die Tore, die 1834

Dreifaltigkeitskathedrale. 1827-1835 für das Ismailowskij-Regiment von W. Stassow nach einem Grundriß in griechischer Kreuzesform mit fünf gemalten Kuppeln erbaut, spielte sie eine entscheidende Rolle bei der Urbanisierung dieses neuen Stadtviertels.

Jelagin-Palais auf der Insel Jelagin. Lithographie von C. Schultz nach der Zeichnung von E. Mayer, um 1840

auf dem Moskauer Prospekt zu Ehren des Sieges über die Türken 1828 errichtet wurden.

Da die Garderegimenter stets ihre eigenen Kirchen hatten, schuf Stassow die Kathedralen der Auferstehung und der Dreifaltigkeit für die berühmten Regimenter Preobraschenskij und Ismailowskij.

Sie zählen zu den bedeutendsten Kirchenbauten des russischen Klassizismus. Ihre monumentalen Dimensionen, ihre fünf traditionellen, orthodoxen Kuppeln, die in eine strenge, klassische Komposition eingefügt sind, beeinflußten entscheidend die Entwicklung der religiösen Architektur in Rußland. Spezifische Elemente verliehen ihnen ein militärisches Aussehen: So wurden z. B. die Tore der Auferstehungskirche aus aufgerichteten Kanonen hergestellt.

Die Palais der Inseln Kamennyj und Jelagin

Sagt man in Petersburg »Gehen wir zu den Inseln«, meint man damit die drei Inseln im Nordwesten: Kamennyj, Krestowskij und Jelagin.

Jede von ihnen nimmt einen besonderen Platz in der Geschichte St. Petersburgs ein, wobei sie sich aber zugleich stark von den anderen Stadtvierteln unterscheiden, in denen Verwaltungsgebäude, Kasernen, große Wohnhäuser, kleine Läden, Werkstätten, Industrieunternehmen angesiedelt waren. Auf den Inseln ist alles anders. Hier leben weniger Menschen. Im Winter wirken sie wie ausgestorben. Deshalb waren sie schon zu Beginn des 19. Jahrhunderts privilegierte Orte für romantische Begegnungen, einsamer Spaziergänger inmitten von Kanälen, Datschen und Palais:

Auf den Inseln

Jelagin-Brücke, schneeig, grau,
Die Säulen wieder, wie im Schreiten.
Das Liebesflüstern einer Frau.
Laternen, Hufschlag, Kufen gleiten [...]

So beschreibt Alexander Blok einen winterlichen Spaziergang auf den Inseln.

Die Kamennyj-Insel wurde 1704, also kurz nach der Gründung von Petersburg, dem Grafen Gawril Golowin, dem ersten Kanzler des russischen Zarenreiches, geschenkt, der eine kleine »Ussadba« darauf bauen ließ. 1746 verkaufte sein Sohn die Insel dem Grafen Alexej Bestuschew-Rjumin. Der beauftragte Bartolomeo Rastrelli mit der Errichtung eines Palais und der Anlage eines Parks: Das Palais galt als der leichteste, luxuriöseste, feinste und raffinierteste aller Bauten Rastrellis. Unglücklicherweise fiel der Graf bei der Zarin in Ungnade und wurde nach Sibirien deportiert. Peter III. beschlagnahmte

Jelagin-Palais, Porzellan-kabinett, nach dem Entwurf von Carlo Rossi

Jelagin-Palais, Stallungen

das Palais für die Zarin. Als Katharina II. auf den Thron gelangte, schenkte sie die Kamennyj-Insel ihrem Sohn Paul. Damit begann eine neue Seite ihrer Geschichte.

Man lud Wassilij Bajenow, einen jungen Architekten, der gerade aus Frankreich zurückgekommen war und der im Atelier von Charles de Wailly studiert hatte, ein. Wir wissen heute leider nicht mehr, ob nach seinen Plänen vorgegangen wurde, denn der Bau stand unter der Leitung von Jurij Veldten, eines anderen Architekten der ersten klassizistischen Epoche. Leider bewahrte er nicht die Bauten Rastrellis. An der Stelle des Barockpalais errichtete er ein einfaches, zweistöckiges Haus mit Vorbauten an den Enden, einem bescheidenen sechssäuligen Portikus im toskanischen Stil und einer sparsamen Ausschmückung. Entlang des Gartens errichtete man eine Zimmerflucht mit einem großen ovalen Salon in der Mitte. Die Innenausstattungen in kargem, klassischem Stil, die zum Teil Rokokoelemente aufweisen, sind erhalten. Der Garten war zuerst regelmäßig angelegt. Der Architekt Grigorij Pilnikow wandelte ihn Anfang des 19. Jahrhunderts in einen romantischen Landschaftsgarten, wie man den Zeichnungen von Thomas de Thomon entnehmen kann, um, als das Palais schon Alexander I. gehörte. Die Nachbarinsel wurde nach ihrem ersten Eigentümer Ausgang des 18. Jahrhunderts, Iwan Jelagin, benannt. Er war ein Günstling Katharinas der Großen. Für ihn wurde, wahrscheinlich von Quarenghi, das erste Palais gebaut. Als 1817 die Witwe Pauls I. die Insel kaufte, gestaltete es Rossi wieder völlig neu. Den Park legte Joseph Bush, ein bemerkenswerter englischer Gärtner, der lange Zeit in Rußland lebte, an. Und so entstand eine der elegantesten »Ussadbas« der Zarenfamilie.

Das Palais ist aus vielerlei Gründen interessant. Man entdeckt einen ganz anderen Rossi. Der Architekt behielt auch hier die Klarheit und Virtuosität seiner Anlagen bei, aber alles wirkt so, als ob er mit den Volumen »spielte«, als ob er sie im Gleichgewicht hielte.

Den weiten Abständen zwischen den Säulen der seitlichen Portiken setzte er die Kolonnaden der Hauptfassaden entgegen, die zur Flußseite halbkreisförmig, auf der Gartenseite aber gerade sind. Über dem Gebäude errichtete er einen Aussichtsturm, der von einer flachen Kuppel gekrönt wird.

Im Park, nicht weit vom Palais, sind die Wirtschaftsgebäude, die Stallungen und die Orangerie untergebracht. Am Ufer entlang wurden noch drei kleine Pavillons erbaut, die mit dem Palais eine vollkommene klassische Vedute bilden, die sich in die umgebende Landschaft erhebt.

Jelagin-Palais, ovaler Salon. Die eingebundenen Säulen im ionischen Stil entsprechen der äußeren Kolonnade.

Alexander II. und Alexander III.

Rückschau und Nationalismus

Ich muß sagen, daß diese Fassaden und diese Hallen, klassisch, modern, begeistern mit ihren Säulen, ihren Pilastern, ihren Tierköpfen und mythologischen Figuren aus Stuck, ihrem Zierat und ihren Karyatiden, die die Balkone stützen, den Büsten in den Nischen ihrer Eingänge mir viel mehr über die Geschichte unserer Welt vermittelten als alle Bücher, die ich in der Folge gelesen habe.

Joseph Brodsky, *Fern von Byzanz*

Schloßkai. Altes Palais des Großfürsten Wladimir Alexandrowitsch. 1864-1872 unter Leitung A. Rezanows für den Sohn Alexanders II. erbaut, ist das Palais mit Sandsteinschmuck bekleidet, der die »rustikale« Bossierung der florentinischen Renaissance imitiert. Ein Portikus mit drei Bögen bezeichnet die Mitte der Fassade.

Altes Palais des Großfürsten Wladimir Alexandrowitsch, Roter Salon

Eine Stadt in der Entwicklung

Die zweite Hälfte des 19. Jahrhunderts, die Zeit der Herrschaft der Zaren Alexander II. und Alexander III., Sohn und Enkel von Nikolaus I., gab viele Rätsel auf. Sie war auch die Periode der schnellen Entwicklung des russischen Kapitalismus, in der die Umwandlung des ökonomischen Systems parallel zur Festigung der Autokratie erfolgte. Die Bauern wurden 1861 von der Leibeigenschaft befreit, und Alexander II. erhielt den Namen »Befreiungszar«. Die Industrie begann sich zu entwickeln. Die russische Bourgeoisie trat in den Vordergrund. Die Wirtschaft gewann an Leistungskraft. Das dokumentiert sich auch in dem spektakulären Wachstum von St. Petersburg und in der Größe und Pracht der Bauten.

Es ist schwierig, das Charakteristische der Stadt in diesen spannungsvollen Jahrzehnten zu beschreiben, kennt man nicht ihre »Helden«, die uns in der Literatur jener Zeit begegnen. Petersburg wird die Stadt der großen russischen Dichter, die Stadt von Dostojewskijs »Schuld und Sühne« und Tolstojs »Auferstehung«. Die Aufregungen und Erschütterungen ihrer seltsamen und schweren Leidenschaften haben die großen Avenuen, aber auch die schmutzigen Winkel ihrer entlegenen Gäßchen ergriffen. Dostojewskij fand in der Architektur von Petersburg die Grundzüge des Milieus, das er in seinen Romanen beschreibt. Er notiert in dem »Tagebuch eines Schriftstellers«: *[...] Nun, nun man weiß nicht recht, wie man die Architektur unserer Zeit definieren soll. Es ist eine Art Zusammenhangslosigkeit, die übrigens völlig der Zusammenhangslosgkeit des Augenblicks entspricht. Es ist eine Vielzahl von Häusern, die außergewöhnlich hoch (vor allem: hoch) sind, Häuser mit »Mietern«, sagt man seltsamerweise, schmal und langweilig, die an der Fassade eine außergewöhnliche Architektur zeigen: hier ist es Rastrelli, dort spätes Rokoko und Balkone wie an einem Dogenpalast und Fenster [...] und unfehlbar vier Stockwerke. Und all das an ein und derselben Fassade.*

Und in der ersten russischen Architekturzeitschrift, »Der Architekt«, war 1872 zu lesen: »Petersburg wird immer europäischer.« In der Tat war die »Palette« der historischen Stile Mitte bzw. in der zweiten Hälfte des 19. Jahrhunderts ähnlich der anderer europäischer Großstädte. Der Neubarock und die Neorenaissance, die Neugotik und der neugriechische Stil, der Eklektizismus und die »orientalischen« Stile waren in Petersburg genauso vertreten wie anderenorts. Hier jedoch war ihr Wechselspiel untereinander originärer.

Der Einfluß des Klassizismus war ebenso stark, und die dominierenden historizistischen Stile »tendierten« zweifellos mehr zum klassischen Stil hin und nicht zum Mittelalter.

Beispiele dieser Entwicklung charakterisieren seit der Jahrhundertmitte das Schaffen des wohl berühmtesten Architekten dieser Epoche, Andrej Stakenschneider, der seit 1848 den Titel eines Hofarchitekten innehatte und über zwei Jahrzehnte hinweg neue Paläste baute und alten ein neues Gesicht verlieh. So entstand zwischen 1839 und 1844 das erste seiner großen Bauwerke: das Marien-Palais. Der äußere Anblick,

Altes Palais des Großfürsten Wladimir Alexandrowitsch. Die Ehrentreppe schuf 1880 M. Mesmacher.

Altes Palais des Großfürsten Wladimir Alexandrowitsch, Maurischer Salon

Altes Palais des Großfürsten Wladimir Alexandrowitsch, Detail des Maurischen Salons

düster und karg in den Details, wird durch eindrucksvolle Innenräume aufgewogen. Die Flucht der Salons führt vom Eingang her zum viereckigen Salon, der an den Wintergarten stößt, wobei man durch eine hohe Rotunde kommt, die mit einer Kuppel überwölbt ist. Der Wintergarten ist nicht erhalten. Nikolaj L. Benois wandelte ihn später, als das Gebäude für die Stadtduma umgestaltet wurde, in einen Sitzungssaal um. Die Originalität der Stakenschneiderschen Entwürfe ist offenkundig, wenn man das Marien-Palais mit den anderen Bauwerken des Platzes vergleicht. Dazu zählen die Gebäude des Ministeriums der nationalen Güter, die der Architekt Nikolaj Jefimow 1844, also in demselben Jahr, aufzubauen begann, in dem das Marien-Palais fertiggestellt wurde. Sie werden dem Neorenaissancestil zugeordnet. Das Hotel Astoria, das F. Lidval von 1908 bis 1912 errichtete, und das von 1911 bis 1912 von P. Berens erbaute Gebäude für den deutschen Gesandten liegen einander gegenüber und begrenzen den Nordteil des Platzes. Sie veranschaulichen zwei Varianten der neoklassizistischen Richtung innerhalb des Jugendstils. Von 1853 bis 1861 entstand unter Stakenschneider das Nikolaus-Palais für den Großfürsten Nikolaus, den Bruder Alexanders II., auf dem Platz vor der Brücke, die das Viertel der Admiralität mit der Wassiljewskij-Insel verbindet. Wenig später wandte sich Stakenschneider dem Neubarock zu: Von 1857 bis 1861 erbaute er das neue Michael-Palais am Palastkai. In seiner letzten Schaffensperiode, in den 40er Jahren, fühlte er sich mehr dem europäischen und vor allem dem russischen Barock verpflichtet, wie das Belosselskij-Beloserskij-Palais am Newskij-Prospekt zeigt. Das verdeutlichen auch die roten, barockisierenden Fassaden. Er gestaltete auch den Pavillon-Saal der Kleinen Eremitage, dessen Innenausstattung eines der repräsentativsten Zeugnisse des russischen Eklektizismus ist. Die Neorenaissance spielt auch in der zweiten Hälfte des 19. Jahrhunderts eine wesentliche Rolle. Die Leichtigkeit der Fassade des Schuwalow-Palais am Kai der Fontanka ist dafür eines der ersten bemerkenswerten Beispiele. Das ist dem Einfluß N. Jefimows zu verdanken, einem der feinfühligsten Bewunderer der Renaissance. Der talentierte Architekt Harald Bossay verband 1840 beim Haus für Departmentsangelegenheiten auf dem Litejny-Prospekt und dem Netschajew-Maltsew-Haus den Neorenaissancestil mit dem »Stil der Rundbogen«, der in Deutschland damals in Mode war.

Alexander Rezanow baute in den Jahren 1864-1872 am Schloßkai das Alte Palais für den Großfürsten Wladimir Alexandrowitsch im Stil florentinischer Paläste. Ein Fries mit Vorsprüngen bedeckt die ganze Fassade. Die Treppe ist mit grotesken Skulpturen geschmückt, und die Decken sind aus geschnitztem Holz. Wie in den meisten Petersburger Palästen dieser Zeit weisen die Innenausstattungen verschiedene Stilrichtungen auf, vom neorussischen Bankett- bis zum Ballsaal,

Altes Palais des Großfürsten Wladimir Alexandrowitsch, Halbkuppelgewölbe des Maurischen Salons

Stieglietzschule, Großer Saal des pädagogischen Museums. Von A. Stieglietz gegründet, wurde der Schule der technischen Zeichnung ein Museum angegliedert, das Zeichnungen aus aller Welt sammelte. Die Schule bauten die Architekten A. Krakau und R. Hedich von 1879 bis 1881, das Museum errichtete M. Mesmacher von 1885 bis 1895

Kelkha-Haus, Salon

Kelkha-Haus, Deckendetail des Salons

der im Rokokostil gehalten ist, oder der Salon, der »im Geschmack Ludwigs XV.« eingerichtet war. Hierzu zählt auch das Kotschubej-Haus auf dem Boulevard der Wachablösung und das Stieglietz-Palais am Englischen Kai.

Der Neorenaissancestil kam in Petersburg in den 80er Jahren des 19. Jahrhunderts im Mode. Vertreter dieser Richtung waren u. a. Maximilian Mesmacher, Viktor Schroedter, Wladimir Schreiber. Zu den gelungensten Bauten Mesmachers gehören das Palais des Großfürsten Michail Michailowitsch am Kai der Admiralität mit seinen komplexen, weitschweifigen und harmonischen Fassaden, und die Archive des Staatsrats gegenüber der Neuen Eremitage mit dem düsteren Dekor, aber einem vollkommen rationellen Grundriß. Das Pampelhaus, das von Schroedter stammt, vereint mit seinen Neorenaissancemotiven die traditionellen Züge der Petersburger Villa. Diese Stilrichtung prägte auch die Bahnhöfe. Der Moskauer Bahnhof, zwischen 1841 und 1851 von K. Thon gebaut, sowie der Baltische Bahnhof, den Krakau zwischen 1855 und 1858 schuf, sind Beispiele dafür. Man könnte eine weitere Anzahl von Neorenaissancebauten vom Ende des 19. Jahrhunderts nennen; wir glauben, daß diese wenigen Beispiele ausreichend die Verbreitung des Stils in der Hauptstadt belegen. Der Neubarock spielte ebenfalls eine große Rolle. Wir haben schon die lokalen Traditionen für den Siegeszug des Petersburger Barock, insbesondere im 18. Jahrhundert, am Werk Rastrellis beschrieben. Was Stakenschneider 1846 begonnen hatte, setzten Bossay 1850 und Schroedter 1860 fort. Es bleibt aber festzuhalten, daß mit Beginn der 70er Jahre des 19. Jahrhunderts die Nachahmung des Petersburger Barock ausklang und die Architektur sich zunehmend am europäischen Barock orientierte.

In den letzten Jahren des 19. Jahrhunderts geriet die Baukunst in die Krise. Die Devise »Alles ist für uns wahrnehmbar: die Hölle der Straßen von Paris und die venezianische Frische, die fernen Düfte der Zitronenwäldchen und die mit Eau de Cologne parfümierten Massen« beherrschte die Baukunst. Es schien, als »vereinten« sich all diese Erscheinungen, um eine vollkommene Zivilisation zu errichten. Man mußte nur die Elemente der Vergangenheit auswählen, sie in einer gewissen Weise kombinieren, um etwas hervorzubringen, was heute als »gelungen« gilt. Selbst wenn die Bautätigkeit in Petersburg sich schnell und erfolgreich entfaltete, wurde es immer offensichtlicher, daß die Kombinationen aller Stilrepertoires nicht beliebig fortgesetzt werden konnten und daß man nach anderen Lösungen suchen mußte – und mehrere Auswege fand. Der eine war die Rückbesinnung auf das nationale Erbe, das heißt auf das russische Mittelalter. Dieser Gedanke war nicht neu. Schon zu Zeiten Nikolaus I., also zwischen 1830 und 1850, propagierte K. Thon den russisch-byzantinischen Stil, der vor allem beim Neubau von Kirchen empfoh-

Kelkha-Haus,
Gotischer Hof
Die repräsentative aristokratische Villa, zwischen 1896 und 1905 erbaut, entwarfen W. Chenier und W. Tschagin. An der der Straße zugewandten Fassade verbinden sich Elemente des Neoklassizismus und der Neorenaissance.

Auferstehungskirche. Sie entstand 1883-1907 nach den Plänen von Alfred Parland. Als Vorbild diente die Basilikus-Kathedrale in Moskau.

Dieser Kirchenbau ist ein typischer Bau der zweiten Hälfte des 19. Jahrhunderts, der Zeit, in der das Nationalbewußtsein Rußlands erstarkte.

Auferstehungskirche, Detail eines pyramidenförmigen Dachs

len wurde. Er hatte damit in Moskau einen gewissen Erfolg, aber im »klassizistischen« Petersburg setzte sich dieser Stil nicht durch. Auch hielt man weiterhin an traditionellen Formen der Inszenierung von Festen, an der Goldschmiedekunst sowie der Ausschmückung der Innenräume fest.

Nikolaj Sultanow, einer der ersten, der die Architektur des Mittelalters erforschte, schrieb 1882: *Der russische Stil beginnt mit den Details: Man hatte damit begonnen, Nippes herzustellen – Rahmen für Porträts, Schreine, Alben [...], Ikonostasen, ganze Zimmer und sogar Fassaden. Und nun fehlt in keinem reich geschmückten Appartement ein Zimmer im russischen Stil. In diesem Stil sind auch die meisten unserer Datschen erbaut [...] darüber, über die Art des Stils bis zu dem Punkt der stimmig ist, wollen wir nicht diskutieren, nicht der Stil ist das Wichtige, sondern die Tatsache, daß er in Erscheinung getreten ist.* Für die Ausrichtung der Architektur in Petersburg trifft diese Aussage voll zu. In den 80er Jahren des 19. Jahrhunderts konnte man in der Tat vom Erscheinen des »russischen Stils«, aber nicht von seiner Verbreitung sprechen. Dennoch baute man in dieser Zeit die interessanteste Kirche im »russischen Stil« des 19. Jahrhunderts, die Auferstehungskirche.

Sie wurde am Katharinen-Kanal, unweit vom Michael-Palais errichtet, und zwar an dem Ort, an dem Alexander II. 1881 bei einem Attentat durch ein Mitglied der revolutionären Gruppe »der Wille des Volkes« getötet worden war.

Sein Sohn Alexander III. forderte, daß der Tempel im »reinen russischen Geschmack des 17. Jahrhunderts«, der glänzenden Epoche der Dekoration, der »flammenden« Epoche des späten Mittelalters, erbaut werde. Der Bauplan stammte von Alfred Parland unter Mitwirkung des Archimandriten Ignati, dem Vorsteher eines der Klöster der Umgebung, der vor seinem Eintritt ins Kloster an der Kunstakademie von Petersburg Architektur studiert hatte. 1883 begann der Bau.1907, lange nach dem Tod Alexanders III., wurde er abgeschlossen. Besonders hervorzuheben sind die Mosaiken, die Alexander Frolow nach Zeichnungen bedeutender Künstler wie Viktor Wasnezow und Michail Nesterow ausführte. Kein anderes Bauwerk im »russischen Stil« kann mit dieser Kirche konkurrieren, die Rückkehr zum nationalen russischen Erbe war für Petersburg jedoch kein Ausweg aus der Krise der Baukunst. Der Fortschritt in der Technologie der Baustoffe eröffnete einen anderen Weg. Die Verwendung von Metallkonstruktionen bei Industriegebäuden bzw. bei Brücken, erschloß überraschend neue Möglichkeiten. So wurden z. B. beim Bau des Heumarktes Metallträger verwendet. Der Russische Saal in der Bank für Außenhandel – ein runder Saal, 1887-1888 von V. Schroedter ausgeführt – war ein weiteres aufsehenerregendes Ereignis. Und dennoch trugen auch diese Neuerungen wenig zum Entstehen einer neuen Formensprache in der Architektur bei. Es mußte eine neue Ästhetik her. Der Jugendstil, der in Europa seinen Siegeszug antrat, hielt auch zu Beginn des 20. Jahrhunderts in der Hauptstadt Rußlands seinen Einzug. Das Petersburg dieser Epoche erscheint uns anziehend mit seinen Kanälen, seinen mit Granit eingefaßten Flußufern, den vielen Brücken und großen Parkanlagen auf den Inseln. Der Bau der Kanalisation, Trinkwasserleitungen, die Installation von Gaslaternen verbesserten wesentlich die Lebensqualität der Städter. Die Vororte, das »Petersburg der Fabriken«, vergrößerten sich in einem bisher nie gekannten Tempo und umschlossen die prunkvolle Innenstadt. Der »Rückgriff« auf die Vergangenheit verschloß aber auch den Blick für die sich bereits ankündigenden tragischen Veränderungen im Lande.

In der »Stadt des Historizismus« herrschte noch immer der Eindruck eines unveränderlichen Lebens. Diese Atmosphäre fing Alexander Blok in seinen »Totentänzen« vom 10. Oktober 1912 ein:

Nacht, Laterne, Apotheke -
Gedankenloses trübes Licht.
Und wenn du ein Jahrhundert lebtest -
Davon kein Ende. Nichts ändert sich.

Stirbst du, fängst du von vorne an
Es wiederholt sich, wie vor Jahren:
Nachts, eisige Dünung des Kanals
Apotheke, Laterne, Straße.

Auferstehungskirche. Mosaik im Chor, Ikonostase

Nikolaus II.

Aufstieg und Untergang des Jugendstils

An Tagen des Zweifels, an Tagen trauriger Gedanken über das Schicksal meiner Heimat bist du meine einzige Stütze, mein einziger Halt, du herrliche, mächtige, ehrliche und freie russische Sprache! Wie sollte ich beim Anblick dessen, was zu Hause geschieht, nicht verzweifeln, wenn es dich nicht gäbe? Aber unmöglich kann man glauben, daß eine solche Sprache einem Volk verliehen wird, dem es an Größe mangelt.

Iwan Turgenjew, *Gedichte in Prosa*, Juni 1882

Mietshaus Rosenstein. 1914 von A. F. Bellogrud erbaut. Der Stil erinnert an englische Adelssitze.

Die große Wende

Es heißt, daß im Oktober 1917 bei Ausbruch der Revolution, die später die »Große Sozialistische Oktoberrevolution« genannt wurde, während des Sturms der Bolschewiken auf den Winterpalast die Restaurants und Nachtcafés auf dem Newskij-Prospekt ganz normal geöffnet hatten. Die Musik spielte, der Wein floß wie üblich, und an den Spieltischen florierten die Einsätze. Nirgendwo Anzeichen einer Tragikomödie.

Die alles umwälzenden Ereignisse, die Vorboten der Katastrophe und die Zeit, die rücksichtslos die alte zaristische Ordnung hinwegfegte, prägten eine ganze Epoche.

Nie war das intellektuelle und künstlerische Leben in Petersburg so pulsierend wie in dieser Zeit. Die russische Dichtung entfaltete eine ungeahnte Schönheit. Der schillernde Symbolismus Alexander Bloks, die sprühende Klarheit der Werke Iwan Bunins, die Ausstrahlungskraft der Verse Anna Achmatowas, die exotische Romantik Nikolaj Gumilews verliehen ihr neue Rhythmen, neue Bilder, neues Leben. Die Malerei trat ins 20. Jahrhundert ein.

Seite an Seite stand die Kunst der Meister der »Mir Iskusstwa« und des kompromißlosen Avantgardismus der

Haus Fabergé auf der Bolschaja Morskaja Straße. Zwischen 1899 und 1902 von K. K. Schmidt für den berühmten Juwelier des Zaren gebaut. Es beherbergte die Werkstätten, den Verkaufsraum und die Wohnungen.

Haus des Emirs von Buchara. 1913 von S. Kritschinskij am Kamenno-Ostrowskij-Prospekt errichtet.

Haus der Moderne auf der Petrograder Seite. Architekt unbekannt

Künstlergruppen wie »Karo-Bube« und »Eselschwanz« und der epischen Gemälde von Nikolaj Roerich. Die abstrakte Kunst war geboren, Futuristen und Konstruktivisten setzten sich durch.

Das Gesicht der Stadt änderte sich nicht so radikal, obwohl sich zwei Hauptströmungen gegenüberstanden: der Jugendstil, den man auf Russisch »Moderne« nannte, und der Neoklassizismus. Beide Stile waren nicht aus einem Guß, sondern eine Mischung vieler Nuancen, je nach der persönlichen Vorliebe der jeweiligen Architekten. Der Jugendstil manifestierte sich in Petersburg erstmals um die Jahrhundertwende. Der Neoklassizismus blieb auch weiterhin ein ernstzunehmender Konkurrent und erfreute sich auch in der Revolutionszeit großen Zuspruchs. Der Jugendstil in Petersburg zeichnete sich im Vergleich zu Moskau und zur russischen Provinz durch eine gewisse Zurückhaltung aus. Das graphische Dekor blieb gewöhnlich flach, die Farben eher blaß. Besonders gern verwendeten die Architekten Naturstein und für die Fassadengestaltung grauen Granit aus Finnland und helle Keramikfliesen. Der Grundriß der Miets- und Bürgerhäuser, Villen und öffentlichen Gebäude spiegelte einen überzeugten Rationalismus wider, der sich in nüchternen, geometrischen Baukörpern mit subtilen, »fließenden« Formen niederschlug. Auch wenn gegen Ende der zweiten Dekade, im Vorfeld des Ersten Weltkriegs, Pflanzenmotive, stilisierte Figuren, Majolikafliesen und farbiges Fensterglas die Architekten reizten, wurden die Lieblingsformen der neuen Strömung meist in Verbindung mit den gewohnten Elementen der historisierenden Stile kombiniert. Zu den geflochtenen Kronen und neubarocken Girlanden gesellten sich die Blumen, Weinstöcke und Spinnwebmuster der Balkonbrüstungen. Der Petersburger Jugendstil blieb trotz allem ein romantischer Stil. Dies zeigte sich deutlich in einer besonderen Ästhetik, verbunden mit der Einfachheit der Absichten, der feinfühligen Raffinesse der Symbolhäufung im Dekor und der stark betonten Modernität der architektonischen Formen.

Diese schlichte Eleganz wurde aufgewertet durch neue technische Möglichkeiten zu Beginn des 20. Jahrhunderts, die Kostbarkeit der Baumaterialien und die Perfektion in den

Blick vom Innenhof des Hauses Polowzew, benannt nach seinem letzten Eigentümer, dem Senator Polowzew, der das Haus vom Fürsten Gagarin übernommen hatte. Es wurde im 18. Jahrhundert für den Grafen Golowkin gebaut und Ende des 19. Jahrhunderts weitgehend umgebaut. Die Fassade zur Straße hin gestaltete A. Pel für den Fürsten Gagarin im spätklassizistischen Stil.

Blick auf die Glaskuppel des Bronzesaals

Goldsalon. Einer der Ehrensäle, bei deren Gestaltung sich M. Mesmacher von Vorbildern des 17. und 18. Jahrhunderts leiten ließ. Es ist ein Beispiel des Petersburger Neorokoko.

praktischen Details wie Türklinken, -schlössern, Fensterriegeln, Lüftungshauben.

Die Petersburger Architekten waren offen für die neuesten Strömungen. Unter den Vertretern des Jugendstils finden sich Namen wie Alexander Gogen, Paul Süsor, Ernst Virrich, Nikolaj Wassilijew und Gawril Baranowskij. Der herausragendste Architekt war jedoch F. Lidval. Er verstand es, die Lust der Erneuerung mit dem Praktischen zu verbinden, einerseits das Gefühl der Geborgenheit zu vermitteln und andererseits seiner Architektur das Flair der Großstadt zu verleihen.

Weder die erste Revolution von 1905, die von der zaristischen Macht niedergeschlagen wurde, noch die unerwartete Niederlage Rußlands im Krieg gegen Japan und die Schwäche der russischen Regierung konnten das Anwachsen der Stadt Petersburg aufhalten. In den ersten siebzehn Jahren des 20. Jahrhunderts stieg die Zahl der Einwohner um eine Million, was zwangsläufig die Ausdehnung der Stadt nach sich zog. Die Vorstädte wuchsen, die Bebauungsdichte im Zentrum nahm zu.

Die Gebäude der klassischen Epoche wichen mehrstöckigen Bauten. Petersburg entwickelte sich zu einer Stadt der Mietshäuser, Banken und Warenhäuser. Die Dreifaltigkeits-

Mietshaus in der Chramowaja Straße. Detail der zwischen 1911 und 1912 von K. K. Schmidt gestalteten Fassade

Jugendstil-Fassade der 1905 von M. F. Geissler errichteten Villa Sawina

Dienstboteneingang der Villa Kschessinskaja

brücke wurde 1903 als Verbindung des Stadtzentrums mit der Nordinsel über die Newa geschlagen. Der Kamenno-Ostrowskij-Prospekt wurde daraufhin zu einer der belebtesten Straßen der Hauptstadt. In den ersten fünfzehn Jahren dieses Jahrhunderts entstanden dort viele mehrstöckige Häuser. F. Lidval baute am Anfang der Straße ein Mietshaus, das seiner Familie gehörte. Es war das erste Jugendstilgebäude in Petersburg. Er vermied kategorisch jeden Bezug auf die Ordnungen, unterstrich die Wuchtigkeit des Erdgeschosses mit rustikalem Bossenwerk, belebte die Fassade mit Erkern, entwarf ein leichtes, graphisches Stuckdekor mit stilisierten Blumenornamenten und setzte eine Eule mit ausgebreiteten Schwingen auf die Spitze des Giebels. Das Haus Vitte nebenan baute E. Virrich.

Etwas weiter, an der Kreuzung der Bolschaja Rudjeyjnaja Straße (Mir Straße), legte W. Staub zwischen 1901 und 1906 einen kleinen, achteckigen Platz an, der von malerischen Türmchen, Spitzen und Kuppeln umgeben ist. Dieser Platz ist eines der wenigen Beispiele für einen vollständig im Jugendstil angelegten Platz.

Etwas weiter, auf der linken Straßenseite, bauten zwischen 1911 und 1913 drei Architekten der Familie Benois das riesige Mietshaus für das erste russische Versicherungsunternehmen. Hier verbinden sich Jugendstil und Neoklassizismus.

Von 1913 bis 1915 baute A. Bellogrud an der Kreuzung des Kamenno-Ostrowskij-Prospekt und des Bolschoj Petrogradskij-Prospekts eine originelle Villa mit hohen Türmen auf wuchtigen Sockeln – ein schönes Beispiel für den vom Jugendstil beeinflußten, romantischen Historismus. Der Jugendstil dominierte, wenngleich neugotische und neubarocke Elemente zu finden sind. Jenseits des Flusses Karpowka befindet sich ein weiteres Mietshaus F. Lidvals aus dem Jahre 1906.

Die beiden ebenfalls monumental wirkenden Wohnhäuser nebenan baute Schtschuko im Stile der Neorenaissance. Damit entwickelte sich der Kamenno-Ostrowskij-Prospekt Anfang des 20. Jahrhunderts zu einer künstlerischen Einheit, zu einem vom Jugendstil geprägten Ensemble. Bei vielen anderen Straßen Petersburgs war es ähnlich.

Die Bolschoj-, Maly- und Kronwerk-Prospekte der Petersburger Seite folgten dem Beispiel des Kamenno-Ostrowskij-Prospekts.

Die auf dem Kronwerk-Prospekt zwischen 1904 und 1906 von Alexander Gogen errichtete berühmte Villa der Ballerina Mathilde Kschessinskaja ist eine wahrhafte Quintessenz des Petersburger Jugendstils. Die Veränderungen machten auch vor dem Newskij-Prospekt nicht halt. Viele seiner Gebäude wurden in der zweiten Hälfte des 19. Jahrhunderts um- bzw. wiederaufgebaut. Dort siedelten sich hauptsächlich Banken, Hotels, Handelshäuser und Versicherungen an, wobei keines der Gebäude die Traufhöhe überschritt, da sie seit 1844 streng reglementiert war.

Anfang des 20. Jahrhunderts änderte sich das. An der Ecke Newskij-Prospekt/Malaja Morskaja Straße baute der Architekt M. Peretjakowitsch das prächtige Haus für den Bankier Wawelberg. Die in diesem Bauwerk auf die Spitze getriebene Monumentalität der Neorenaissance stand in krassem Gegensatz zu der nicht weit entfernten Admiralität und dem Generalstabsgebäude. Das 1912 von M. Ljalewitsch neben dem Stroganow-Palais gebaute Gebäude des Pelzhauses Mertens grenzt ebenfalls ans Unmäßige. Die Fassade besteht aus drei riesigen Arkaden, die von mächtigen korinthischen Säulen voneinander getrennt sind. Schaufenster überziehen die Fensterbuchten über die gesamte Höhe der vier Stockwerke. Auf dem Newskij-Prospekt befindet sich auch das Haus der Handelsgesellschaft Singer (heute »Haus des Buches«), dessen hohen Eckturm eine eiförmige Kuppel krönt. Das Gebäude ist ein Werk von Paul Süsor, der es zwischen 1903 und 1907 baute. Erwähnenswert ist auch das gegenüber dem Alexandra-Theater gelegene Haus des Händlers Jelissejew mit dem Lebensmittelgeschäft und das Theater, das G. Baranowskij zwischen 1903 und 1907 errichtete.

Villa Kschessinskaja. Zwischen 1904 und 1906 baute der Architekt A. I. Gogen am Kronwerk-Prospekt diese Villa für die berühmte russische Ballerina Mathilde Kschessinskaja, die auch wegen ihrer Liebhaber aus der Zarenfamilie von sich reden machte. Die Villa mit ihrem Sockelgeschoß aus Granit, den in blassen Farben glänzenden Klinkersteinen, dem schmiedeeisernen Zaun und dem gläsernen Erker gilt als Schmuckstück der Jugendstil-Architektur in St. Petersburg.

Das letzte Jahrzehnt vor der Revolution von 1917 war vor allen Dingen von den schnellen Veränderungen, die der Jugendstil herbeiführte, der historisierenden Tendenz und der Dominanz des Neoklassizismus gekennzeichnet. Das Handelshaus der »Wirtschaftsgesellschaft der Garde« ist eines der bedeutendsten Bauwerke dieser Zeit. E. Virrich errichtete es zwischen 1908 und 1910 in der Skelettbauweise (Eisenbeton). Viel Glas und eine betont graphische Gestaltung der Fassade mit gebrochenen Linien kennzeichnen den späten Jugendstil, in dem die strenge und maßvolle Gliederung der klassischen Ordnung wieder erscheint.

Zur gleichen Zeit baute F. Lidval auf der Bolschaja Morskaja Straße die Handelsbank Asow und Don. In diesem Fall sticht der Neoklassizismus den Jugendstil aus, auch wenn die »wild« bewegten Fassaden der traditionellen Monumentalität des Klassizismus widersprechen. Man spürt deutlich den »neuen Rationalismus«, der die Beziehung zu den klassischen Formen definiert.

1907 wurde der Plan für den Bau des städtischen Krankenhauses »Peter der Große« verabschiedet. Der Bau begann unter der Leitung der Bauingenieure L. Iljin, A. Klein und A. Rosenberg. Die Gebäude bildeten einen halbkreisförmigen Platz, setzten sich aber in Verlängerung der Achse entlang des Boulevards fort. Man gestaltete den Komplex architektonisch im Stil der Zeit Peters des Großen, in der Art der »Zwölf Kollegien«. Ein gutes Beispiel für das, was man seinerzeit die »lokale Renaissance« nannte, die russische Version des in England und den Vereinigten Staaten so populären »local revival«.

1910 baute M. Peretjakowitsch die Russische Bank für Handel und Industrie in der Bolschaja Morskaja Straße. N. Wassilijew baute 1911 das Kaufhaus auf der Litejnaja.

Diese Gebäude verkörpern die gegensätzlichsten Strömungen der Architektur Petersburgs. Das Kaufhaus besteht aus einer langen, zweistöckigen, unglaublich leicht wirkenden Glasfassade, die an zwei schweren, massiven Pylonen aus nichtpoliertem Granit aufgehängt ist.

Es ist das Muster schlechthin der zeitgenössischen, widersprüchlichen, rationalen und romantischen Architektur und damit der Abschluß des Petersburger Jugendstils. Das in seinen Proportionen, seiner Schwere und seinem Prunk erschlagend wirkende Bankgebäude ist ein Beispiel für die

Villa Kschessinskaja, Vestibül

Villa Kschessinskaja,
Ehrentreppe

Verbindung von Neoklassizismus und Neorenaissance. Dies ist exakt der Stil, der kurz vor der Revolution von 1917 dominierte.

Er spiegelt sich in vielen Mietshäusern wie dem Haus des Emirs von Buchara, in Universitätsgebäuden wie z. B. dem Bestuschew-Hörsaal oder in den Krankenhäusern wie der Kalmeyer-Klinik wider, die zwischen 1911 und 1914 gebaut wurden. Hier zeigt sich noch einmal die mächtige, imperiale Architektur St. Petersburgs.

Es ist erstaunlich, daß nach der Revolution, kaum war der zwanzig Jahre anhaltende Funkenregen des Avantgardismus in der Architektur und Kunst erloschen, die Stalinzeit – im inzwischen in Leningrad umbenannten Petersburg und stärker noch in Moskau – sich einem eng verwandten Stil zuwandte.

Die Tradition des neoklassizistischen Stils hatte noch immer ihre Anhängerschaft. Die Formen des Neoklassizismus in der Architektur Anfang des 20. Jahrhunderts sind Zeugen der letzten Jahre vor der Revolution geblieben. Ein Beispiel hierfür ist die Datscha des Grafen Polowzew auf der Kamennyj-Insel, die 1916 nach den Plänen des jungen, hochbegabten Architekten Iwan Fomin fertiggestellt wurde. Er entwarf eine Residenz mit vielen Feinheiten im Geiste des russischen Palladianismus des 18. Jahrhunderts, mit einer zierlichen ionischen Säulenreihe entlang der Hauptfassade, einem überkuppelten Vestibül, einem großen Salon aus weißem Stein, einer ovalen Treppe, einem Eßzimmer mit korinthischen Pilastern und den Wandmalereien des Gobelinzimmers. Diese Datscha war feiner als das Stadthaus des Grafen Polowzew auf der Bolschaja Morskaja mit seinem Goldzimmer »im Stil Ludwigs XV.« und seinem großen Speisezimmer im Stil der französischen Renaissance.

Das Haus und die Datscha des Grafen Polowzew sind mit der Innenausstattung erhalten. Im Stadthaus hat sich ein Architektenverein niedergelassen. Die Datscha wurde in ein Erholungsheim umgewandelt.

Ähnliches geschah auch mit anderen Palais in Petersburg, die nicht zu Museen umfunktioniert, sondern völlig zweckentfremdet wurden. Die Geschichte der kaiserlichen Hauptstadt war stehengeblieben. Im Bewußtsein ihrer Bewohner wurde sie zum erhabenen Denkmal des entschwundenen Rußlands.

Kamennyj-Insel, Datscha von Georges Borman, Anfang 20. Jahrhundert

Kamennyj-Insel, Haus Melzer. Melzer baute das Haus 1903 für sich selbst. Der Architekt wollte mit Hilfe der Baukunst ein russisches Märchen darstellen, um dessen Überlieferung zu gewährleisten.

Zarskoje Selo

Muster aller Spielarten der Architektur sind über den Park des Zarskoje Selo verstreut. Diese erstaunliche Vielfalt der Bauwerke bietet dem Auge immer etwas Neues und verleiht dem Spaziergang außergewöhnlichen Charme.

Jacques Ancelot, *Sechs Monate in Rußland*, Paris, 1838

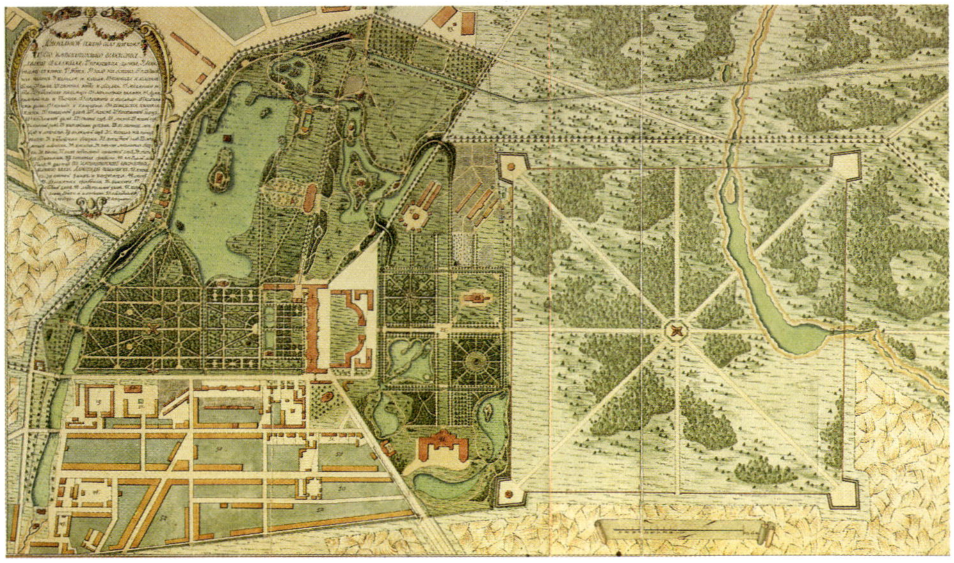

Gesamtplan von Zarskoje Selo. Aquarell aus der Sammlung »Parkanlagen und Schlösser um Sankt Petersburg«

Zarskoje Selo, Gesamtansicht. Elisabeth I. ließ das Schloß der Anlage, die Anfang des 18. Jahrhunderts noch Katharina I. gehörte, zunächst von Sawwa Tschewakinskij und später, in den Jahren von 1751 bis 1757, von Bartolomeo Rastrelli umbauen. Ab 1762 bis zu ihrem Tode 1796 ließ Katharina II. die Innenausstattung umgestalten und weitere Gebäude hinzufügen.

Tor zum Ehrenhof, 1751-1757

Mystik in Zarskoje Selo

Zarskoje Selo ist das »russische Versailles«. Die Worte Vicomte Olivier de Rohans: »Versailles ist das Symbol der absoluten Macht schlechthin«, finden auf kein anderes Schloß Rußlands besser Anwendung als auf das in Zarskoje Selo. Alle Zaren Rußlands liebten dieses Schloß und seinen Park – bis auf einen: Paul I., der seine Mutter haßte und diese Ablehnung auf Zarskoje Selo übertrug.

Um so mehr ist Zarskoje Selo für die Russen das »perfekte Symbol der absoluten Macht«. Hier hat ein Teil der »russischen Seele« ihren Ursprung.

Zarskoje Selo verkörpert die europäisierte russische Kulturwelt des 18. und 19. Jahrhunderts. Nicht ohne Grund schrieb Alexander Puschkin zu einem Zeitpunkt, da er glaubte, daß sich die russische mit der europäischen Kultur zu vermischen begänne:

Wohin auch immer uns das Schicksal verschlagen,
Wohin auch immer uns das Glück führen mag,
Eines steht fest:
Uns gehört die Welt – sie ist die Fremde,
Und unsere Heimat, das ist Zarskoje Selo.

Dies galt und gilt auch heute noch für große Teile der russischen Intelligenzija.

Nirgendwo sonst als in Zarskoje Selo spiegelt sich so deutlich wider, was der Geburt der klassischen russischen Kultur des 19. Jahrhunderts, der Kultur des russischen Romans vorausging und ihr zugrunde lag. Hier haben die Gefühle ihren Ursprung, die Puschkin, ein Schüler des Lyzeums von Zarskoje Selo, Lermontow, der als Husar der kaiserlichen Garde diente, und Turgenjew, ein regelmäßiger Besucher des Parks, in ihren Versen und in ihrer Prosa verewigten.

Die russischen Dichter und Gelehrten des 18. Jahrhunderts, wie z. B. Lomonossow, Derschawin und Bogdanowitsch, und des 19. Jahrhunderts, wie Jukowskij und Tjutschew, haben Natur und Gebäude des Parks in unvergeßlichen Bildern festgehalten. Ob im tiefsten sibirischen Exil in Vergessenheit geraten oder vom städtischen Treiben an den Ufern der Newa mitgerissen: Wer mit Puschkin am Lyzeum des Zarskoje Selo studiert hatte, konnte die Heimat seiner Jugend und seiner jugendlichen Hoffnungen nicht mehr vergessen. Anna Achmatowa, die bekannteste russische Dichterin des 20. Jahrhunderts, und ihr Mann, Nikolaj Gumilew, der in jungen Jahren wegen der vermeintlichen Teilnahme an einem konterrevolutionären Komplott erschossen wurde, hin-

Großes Katharinen-Schloß, Fassade zum Ehrenhof

terließen ergreifende Zeilen über Zarskoje Selo, die bereits das Ende dieser Kultur prophezeiten. Gumilew schrieb über seinen Meister: *Indem er die Geister in unerwartete und harmonische Netze lockte, war Innokentij Annenskij der letzte der Schwäne von Zarskoje Selo.*

Zarskoje Selo ist allein schon eine Kombination von »Künstlerwelten«, ein System, dessen Bestandteile jeweils für sich eine eigene Welt darstellen. In der Mitte des 18. Jahrhunderts erstrahlte die »Welt des Barock von Zarskoje Selo« in vollem Glanz. Neben dem Barockschloß befindet sich die bedeutendste »exotische« Sammlung Europas, das imaginäre China der Aufklärung, »eine Phantasiewelt«, in der zur Regierungszeit Katharinas II. das exotische »orientalische Spiel« stattfand. Zur gleichen Zeit entstand die »Welt der politischen Visionen«, die die geschichtlichen und politischen Ereignisse im Park widerhallen läßt, »die glückliche Welt der Aufklärung«, eine Idealvorstellung von Dorfgemeinschaften. Und im Zentrum dieser Anlage, gewissermaßen als Kern des Ganzen, als Verkörperung des antiken Ideals, steht »die Welt des wiederauferstandenen Griechenlands und Roms«, eines der schönsten Bauwerke des europäischen Klassizismus: die von dem englischen Architekten Charles Cameron gebauten Bäder.

Diese topographischen »Welten« haben ihren festen Platz innerhalb Zarskoje Selos. Im Zentrum befinden sich das Barockschloß und der Park aus der Zeit Elisabeth I. Im Osten liegt die Stadt des 19. Jahrhunderts. Im Westen der Landschaftspark Katharinas II. Dieser Park breitet sich fächerförmig von der klassizistischen Westfassade des Schlosses aus. Ganz im Süden, jenseits des Sees, befindet sich die Modellstadt Sophia, »die glückliche Welt der Aufklärung«, von der heute leider nur noch traurige Reste vorhanden sind. Der See ist eingebettet in den Park voller Anspielungen auf Politik und Gefühlswelt. Weiter nördlich liegt das »chinesische Ensemble«, das den romantischen Park des 19. Jahrhunderts abschließt. Dieser Teil heißt auch Alexander-Park, benannt nach dem gleichnamigen Schloß. An der Ostgrenze dieses Parks, an der Grenze zur heutigen Stadt, findet man die Bauten im »russischen Stil« des frühen 20. Jahrhunderts.

Der Triumph des Barock

Die Geschichte von Zarskoje Selo beginnt mit dem 24. August 1702, als schwedische Truppen die damals an dieser Stelle befindliche Residenz räumten, um vor den unter General Apraxin vorrückenden russischen Regimentern zu fliehen.

Fassade zum Ehrenhof

Dies geschah während des berühmten Nordischen Krieges, in dem sich die beiden »Helden« des frühen 18. Jahrhunderts gegenüberstanden, nämlich der schwedische König Karl XII. und Peter der Große, der erste Kaiser von Rußland.

Am Morgen nach dem Sieg, kaum hatte er das Nordufer des Finnischen Meerbusens annektiert, schenkte Peter I. das ehemalige finnische Landhaus »Saari« seinem Günstling Alexander D. Menschikow. Doch schon kurz darauf, 1710, entzog er es ihm wieder und gab es seiner Frau Katharina I. Von diesem Zeitpunkt an wurde Zarskoje Selo zur Lieblingsresidenz der Zaren. Ab 1716 bis zum Ende der 40er Jahre des 18. Jahrhunderts bauten nacheinander die Hofarchitekten Braunstein, Ferster, Trezzini, Semzow, Kwassow und Tschewakinskij das Schloß um, wobei es jedesmal an Schönheit gewann und der französische Garten wuchs. Bis Mitte des 18. Jahrhunderts hatte sich das Schloß von der einst bescheidenen Residenz Katharinas I. zu einem gigantischen, 300 Meter langen Bauwerk, bestehend aus drei Gebäudeteilen, einer Orangerie und einer über Galerien verbundenen Kirche, entwickelt. 1751 wurde die Fassadengestaltung und die Innenausstattung nach Plänen Sawwa Tschewakinskijs fertiggestellt.

Nichtsdestotrotz wurde am 12. Mai 1751 auf Anordnung Elisabeth I. mit dem kompletten Umbau des Palasts begonnen, der 1757 abgeschlossen war. Katharina II., die gern die Inkonsequenz ihrer ausschweifenden Vorgängerin herausstellte, bemerkte dazu, daß *es sich dabei um eine Penelopearbeit gehandelt habe: Am Morgen zerstörte man, was man am Vorabend geschaffen hatte*. Sie schätzte, daß der Palast sechsmal vom Keller bis zum Giebel abgerissen und wiederaufgebaut wurde, bis er die heutige Form erhielt. Elisabeth I. neigte im allgemeinen zu Übertreibungen. Nach ihrem Tod fand man über fünftausend Kleider in ihrer Garderobe.

Dieser ausgeprägte Hang zum Überschwenglichen ist wiederum typisch für das Zeitalter des Barock. Wer die Architektur Rußlands zu jener Zeit verstehen will, muß sich dessen bewußt sein. Die Baugeschichte des Großen Katharinen-Schlosses von Zarskoje Selo unter der Herrschaft Elisabeth Petrownas zeugt von unbändigem Größenwahn, von Prunk- und Verschwendungssucht. Sie zeigt aber auch einen nicht zu leugnenden Sinn für Ästhetik.

Als gelte es, die Zahl der Sterne
Mit den schönsten Bauwerken zu vermehren,
Zarskoje Selo verdient den Rang
einer reinen Konstellation.

Diese Zeilen Michail Wassilijewitsch Lomonossows sind dem von B. Rastrelli gebauten Schloß gewidmet, einer prunkvollen Einheit, schillernd und klar, wie die geometrische Darstellung irgendeines Theorems über die Harmonie. Der riesige Park in der verlängerten Senkrechten zum Schloß

Großes Katharinen-Schloß, Ehrentreppe, 1860 von I. Monighetti gebaut

Nachfolgende Doppelseite: Großes Katharinen-Schloß, Großer Ballsaal. Elf Fenster auf jeder Seite lassen den zwischen 1751 und 1757 von B. Rastelli gebauten Saal mit Licht durchfluten.

Großes Katharinenschloß, Zimmerflucht

Detail aus dem Dekor des Großen Ballsaals

besteht aus quadratischen und rechteckigen Baumgruppen entlang der strahlenförmig angelegten Wege. Ihr Verlauf ist streng, aber abwechslungsreich.

Die Eremitage und die Grotte waren die höchste Zierde des Barockparks. Sie blieben unberührt.

Die Innenausstattung steht der Gestaltung der Außenanlage in nichts nach. Für die für intimere und private Feste genutzte Eremitage wurden ein »schwebender Stuhl« und »schwebende Tische« erfunden, »Aufzüge« für die Gäste und für die Speisen. Der »schwebende Stuhl« war ein eleganter Sessel, der sich zum nächsten Geschoß erhob. Die Tische – ein großer in der Mitte und mehrere kleine an den Seiten – waren so konstruiert, daß der Anschein entstand, als würden die Tischplatten plötzlich wie durch einen Zauber im Bankettsaal erscheinen. Elisabeth machte davon wenig Gebrauch. Ihre Nichte, Katharina II., hingegen fand großen Gefallen an den Spielereien.

Dies alles ist jedoch nichts verglichen mit der Innenausstattung des Schlosses. B. Rastrelli hatte sich eine prunkvolle, 300 Meter lange Zimmerflucht einfallen lassen. Der Raum breitete sich wie »in einem Atemzug« vor einem aus.

Reisten Gäste aus Petersburg zu einem Galaempfang an, betraten sie das Schloß über die Ehrentreppe im sterngekrönten Pavillon an einem Ende des Palasts. Zwei Treppenläufe führten zunächst auf einen großzügigen Treppenabsatz. Der marmorgetäfelte Boden, die verzierten und vergoldeten Treppengeländer, unzählige Vasen und Statuen vermittelten sogleich das Gefühl luxuriöser Üppigkeit. Das ganze Treppenhaus war lichtdurchflutet. Die vierzig Fenster, durch die das Licht einfiel, waren jedes mit dreiunddreißig kleinen Spiegeln ausgestattet.

Am oberen Ende der Treppe angelangt, begann der zweite Abschnitt des festlichen Einzugs. Der Kunsthistoriker Alexander Benois schrieb Anfang des 20. Jahrhunderts: *Schon mit dem ersten Saal begann die endlose Flucht vergoldeter und reich verzierter Zimmer. Am Ende dieses geheimnisvollen Labyrinths, jenseits der unzähligen Türen und Mauern, lebte eine mythische Kreatur, »Ihre höchst gottesfürchtige Majestät, die Kaiserin selbst«. Aus der hintersten Ecke, aus der Tiefe der Tiefen, wie aus irgendeinem Königreich aus Glas, näherte sie sich mit großer Feierlichkeit. Langsam, Schritt für Schritt, formte sich der winzige, kaum sichtbare und edelsteinglänzende Punkt zu einer majestätischen, klar umrissenen Gestalt in rauschender Brokatseide.*

Sobald man die Schwelle der ersten Etage erreicht hatte, mußte man zunächst durch fünf Vorzimmer, wovon eines wie das andere aussah. Sie wurden im Zweiten Weltkrieg völlig zerstört. Es handelte sich um große Zimmer, die jeweils über

Großes Katharinen-Schloß, Salon

Großes Katharinen-Schloß, Bernsteinzimmer. 1716 schenkte der preußische König Friedrich Wilhelm I. Peter dem Großen Bernsteintafeln als Dekoration für seinen Winterpalast. Elisabeth I. ließ die Tafeln nach Zarskoje Selo bringen, wo Rastrelli sie zur Dekoration eines Raumes verwendete.

drei Türen miteinander verbunden waren. Zur Gliederung der Wände dienten vergoldete Pilaster, die Decken waren bemalt. Zehn an den Wänden befestigte Leuchter mit einhundert Kerzen beleuchteten nachts die Zimmer. Tagsüber leuchteten sie im fahlgoldenen Glanz. All diese Pracht diente nur der Vorbereitung auf den Hauptsaal: jenen Großen Saal, zu dem auch jeder heutige Besucher zwangsläufig gelangt. Elf Fenster zu beiden Seiten erleuchten den Saal bei Tag. Bei Abendempfängen und Bällen beleuchten 56 Leuchter mit 696 Kerzen den Raum. Wir erwähnen diese Zahlen, weil sie die dekorative Überschwenglichkeit in diesem Saal am besten verdeutlichen. Der Besucher ist vor allen Dingen von den gigantischen Abmessungen, der unendlichen Zahl von Details und der endlosen Vervielfältigung der Goldfiguren in den glänzenden Spiegeln beeindruckt.

An den Großen Saal schloß das Silberne Speisezimmer an, welches zu einem der überraschendsten Räume führte – zum Chinesischen Saal. Er lag in der Mitte des Gebäudes. Gegen Ende des 18. Jahrhunderts errichtete man an seiner Stelle die Ehrentreppe, über die man heute in das Schloß gelangt. Zu Zeiten Elisabeth I. waren die Wände jedenfalls noch mit original chinesischen Lacktafeln und Figuren geschmückt, die russische Meister nach chinesischem Muster angefertigt hatten.

Etwas weiter befinden sich kürzlich restaurierte Zimmer, deren Wände in der Mehrzahl mit in Goldrahmen gespanntem, weißem Damast bezogen sind. Im himbeerfarbenen und im Grünen Speisezimmer sind die Blumenornamente den Tönen des jeweiligen Zimmers angepaßt. Zu erwähnen sind auch die Gemäldegalerie mit ihrem geschlossenen Gemäldemosaik und die prachtvoll ausgestattete Kirche. Das Bernsteinzimmer zählte wegen seiner außergewöhnlich prunkvollen Ausstattung zu den berühmtesten Räumen des Schlosses. Das Rätsel um sein Verschwinden während des Zweiten Welt-

Großes Katharinen-Schloß, Gemäldegalerie. Entwurf von B. Rastrelli

Großes Katharinen-Schloß, Grünes Speisezimmer. 1780 von Cameron entworfen

Großes Katharinen-Schloß, Gartenfassade. Entwurf von B. Rastrelli

Parkanlage. Links: Fassade des Großen Katharinen-Schlosses. Am hinteren Ufer des Teiches: das von I. Nejelow zwischen 1777 und 1779 erbaute Obere Bad

kriegs ist noch ungelöst. Seine Geschichte ist interessant. Der Preußenkönig Friedrich Wilhelm I. schenkte Peter dem Großen im Jahre 1716 Bernsteintafeln und Bernstein-Basreliefs in so großer Zahl, daß damit ein ganzes Zimmer dekoriert werden konnte. Zum Dank schickte ihm Peter I. fünfundfünfzig seiner »längsten russischen Soldaten« sowie seinen Kammerjunker Tolstoj.

Zunächst wurde ein Zimmer des ehemaligen Winterpalasts mit den Bernsteintafeln ausgestattet. Später beauftragte Elisabeth I. Rastrelli, die Vertäfelung nach Zarskoje Selo zu überführen. Der Meister schuf daraufhin das berühmte Bernsteinzimmer, wobei er die kostbaren Tafeln in einer neuen Komposition zusammenstellte. Er spielte mit der Beschaffenheit des Materials, seiner Farbe und seinem matten Glanz. Die Tafeln wurden in ein mit gläsernen Pilastern gestaltetes und gegliedertes Ganzes eingefügt. So entstand eines der außergewöhnlichsten Zimmer des Schlosses, ein Saal, dessen Pracht und Raffinesse von allen gerühmt wurde.

Die »chinesische Kaprice« Katharinas der Großen

Das für Rußland so schicksalsträchtige Jahr 1762 wurde in Zarskoje Selo vor dem Hintergrund des von Elisabeth I. geschaffenen barocken Dekors groß gefeiert. Die Zarin Katharina II. liebte jedoch alles Neue und Ungewöhnliche, und so bemächtigte sich die »chinesische Kaprice« des Parks von Zarskoje Selo. Hier entstand im 18. Jahrhundert Europas größte Sammlung exotischer Bauwerke. Fast die Hälfte davon ist erhalten geblieben. Sie umfaßt etwa fünfzehn Gebäude, ein chinesisches Theater, einige chinesische Brücken, ein kleines, komplettes chinesisches Städtchen und schließlich die Kleine und Große Kaprice. All diese Bauwerke entstanden zwischen 1760 und 1770. Daß zwei Anlagen des chinesischen Ensembles den Namen »Kaprice« tragen, deutet bereits auf den ganzen Charakter dieser orientalischen Komposition. *Der Name »Kaprice« für die beiden Hügel geht auf die Art und Weise zurück, wie Katharina II. auf die Vorlage der Kostenvoranschläge für die Gartenarbeiten in Zarskoje Selo reagiert hatte. Nach kurzem Zögern hatte sie nämlich gesagt: »Sei's drum, das ist eben meine Kaprice.«* So will es die Legende.

Das chinesische Dorf wurde zwischen den beiden »künstlichen Hügeln«, der Großen und der Kleinen Kaprice, angelegt. Das Relief erscheint komplizierter, als es wirklich ist. Kommt man von Petersburg, fährt man zunächst an dem Brückenbogen der Großen Kaprice vorbei. Durch den »Steinhügel« führen Tore, über die exotische Baum- und Straucharten gewollt »wild« wuchern. Auf dem Hügel steht ein chinesischer Pavillon mit charakteristischem Dach und Marmorsäulen. Man mußte an dem kleinen, finsteren Tunnel vorbei. Links, bei der Straße, befand sich die Dorfanlage mit den bunten, mit »furchterregenden« Drachen und Fischen

Park, die dem großen See zugewandte Fassade des Oberen Bades

Blick entlang der Hauptachse des Parks. Im Hintergrund die Eremitage

ausgestatteten Gebäuden. Auf der gleichen Achse gegenüber schloß die»Kleine Kaprice« an. Links lag der Park mit Seen und malerischen Inseln und dem von J. Veldten gebauten Konzertsaal.

Das Dorf bestand aus kleinen Gassen und einem achteckigen Platz mit einer Pagode in der Mitte. Seine Baugeschichte ist kompliziert. Der erste Entwurf stammt von A. Rinaldi. Später waren auch die Architekten Nejelow beteiligt, die mit der Architektur chinesischer Pavillons in englischen Gärten vertraut waren. Unter Vermittlung des Botschafters in London ließ man das Modell der von Chambers (dem einzigen Architekten des 18. Jahrhunderts, der China besucht hatte) gebauten Pagode in den Kew Gardens anfordern.

Cameron verband die vier Teile des chinesischen Ensembles mit vier exotischen Brücken, geschmückt mit chinesischen Figuren, stilisierten Blumen und Pavillons. Die Brücken waren so angelegt, daß man sich vom Schloß aus eine Route für einen »chinesischen« Spaziergang zurechtlegen konnte, bei dem man stets von den phantastischen, orientalischen Bauten umgeben war. Wenn man in Zarskoje Selo ankam oder im Park spazierenging, führte kein Weg an dieser »künstlerischen Metamorphose« vorbei. Man mußte zu Fuß oder mit dem Wagen diese fremde, ferne und bezaubernde Welt der überseeischen Bauwerke, die »Welt der Kaprice«, durchqueren, bevor man übergangslos zum Schloß gelangte, denn die Hauptstraße, von Petersburg kommend, führte mitten durch diese chinesische Traumwelt. Ihr gegenüber lag das andere Kulturideal von Zarskoje Selo: das »Ideal der Antike«.

Zurück zur Antike

Schon zu Anfang der 70er Jahre des 18. Jahrhunderts plante Katharina II. den Bau einer »griechisch-römischen Rhapsodie« im Garten von Zarskoje Selo. *[...] Gesucht wird einer oder mehrere Künstler für den Bau eines vollständig möblierten Hauses der griechischen und römischen Antike [...] Es soll das ganze Jahrhundert Cäsars, Augustus', Ciceros und Maecenas' in einem Gebäude zusammenfassen, so daß darin all diese Leute einen Platz haben [...],* heißt es in dem Programm, das auf Anordnung der Kaiserin nach Paris geschickt wurde. Viele berühmte Architekten fühlten sich von der Möglichkeit, etwas Prunkvolles in den Gärten der »Semiramis des Nordens«

Großes Katharinen-Schloß, Blick vom Fuße der Terrasse auf die Gartenfassade

bauen zu können, angelockt. Charles de Wailly schlug vor, ein den »Künsten und Wissenschaften« und deren Schutzpatronin Minerva gewidmetes Gebäude zu errichten.

Der große Kenner der Antike und Perfektionist, Charles Clérisseau, glaubte, sich streng an die Vorgabe halten zu müssen, und suchte tatsächlich ein Gebäude, in dem all die genannten berühmten Römer Platz finden würden. Er beschloß, daß sie sich in den Thermen hätten begegnen können. Das »maison antique« von Clérisseau basierte auf dem Entwurf der Thermen des Diokletian und wäre damit größer als Rastrellis Palast geworden. Dies war der Grund, warum das Projekt verworfen wurde. Dennoch war Clérisseau der erste, der auf den Gedanken gekommen war, daß die Thermen als typisches Bauwerk des antiken Roms ein idealer Ort für eine »Szenerie« aus dem Leben der Antike sein könnten.

Auch wenn die Kaiserin nicht bereit war, Clérisseau das von ihm geforderte Honorar für seine Dienste zu bezahlen, verwarf sie sein Projekt nicht gänzlich. Dafür holte sie Charles Cameron nach Zarskoje Selo, der sich »durch sein Buch über antike Bäder« von 1772 einen Namen gemacht hatte. Er verwirklichte schließlich die Idee Clérisseaus. Als Cameron 1779 mit dem Entwurf der Thermen begann, war er gerade sechsunddreißig Jahre alt. Niemand kannte ein Bauwerk, das von seiner Hand stammte. Das Gebäude, bestehend aus den Bädern, einem Garten und einer Wandelhalle, war sein erstes Bauwerk. Er arbeitete daran von 1779 bis 1792, und es brachte ihm unsterblichen Ruhm ein. Zunächst ließ er einen kleinen, zweistöckigen Pavillon bauen. Zu ebener Erde richtete er die Bäder ein, im ersten Stock kleinere Zimmer. Sein Plan setzte die beiden Ebenen in krassen Gegensatz zueinander. Alles diente zur Betonung dieses Gegensatzes. Das Erdgeschoß wirkte schwerfällig, von der wuchtigen Struktur erdrückt. Der Architekt wählte grobes, poröses, wie von Wind und Wetter bearbeitetes Gestein für die Außenwand des Untergeschosses. Es sollte den »Sockel der Zeit« darstellen. Das Ganze wurde dann noch auf »alt« getrimmt und erweckte somit den Anschein des original Antiken. Der erste Stock dagegen wirkte leicht und licht.

So vollendet die äußere Architektur der Thermen auch gewesen sein mag, sie vermochte die Zeitgenossen bei weitem nicht so zu beeindrucken wie die Innenausstattung und das Dekor aus kostbaren Steinen wie roter, grüner, rotadriger

Der Schloßpark im Schnee. Im Vordergrund die von Rastrelli 1749 angefangene und von Antonio Rinaldi ab 1771 fortgesetzte und 1782 vollendete Grotte

grüner Jaspis, dunkelroter Achat, Bergkristall und verschiedene Marmorarten, Bronze, Porzellan und Gold. Das schon zu Lebzeiten der Zarin berühmte Gebäude hieß »Achatpavillon«. Der Dichter Gawrila Derschawin nannte es ein »Terem gleich dem Olymp«, wo die kostbaren Steine wie »Sternhaufen« funkelten.

Die Innenausstattungen sind nicht nur wegen der Kostbarkeit der Materialien bemerkenswert. Sie sind auch in Rußland einzigartig als Beispiel für die Nachbildung der Antike, sowohl was die dekorativen Formen als auch was die Rückbesinnung auf die Funktion des Gebäudes selbst betrifft, nämlich auf den römischen Reinigungsritus.

1784 baute Cameron neben den Thermen eine zweistöckige Wandelhalle. Oben errichtete er auf Wunsch der Zarin eine ionische Säulenreihe von ungewöhnlicher Leichtigkeit. *Diese Säulenreihe ist um so angenehmer, als bei kaltem Wetter auf einer Seite die Kälte immer weniger zu spüren ist als auf der anderen. Der Kern meines Säulengangs ist verglast; unten und auf der Seite ist ein blühender Garten; zu Füßen der Säulenreihe sitzen immer mir vertraute Frauen wie Nymphen inmitten der Blumen; zwischen den Säulen stehen die Büsten der großen Männer der Antike: Homer, Demosthenes, Platon [...],* schrieb Katharina II. dem Baron F. M. Grimm.

Hauptfiguren der Sammlung waren die römischen Kaiser von Julius Cäsar bis Vespasian, von Antoninus Pius bis Septimius Severus. Aber auch Sokrates und Platon, Heraklit und Ovid, Apollo, Minerva, Bacchus und Herakles sollten nicht fehlen.

Anfang der 90er Jahre des 18. Jahrhunderts wurde der enge Übergang, der den Achatpavillon mit der Galerie verband, in einen hängenden Garten umgewandelt. Dort wurden Beete angepflanzt, die seinerzeit an die Gärten der Semiramis erinnerten. Eine sanft geneigte Rampe verband den hängenden Garten mit dem Park. Wenn man die Rampe hinaufging, kam man an Bronzeabgüssen der Musen, Darstellungen der Venus, Merkurs und der Flora und an riesigen Vasen im antiken Stil vorbei. Nicht weniger beeindruckend war die Architektur. Die flachen, sanft aus der Erde aufsteigenden Brückenarkaden mit rustikalem Bossenwerk, flankiert von stämmigen Säulen, und die mit phantasievollen Masken geschmückten Schlußsteine boten ein romantisches Bild. Man hätte an eine Wiedergeburt der Antike glauben können, als schüttele sie die Jahrhunderte wie Staub von ihren Schultern und nähme erneut Gestalt an auf dem Boden von Zarskoje Selo.

Die Räumlichkeiten aus der Epoche Katharinas der Großen

Als Charles Cameron die Ausstattung der Räume des Großen Schlosses vollendet hatte, zeigte Giacomo Quarenghi wahre Größe, indem er der Kaiserin gegenüber äußerte, daß die

Park. Den 1743 durch M. Semzow begonnenen Bau der Eremitage vollendete 1746 S. Tschewakinskij. Die Fassaden gestaltete Rastrelli 1748 neu. Er fügte die Doppelsäulen und Giebel hinzu.

Park. Deckengemälde im Großen Saal der Eremitage. Darstellung des »Festessens auf dem Olymp«, Gemälde von D. Valeriani, 1752-1753

Achatpavillon oder Kaltes Bad. Blick von der Rampe auf das zwischen 1780 und 1785 von Cameron errichtete Gebäude

Deckengewölbe im Vorzimmer des Achatpavillons

Achatpavillon,
Großer Saal

Achatpavillon, Detail des Deckengewölbes in einem der zwei Vorzimmer

Werke seines Erzrivalen *ebenso schön wie originell* wären. Und Katharina fügte in einem Brief nach Paris hinzu: *Wer sie nicht gesehen hat, kann sich kein Bild machen.*

Der Großteil der Räume des Großen Katharinen-Schlosses wurde im Zweiten Weltkrieg zerstört und noch nicht wiederaufgebaut, insbesondere die Wohngemächer Katharinas im neuen Teil des Schlosses, dem Subow-Flügel. Dahingegen wurden die Zimmer des Großfürsten Paul Petrowitsch und seiner Gattin Maria Fjodorowna restauriert und der Öffentlichkeit zugänglich gemacht.

Die bis heute erhaltenen Säle entwarf Charles Cameron Anfang der 80er Jahre des 18. Jahrhunderts. Dazu gehören das Grüne Speisezimmer, das Bedienstetenzimmer, der Blaue Salon, der Himmelblaue Salon, das Schlafzimmer und die Arbeitszimmer.

Kunsthistoriker haben sich lange mit der Frage beschäftigt, welchen Anteil die englischen Zeitgenossen Charles Camerons, die Brüder Adam, an diesem Werk haben. Als die Brüder Adam die Entwürfe ihrer Arbeiten veröffentlichten, legten sie schriftlich einen »Idealplan« nieder, das Konzept ihrer Interieurs, wo sich die Treue zur Antike mit dem britischen Hang zum »Malerischen« verband. Cameron verwirklichte dieses Ideal mit Hilfe der uneingeschränkten Mittel, die ihm die Kaiserin zur Verfügung stellte. Das Grüne Speisezimmer ist das bedeutendste Beispiel. Beim Betreten des Zimmers wird der Blick sofort auf die leuchtendweißen – überraschend wuchtigen, fast lebensgroßen – Figuren, die sich von den hellgrünen Wänden abheben, gelenkt. Dann fällt der Blick auf die kleineren Figuren in den Medaillons, von denen jedes sein »ornamentales« Eigenleben hat. Die großen Figuren wirken statisch und ausgewogen. Die kleineren hingegen sind voller Leben. Der Betrachter wird aufgerufen, an den dargestellten Szenen aus der Mythologie teilzunehmen, und wird so unweigerlich in die Metamorphosen der römischen Grotesken hineingezogen.

Jeden Raum Paul Petrowitschs und Maria Fjodorownas gestaltete der Architekt auf andere Art und Weise. Die Wände des Chinesischen Salons und des Himmelblauen Salons sind mit Stoff bezogen, der erstere mit einer Wandmalerei mit chinesischen Motiven, der zweite mit einem himmelblauen Muster. Für das Schlafzimmer hat sich der Architekt eine Variation des Motivs »Zurück zur Antike« ausgedacht. Er ent-

Cameron-Galerie. 1784 begann Cameron neben den Thermen mit dem Bau der zweistöckigen Wandelhallen-Galerie, in der die Büsten berühmter Persönlichkeiten der Antike stehen.

Park. Abgüsse antiker Figuren auf der Brüstung der 1809 von Luigi Rusca gestalteten Granitterrasse

»Liebliche Anhöhe« der Cameron-Galerie in Zarskoje Selo, von W. Petrow, 1794

warf eine Ausstattung nach der Vorlage des in den Wandmalereien in Pompeji dargestellten Dekors.

Zwischen 1780 und 1788 gestaltete Cameron noch weitere Zimmer für Katharina II., die jedoch nicht erhalten sind, so das Arabeskenzimmer, den Lyoner Salon und das chinesische Zimmer. Rechts davon befand sich das »Kuppelspeisezimmer«; links lagen die Privatgemächer Katharinas II., das Silberzimmer, das Schlafzimmer, an das die »Tabaksdose« anschloß, und der Glassaal, der zum hängenden Garten und der Cameron-Galerie führte. Katharina beschrieb ihr Arbeitszimmer so: *Ich schreibe Ihnen in meinem Zimmer aus massivem Silber, in das Zweige mit roten Blättern graviert sind. Vier Säulen mit demselben Dekor stützen einen Spiegel, der als Baldachin über dem Diwan hängt. Der Diwan ist mit einem rot-grünen Silberbrokat-Stoff eines Moskowiter Fabrikanten bezogen. An den Wänden hängen Spiegel, die von denselben silbernen Pilastern mit roten Blättern umrahmt sind. Der Balkon öffnet sich zum Garten hin. Die Tür besteht aus zwei Glastüren, die auch dann offenzustehen scheinen, wenn sie eigentlich geschlossen sind [...] Das Zimmer ist prachtvoll, glänzend, heiter, überhaupt nicht schmucküberladen und sehr angenehm.*

Dahinter befand sich das hellweiße Schlafzimmer mit dunkellila Säulen und Details aus fahlgolden schimmernder massiver Bronze. Durch dieses Zimmer gelangte man zu einem kleinen, wirklich süßen Zimmer, das unter dem Namen »Tabaksdose« bekannt war und von welchem Katharina sagte: *Ich verfüge über ein weiteres Zimmer in den Farben Weiß, Himmelblau mit Bronze, Blaugrün und Himmelgrün, wie eine Tabaksdose, durch die Arabeskenzweige ranken.*

Zu Beginn der 80er Jahre des 18. Jahrhunderts gab es hinter diesen Zimmern auch noch das »Palmenzimmer«, eines der fremdartigsten Interieurs, die Cameron entworfen hat. Achtundzwanzig bemalte »Blech-Palmen« standen in dem Zimmer. Die Wände waren mit Spiegeln verkleidet, die das »Palmenwäldchen« unendlich vervielfachten. Mit dem gegen

Park. Luftaufnahme. Im Vordergrund das Türkische Bad und die Anlegestelle; im Hintergrund die Marmorbrücke

Ende der 80er Jahre in den Glassaal umgewandelten »Palmenzimmer« schlossen die Privatgemächer Katharinas II. ab.

Das von Cameron entworfene künstlerische Umfeld war reicher und sinnträchtiger als der »gewöhnliche« Klassizismus, und er ergänzte es mit Kostbarkeiten seiner Zeit: mit Porzellan und chinesischen Lackarbeiten, wertvollen heimischen Edelsteinen und farbigem Glas, die Intarsienparketten und Seidentapeten. Er schuf Spiegelwände und -türen, die den Raum erweiterten. Er zögerte nicht, mitten in die antiken Gemächer ein »chinesisches« Zimmer einzurichten. Im Palmenzimmer ließ er einen richtigen »Blech-Wald« wachsen. Er bewies wahre Meisterschaft darin, von den römischen Interieurs inspirierte Motive in Räume zu integrieren, die eigentlich einen ganz anderen Sinn, Stellenwert und Charakter hatten.

Der »Sinn« des Parks

Des anderen Tages erwachte Marja Iwanowna bereits in aller Morgenfrühe, zog sich an und ging leise in den Park. Es war ein wundervoller Morgen, die Sonnenstrahlen spielten auf den vom kühlen Hauche des Herbstes bereits ein wenig vergilbten Wipfeln der Linden. Der breite See schimmerte regungslos. Die erwachten Schwäne schwammen majestätisch aus den Büschen hervor, die über das Ufer hinüberhingen. Marja Iwanowna ging längs der prächtigen Wiese [...] Da schlug plötzlich ganz in ihrer Nähe ein weißes Hündchen englischer Rasse laut an und lief auf sie zu. Marja Iwanowna erschrak und blieb stehen. Im gleichen Augenblick ertönte eine angenehme Frauenstimme: »Haben Sie keine Furcht, er beißt nicht.« Marja Iwanowna erblickte eine Dame auf der Bank, die dem Denkmal gegenüber stand. [...] Sie trug ein weißes Morgenkleid, eine Nachthaube und eine Wolljacke. Sie mochte an die vierzig Jahre zählen. Ihr rundliches und rosiges Gesicht atmete Würde und Ruhe, aber die blauen Augen und das sanfte Lächeln waren von unbeschreiblicher Anmut [...] So beschreibt Puschkin in seinem berühmten Roman »Die Hauptmannstochter« den Spaziergang Katharinas der Großen im Park von Zarskoje Selo.

Man sollte auf keinen Fall die mit dem Anlegen des Gartens verbundenen technischen Schwierigkeiten unerwähnt lassen. Der Standort war dafür denkbar ungeeignet. Zarskoje Selo umgab eine eintönige Ebene, die von einem wasserar-

Luftaufnahme. Im Vordergrund die Grotte von Rastrelli. Links die Cameron-Galerie. Im Hintergrund die Gartenfassade des Katharinen-Schlosses

men Krüppelwald bedeckt war. Doch das schreckte weder die Architekten noch die Gärtner von ihrem Vorhaben ab. Man schuf leistungsfähige Bewässerungssysteme. Quellwasser wurde aus etwa 15 Kilometern Entfernung über Kanäle, die streckenweise in unterirdischen Gewölben verliefen, was für die damalige Zeit eine technische Kühnheit war, herbeigeschafft. Zahlreiche Teiche wurden ausgehoben und über kleine Staustufen mit dem großen See verbunden, dessen Ufer mit Buchten und Landzungen aufgelockert wurden. Künstliche Hügel wurden aufgeschüttet und zu guter Letzt Wälder angepflanzt. Die Architekten Antonio Rinaldi und Charles Cameron, Vater und Söhne Nejelow, die Ingenieure von Baur und Toll, der englische Gärtner John Bush waren an diesem Werk beteiligt. Der Neue Garten von Zarskoje Selo war der erste Landschaftspark Rußlands. Von dort ging die Bewegung aus, im Zuge derer Tausende von Adelshäusern versuchten, das Reich der Natur nachzuahmen. Die Idee des Landschaftsparks kam jedoch nicht direkt aus England: Die Kaiserin entdeckte sie erst in der französischen Variante, wie im Parc Monceau oder dem Désert de Retz. Ferner muß man wissen, daß Katharina allegorische Bilder in den Park einstreute, die in ihrer Symbolik auf ihre Politik und ihr Gefühlsleben anspielten. Zahlreiche solcher Stätten entsprangen ihrer Laune. Da gibt es die »ritterlichen« Bauten der 70er Jahre, wie die Admiralität, die gotischen Küchen der Eremitage und die kleine Palladianische Brücke über einem der Wasserläufe; nicht zu vergessen die Pyramide, die an das Grabmal Cestius' in Rom erinnern sollte. Hinter der Pyramide wurden die Hunde der Kaiserin mit folgendem Epitaph begraben: *Hier ruht Zemir, und Ihrer trauernden Gnaden müssen Blumen werfen auf ihr Grab. Wie ihr Vorfahre Tom und ihre Mutter Ledi war sie ihren Neigungen treu und hatte nur ein Laster: Sie war ein wenig jähzornig [...] Als Zeugen ihrer Zärtlichkeit hätten die Götter ihre Treue mit Unsterblichkeit belohnen müssen.* Dank dieser Spielereien und Denkmäler voller Inschriften füllte sich der Garten von Zarskoje Selo mit sentimentalen Konnotationen.

Ein Teil des Parks war so angelegt, daß man darin ein »Modell« der politischen Visionen Katharinas II. sehen konnte. Er entstand um die Zeit des Krieges gegen die Türken, in dessen Verlauf die russische Armee einen glorreichen Sieg nach dem anderen davontrug. Die Kaiserin schrieb dazu:

Park, Palladianische Brücke, auch Marmorbrücke genannt. Von V. Nejelow zwischen 1772 und 1774 als Verbindung des Großen Sees mit dem Wasserlabyrinth erbaut

Wenn dieser Krieg so weitergeht, dann sieht mein Park in Zarskoje Selo bald wie ein Spielbrett aus; denn für jeden glorreichen Streich wird ein Denkmal errichtet. Allerdings war es nicht einfach, die Bedeutung der Allegorien eines Parks im 18. Jahrhundert zu verstehen, wenn man nicht den passenden »Schlüssel« zum Sinn der ganzen Anlage hatte. Zum Glück sind die aufschlußreichen Notizen des persönlichen Sekretärs Katharinas II., A. Chrapowizkij, die Katharinas Absichten nachzuvollziehen helfen, überliefert. So heißt es, zum Beispiel, daß Katharina einst anordnete, *man möge alle Marmortüren in Zarskoje Selo beleuchten und die See- und Armeetrophäen schmücken und folgende Verse auf ein Transparent schreiben: »Im Tosen der Wogen betrittst du Sophias Tempel«.*

In der letzten Zeile liegt der literarische Schlüssel zum Verständnis der Allegorie, die sich bereits in den 70er Jahren des 18. Jahrhunderts abzuzeichnen begann. Dieser Satz bedeutete: »Der Seeweg ist das Tor nach Konstantinopel.«

Sophias Tempel bezieht sich natürlich auf die berühmte Kirche von »Zarsgrad«, Hagia Sophia, die später in eine Moschee umgewandelt wurde. Zu keinem Zeitpunkt während der Russisch-Türkischen Kriege wurde jedoch jemals an eine Einnahme der Hauptstadt des Osmanischen Reichs gedacht. Dieser Gedanke reizte Katharina II., es sei denn, sie wollte dies einfach als gegeben hinstellen. Das am Eingang angebrachte Transparent war eine Anspielung auf eine politischmilitärische Möglichkeit. Kurz hinter dem Eingangsportal stand die von J. Veldten errichtete Turmruine. Sie ist heute noch zu sehen. Wie aus dem Boden gestampft, erscheint das Kapitell einer dorischen Säule und ein Brückenbogen vor dem von diesen zyklopischen Formen überwältigten Betrachter. Auf einem kleinen Platz des wuchtigen Kapitells steht ein Pavillon. Die Fensterbögen sind nach dem klassischen türkischen Geschmack als Spitzbogen geformt. Die Allegorie, die sich hinter diesem emphatischen Bild verbarg, symbolisierte die einstige Blüte der Macht und die antike Vergangenheit des nun unter der osmanischen Vorherrschaft schlummernden Griechenlands. Etwas weiter stieß der Besucher auf ein Bauwerk, welches inzwischen nicht mehr existiert. Es handelte sich um einen türkischen Pavillon am Ufer eines Wasserlaufs. Er war eine originalgetreue Kopie eines einst an den Ufern des Bosporus stehenden Bauwerks. Ein kleiner, türkisch anmutender Wasserfall, umringt von kleinen, orientalisch wirkenden Säulen, schmückte den Kanal. Diese Bauten sollten auf die türkische Verständigung einstimmen. Dahinter schloß der Teil des Parks an, in dem die politischen Visionen zu Hause waren. Eine langgezogene, ionische Säulenreihe, auf einem niedrigen Stylobat ruhend, stellte den »Tempel der Erinnerung« dar, eine Apotheose des Themas des Sieges über die Türken (leider wurde das Bauwerk 1797 auf Anordnung Pauls I. zerstört).

Unten, mitten aus dem See, ragt das Symbol der Seesiege: die von Rinaldi zu Ehren der Schlacht bei Tschesme gebaute

Park. Die Palladianische Brücke oder Marmorbrücke verdankt ihren Doppelnamen einer Zeichnung Palladios, von der sich Nejelow inspirieren ließ, und dem Baumaterial, das aus dem Marmorsteinbruch bei Jekaterinburg stammt.

Park. Blick von der Marmorbrücke hinüber zum Türkischen Bad

Rostralsäule. Hinter dem See erkennt man in der Ferne die Kuppel einer Kathedrale, die Cameron gebaut hat. Sie erhielt den Namen der Heiligen Sophia. Der See verkörperte somit das Schwarze Meer, das das Tor zur Hauptstadt des türkischen Reiches öffnete. Hinter dem See befand sich »die glückliche Welt der Aufklärung« – die Modellstadt Sophia. Die 1780 von Katharina II. neben Zarskoje Selo gegründete Stadt ist fast in Vergessenheit geraten, da sie nur achtundzwanzig Jahre als solche bestand. 1808 war sie schon verschwunden und die meisten Häuser der Steine beraubt. Gegen Ende des 18. Jahrhunderts jedoch spielte diese Kreisstadt eine große Rolle. Sophia sollte eines der Zentren der »Aufklärung« der Regierung Petersburgs und ganz Rußlands sein. Es wurden Schulen und Modellfabriken gebaut sowie Handwerker und Händler angesiedelt. Alles wurde unternommen, um das Bild des idealen Lebens zu zeichnen, das sich wie ein Theaterstück auf der Bühne vor den Augen des Hofes abspielen sollte. Dargestellt wurde allerdings eher ein idealisiertes Stadtleben als das wirkliche Leben in einer Kreisstadt. Fremden, zum Beispiel dem Fürsten de Ligne, zeigte man von der Cameron-Galerie aus »den Blick auf ein Städtchen«, das im Halbrund den Park von Zarskoje Selo umgab. Diese Stadt hatte sogar eine Straßenbeleuchtung (und dies im Rußland der 80er Jahren des 18. Jahrhunderts). Doch die Laternen wurden nur angezündet, wenn Katharina sich in Zarskoje Selo aufhielt. Das Freilufttheater war mit dem Hoftheater verbunden. Wichtig war, daß der Blick von der Cameron-Galerie nicht auf die Parkanlage und die Stadt beschränkt war. In einem Brief an Voltaire schrieb Katharina: *Wenn ich im Säulengang sitze, kann ich meinen Blick im Umkreis von etwa einhundert Werst schweifen lassen [...]* Sicher ist diese Aussage übertrieben, sie zeigt jedoch sehr deutlich das Verhältnis zum Raum.

Dem Panoramagefühl begegnet man auch in einer idyllischen Beschreibung von Zarskoje Selo aus dem 18. Jahrhundert: *[...] Von hier aus hat man einen weiten Blick über die umliegenden Dörfer, und selbst die Blumen- und Gemüsegärten, die gesäten Weizenfelder und die Wälder rundherum sind gut zu erkennen.* Auch hier ist die Übertreibung offensichtlich, aber gewollt, ging es doch darum, rund um Zarskoje Selo das Idealbild Rußlands zu schaffen.

Klassizismus und Romantik

Ganz in der Nähe des Großen Katharinen-Schlosses begann Giacomo Quarenghi 1792 den Bau eines nicht weniger prachtvollen Gebäudes. Es handelte sich um das neue Schloß, das Katharina II. ihrem Enkel, dem Großfürsten Alexander Pawlowitsch, zugedacht hatte.

Betrachtet man das gewaltige Gebäude gleich neben der gigantischen Residenz der Kaiserin, drängt sich die Frage auf, wozu der kostspielige Aufwand dienen mochte. Wie ge-

Park. Das Türkische Bad wurde zwischen 1850 und 1852 nach einem Entwurf von I. Monighetti in Erinnerung an die Siege über die Türken gebaut.

Park, Konzertsaal

Park, Brunnen »Das Mädchen mit dem Wasserkrug« von P. Sokolow

Park, chinesischer Pavillon; wegen des Geräusches, das die Standarte auf dem Dach des Pavillons erzeugt, auch »Knarrende Laube« genannt. I. Nejelow begann 1778 mit dem Bau des Pavillons nach einem Entwurf von J. Veldten im Rahmen der Umgestaltung nach »chinesischer Art«. Der Bau wurde erst 1786 fertiggestellt.

spannt das Verhältnis zwischen Katharina II. und ihrem direkten Erben, dem späteren Paul I., war, ist allgemein bekannt. Mehrere Quellen versuchen, den Wunsch Katharinas II. zu belegen, nach dem Alexander als ihr direkter Thronfolger vorgesehen war. Zwar haben wir keine Dokumente ihrer Pläne, doch spricht, vor diesem Hintergrund, die Errichtung eines prächtigen Palasts für ihren Enkel in unmittelbarer Nähe ihres eigenen Schlosses dafür und gibt auch Auskunft über die politische Lage in den letzten Regierungsjahren Katharinas II.

Anfang des 19. Jahrhunderts erhielt der »antike Kolossalbau« ein neues Umfeld. Dem heroischen Klassizismus des Schlosses stand die »chevalereske Gotik« der Gärten gegenüber. I. Nejelow, A. Menelas und I. Iwanow legten um das Schloß eine malerische Parkanlage an, die die Menagerie aus der Barockepoche einschloß. In den Jahren 1810 bis 1820 füllte Adam Menelas den Landschaftspark mit zahlreichen Bauten mittelalterlichen Charakters.

So entstand ein weißer, vierstöckiger Turm, umgeben mit Bollwerk und Gräben. Zwei Rundtürme schützten den »gotischen« Eingang. Die Kapelle war ebenso imposant. Sie sollte an eine antike griechische Tempelruine erinnern. Das Arsenal befand sich an der gleichen Stelle, am Kreuzungspunkt zweier geradliniger Alleen. Es bestand aus sechsseitigen Türmen, einem viereckigen Innenhof und Burgmauern mit Zinnen.

Alexander-Park, Detail der Drachenbrücke

Alexander-Park, Brüstung der großen chinesischen Brücke, die 1780 von Charles Cameron neu gebaut wurde

Säulengang des Alexander-Schlosses. Das Schloß wurde zwischen 1792 und 1796 von Giacomo Quarenghi für den ältesten Enkel Katharinas II., den späteren Alexander I., errichtet. Die beiden Statuen der spielenden Jünglinge sind Werke der Bildhauer N. Pimenow und A. Loganowskij und wurden 1838 am Fuße des Säulengangs aufgestellt.

Der Pavillon des Lama erinnerte an eine Ritterburg. Viele andere Gebäude, darunter auch die Ställe der Internatsschüler und der Bauernhof, ließen den für die Zeit der Romantik typischen Hang zum Mittelalter erkennen. Kein Wunder, daß der Park die Bilder Walter Scotts wachrief, war doch der Schöpfer dieser gotischen Bauwerke, Adam Menelas, ein Schotte.

Die Stadt der Parks und der Salons

Zarskoje Selo erlebte seinen »goldenen Herbst« Mitte des 19. Jahrhunderts. Vorbei war die Zeit der Schloßbauten und Gartenanlagen.

Jetzt schlug die Stunde der Poesie. Sie vervollständigte, was die Sprache der Steine nicht auszudrücken vermochte. In seinen Versen vermittelt der Dichter Fjodor Tjutschew den Glanz und die Nostalgie dieser Zeit:

Golden glänzt die Sonne
Schillernd liegt der See;
Hier lag einst die Größe
Wie im Schlummer atmend vor sich hin.

Je mehr Zeit verstrich und je näher das 20. Jahrhundert rückte, desto mystischer wurde die Traurigkeit der Poesie in Zarskoje Selo. Doch während die Kultur von Zarskoje Selo mehr und mehr in der Fin-de-siècle-Stimmung versank, ging das Leben am Hofe mit seinen Festen und Paraden, seinen Intrigen und Wachwechseln unverändert weiter. Neue Möbel fanden Platz in den Schlössern, doch die Architektur blieb glücklicherweise fast unberührt. Dafür entstanden eine weitere Vielzahl von Gebäuden für die Bewirtschaftung des Hofes. Zu den interessantesten Gebäuden gehören die Einrichtungen für die Zareneskorte.

Zwischen 1895 und 1912 entstand ein ganzes Dorf. Es hieß Fjodorowskij und beherbergte einen Teil der kaiserlichen Garde. Zunächst baute man nur Kasernen, später dann die »Stadt« selbst mit ihren Lazaretten, der Kanzlei, ihrer Offiziersmesse; alles im Stil der russischen Architektur der Zeit gegen Ende des 17. Jahrhunderts. Die Stadt war von Mauern mit Rundtürmen im Stil der Befestigungen des alten Rußlands umgeben. Im Zentrum baute der Architekt W. Pokrowskij einen Tempel, eine Mischung der Besonderheiten der Mariä-Verkündigungs-Kathedrale im Moskauer Kreml und der typischen Kirchen aus dem Nord-Westen Rußlands, der »Erde« von Pskow. Die Formen dieser Bauten verbanden die neoromantische Liebe zur nationalen Vergangenheit mit dem offiziellen Historizismus, der sich vor dem Ersten Weltkrieg ausbreitete, als man 1913 den 300. Geburtstag des Hauses Romanow feierte. Schon während der Feierlichkeiten dieses Jubiläums, welches in Zarskoje Selo groß begangen wurde, klang das »Totenlied« unterschwellig mit.

Die ägyptischen Pyramiden. Die von A. Ménélas zwischen 1827 und 1830 entworfen und von V. Demout-Malinkowski mit gußeisernen Reliefs aus der ägyptischen Mythologie verzierten Türme säumen die Einfahrt zum Gut von Zarskoje.

Oranienbaum

Die Großfürstin Helena hat aus Oranienbaum einen reizenden Wohnsitz gemacht trotz der Düsterkeit der Landschaft und der nicht abzuschüttelnden Erinnerungen an die Dramen, die sich an diesem Ort abspielten.

Marquis de Custine, *Rußland 1839*, Paris 1843

»Oranienbaum, Ansicht des Palastes vom finnischen Meerbusen aus« Radierung von Tschelnakow und Knunow nach einer Zeichnung von Michail Machajew, dem wichtigsten Petersburger Bildchronisten seiner Zeit.

Oranienbaum, der Große Palast. Vor ihm liegt ein Kanal, der ihn mit dem finnischen Meerbusen verband.
Der Palast wurde 1710 für Alexander Menschikow von dem Architekten Giovanni Fontana begonnen, 1727 beendet. 1743 schenkte Zarin Elisabeth Petrowna dem künftigen Peter III. den Palast, der ihn u. a. von Rastrelli umbauen ließ.

Der Palast Peters III., genannt Peterstadt, von Antonio Rinaldi zwischen 1758 und 1762 erbaut, lag innerhalb der kleinen Festungsanlage, die im Park von Oranienbaum für die Militärübungen der Truppen des künftigen Zaren errichtet wurde.

Schicksalsschläge eines Palastes

Oranienbaum ist derjenige Palast in der Umgebung von Petersburg, bei dem sich die verschiedenen Schicksale der Besitzer in höchstem Maße in der ausgefallenen Architektur widerspiegeln. Der Gründer von Oranienbaum war Alexander Menschikow, der, wie wir gesehen haben, ein sehr enger Freund Peters des Großen war. Die Zuneigung des Zaren zu Menschikow ist zweifellos durch den Umstand zu erklären, daß er Menschikow »gemacht« hatte, indem er ihn aus der niedrigsten Stellung holte, um ihn auf den höchsten Gipfel der Macht, des Reichtums und des Ansehens zu erheben. Der Zar liebte Menschikow, so wie man das liebt, was man selbst geschaffen hat. Sie waren gleichaltrig, doch Peter nannte ihn »mein Herzenskind« – und zwar auf deutsch.

Menschikow war buchstäblich auf den Straßen von Moskau aufgelesen worden, wo sein Vater vermutlich als Stallknecht arbeitete. Zeitgenossen berichten, daß er auf dem Markt kleine Pasteten von zweifelhafter Qualität, die seine Mutter oder seine Tante herstellten, verkaufte. Er wurde Kammerdiener von Peter, und zwar zu der Zeit, in der dessen ältere Halb-Schwester Sofja Rußland regierte, die bestrebt war, ihren Bruder endgültig vom Thron zu verdrängen. Peter wußte, daß sie sehr wohl imstande war, ihn gewaltsam ins Kloster zu stecken oder auch ihn zu töten, so wie die Familie seiner Mutter umgebracht worden war. Peter hatte Angst, er brauchte sichere Leute, und Menschikow war einer der ersten. Je mehr sich die Macht von Peter festigte, um so höher stieg sein Günstling. Menschikow unterschied sich von den Kreisen um den Zaren dadurch, daß er schon von Anfang an bereit war, dessen Vorlieben und Lebensweise zu teilen. Das erforderte besondere Eigenschaften: Das Betragen Peters des Großen war in seiner Jugend gemessen an den herkömmlichen Sitten in Moskau ganz und gar skandalös. Daß er mit Ausländern Freundschaft schloß, Tabak rauchte, üppige Schlemmereien liebte, keinen Bart trug, eine zügellose Fröhlichkeit an den Tag legte, alle Zeremonien verachtete - all das schien im Moskau des ausgehenden 17. Jahrhunderts nicht möglich zu sein. Unter seinen »unschuldigen Vergnügungen« ist die besonders bemerkenswerte Gewohnheit hervorzuheben, mit geschmorten Rüben oder eingeweichten Äpfeln auf die Bojaren zu schießen, die wissen wollten, womit sich der junge Zar beschäftige. Menschikow war natürlich immer der erste Gefährte bei solcherart Treiben.

Aber er tat sich auch in ernsteren Angelegenheiten hervor. Als Peter der Große zusammen mit ihm als Zimmerlehrling auf eine Werft in Holland ging, erhielt Menschikow beim Abschied einen Belobigungsbrief von dem Meister, bei dem sie gearbeitet hatten. Ebenso gut bewährte er sich unter den türkischen Kanonenkugeln während der Einnahme einer Festung im Süden Rußlands. Er bewies auch seine Tapferkeit und Initiative im Krieg gegen Schweden und wurde der erste Statthalter der neuen Hauptstadt. Ränge, Titel und Reichtümer ergossen sich über ihn wie aus einem Füllhorn. Er erhielt den

Titel eines Generalfeldmarschalls, eines Vize-Admirals, eines Oberhofmeisters, eines Geheimrates vom Dienst, eines Senators, des Fürsten von Ijorski, eines Fürsten des Römischen Reiches und alle nur möglichen Ränge und Würden. Er erhielt die Lehnsherrschaft über ungefähr hunderttausend Bauern, dazu Landgüter, Schlösser und Ländereien in ganz Rußland, in der Ukraine und den baltischen Staaten. Das genügte ihm offenbar nicht, obwohl er viel prunkvoller lebte als der Zar – wovon unzweifelhaft der Palast Oranienbaum zeugt. Oft wurde er dabei ertappt, wie er aus der Kasse Geld stahl; auch leitete er im Zusammenhang mit der Verproviantierung der Armeen verschiedene Betrügereien in die Wege. Als man ihn dabei entdeckte, sprach der Zar selbst sein Urteil und erteilte ihm höchstpersönlich die Strafe, wobei er den Richtern erklärte: »Ihr würdet mich richten, wenn Ihr Menschikow richtet.« Anschließend ging er zu seinem Freund und verprügelte ihn eigenhändig.

Der Tod Peters des Großen 1725 festigte zunächst Menschikows Karriere. Er ließ die Witwe des Zaren zur Nachfolgerin ernennen. Er selbst erhielt den Titel eines Oberbefehlshabers und den eines Obersten aller Garderegimenter.

Katharina I. überlebte Peter I. nicht lange. Ein elfjähriger Junge kam auf den Thron: Peter II., der Enkel Peters des Großen, Sohn seines ältesten Sohnes Alexej, der zum Tode

Palast Peters III., das Kabinett

Palast Peters III., die Gemäldegalerie

verurteilt worden war. Menschikow brachte ihn in seinem Palast unter und verheiratete ihn mit seiner sechzehnjährigen Tochter Maria. Er befahl außerdem allen Untertanen des Zarenreichs, für sie zu beten wie für seine Majestät.

Menschikow erkrankte mitten im Aufschwung, und als er kurz vor dem Tode stand, verstanden es die Höflinge, den jungen Zaren gegen ihn aufzuwiegeln. Der Oberbefehlshaber überwand seine Krankheit und bereitete voll Freude die Einweihung der Kirche seines Palastes vor. Alles war bereit, der Zar wurde erwartet. Er kam nicht, auch nicht die Würdenträger. In diesem Augenblick begann der unwiderrufliche Abstieg von Menschikow, und Oranienbaum wurde Zeuge der Ungnade, in die er fiel.

Er wurde alsbald aller seiner Funktionen enthoben. Am 9. September 1728 verbannte man ihn auf seine Landgüter. Er gelangte niemals dorthin: Er wurde all seines Geldes und seiner Güter beraubt und unter den schlimmsten Umständen mit seiner ganzen Familie nach Sibirien verschleppt. Er lebte noch ein Jahr im Dorf Berijozow an den Ufern der Oka an der Grenze zum Polarkreis. Er starb dort und wurde in der immer gefrorenen Erde begraben. Oranienbaum, zu seiner Zeit der luxuriöseste Palast in der Umgebung von Petersburg, wurde zu Gunsten des Zaren beschlagnahmt und wurde eine Staatsresidenz.

Vierzehn Jahre gingen vorüber. Drei Potentaten folgten an der Spitze Rußlands aufeinander: Peter II., Anna Iwanowna, Elisabeth Petrowna. Letztere war unverheiratet und hatte keine legitimen Kinder. Ihr Erbe war der Sohn ihrer verstorbenen Schwester, Peter, Herzog von Holstein-Gottorf, in Rußland unter dem Namen Großfürst Peter Fjodorowitsch bekannt. Als Peter III. wurde er Zar. Seine Tante schenkte ihm 1743 Oranienbaum. Und man muß zugeben, daß er – quasi in die Fußstapfen Menschikows tretend – in seinem kurzen Leben ebenfalls außergewöhnliche Schicksalsschläge erdulden mußte.

Schon als Halbwüchsiger wurde Peter, Thronerbe des kleinen norddeutschen Staates Holstein, Herrscher über alle russischen Staaten. Er zeigte jedoch keine der dafür erfoderlichen Eigenschaften. Von zarter Gesundheit, wenig interessiert an den Aufgaben eines Großfürsten und zu früh verheiratet, hegte der Thronerbe eine ungewöhnliche Leidenschaft für Soldatenspiele. Deshalb hatte man in seinem Zimmer Modelle von Festungen errichtet und hatte ganze Bataillons von Soldaten aus Wachs anfertigen lassen. In dieser »Wachsarmee« wurden Verstöße gegen die Disziplin streng bestraft.

Der Chinesische Palast wurde 1762 bis 1768 für Katharina II. von Rinaldi im hinteren Teil des Parks errichtet.

Eine der allegorischen Skulpturen am Ufer des Teichs vor dem Chinesischen Palast.

Sophie Auguste von Anhalt-Zerbst, die spätere Katharina die Große, die nach Rußland geholt worden war, um diesen Mann zu heiraten, ertappte ihren Gatten kurz nach ihrer Hochzeit dabei, wie er einen Störenfried der Ordnung zum Tode verurteilte. Er untersuchte persönlich das Problem des Angriffs auf die Uhr, die sich in dem Modell der Festung befand, und sprach gegen eine Ratte, die den Wachskopf eines Soldaten angeknabbert hatte, das Todesurteil aus. Die Ratte wurde gefangen und unter Trommelwirbeln gehängt. Das geschah im Winter im Palast von Petersburg. Aber im Sommer konnte sich der Großfürst »wahrhaftigen« militärischen Spielen widmen. Zu diesem Zweck hatte man ihm Oranienbaum überlassen und alles Nötige dort aufgestellt: kleine Festungen, eine kleine Artilleriebatterie, einen Trupp Soldaten. Diese Vergnügungen wurden sogar fortgesetzt, nachdem Peter III. zum Zaren gekrönt worden war, dann jedoch in großem Maßstab.

Ein Musterregiment wurde in Oranienbaum gebildet, in dem alle Uniformen und alle Kampfeinheiten nach preußischem Vorbild konzipiert waren, denn König Friedrich der Große war sein ganzes Leben lang das absolute Idol von Peter III. Das war übrigens kein schlechtes Beispiel. Der Herr von Preußen verstand es immerhin, sogar Voltaire, Maupertuis und Algarotti zu bezaubern. Peter III. war von der »dekorativen« Seite der Aktivität des großen Monarchen begeistert. Die preußische Militärdisziplin zog ihn in höchstem Maße an: die komplizierte Umstrukturierung der Ausbildung der Truppen, die besondere Aufmerksamkeit, die allen Details der Uniformen und der äußeren Erscheinung der Soldaten entgegengebracht wurde, alles, was »die Wissenschaft der Parade« ausmacht. Das Übrige entging dem Bewunderer Friedrichs völlig. Diese Leidenschaft für den Äußerlichkeiten, diese Tendenz, den Schein für die Wirklichkeit zu halten, war das Los vieler Machthaber in Rußland. Dadurch erzielten sie auf unkomplizierte Weise den Anschein von Ordnung und Glück.

Peter III. war ein willenloser Mensch ohne Erziehung, der den äußeren Anschein bis zur Anstößigkeit kultivierte. In der Tat bestand die Hauptsorge aller Romanows bis zu einem gewissen Grade darin, ein Land der Illusionen zu erschaffen, in dem »Manöver und Mazurkas« Reformen ersetzten. Darin liegen die erbärmliche Tragödie und das unglückliche Schicksal von Rußland. Lange vor Nikolaus II. und seiner Familie mußte Peter III. für die Irrtümer der Zarendynastie büßen.

Dennoch, während der Zar auf preußische Art seine sechshundert Soldaten von Oranienbaum aufstellte – und die russische Geschichte persönlich korrigierte, indem er zum Beispiel alle russischen Niederlagen und Landverluste während des siebenjährigen Krieges rückgängig machte –, während Ostpreußen unterworfen worden war und in Königsberg eine russische Verwaltung regierte, wurde ein Komplott gegen ihn geschmiedet. An der Spitze des Komplotts stand seine Ehefrau. Zweifellos hat Katharina ihren Gatten niemals geliebt und hat ihn niemals lieben können. Als man das junge Mädchen nach Rußland brachte, hatte sie keine andere Wahl, als ihn zu heiraten. Sie saß in der Falle. (Sie war übrigens nicht die einzige; man könnte den Fall der Herzogs und der Herzogin von

Der Chinesische Palast und der Teich

Chinesischer Palast, Büste in einer Nische des linken Palastflügels

Folgende Doppelseite: Chinesischer Palast, der Musensalon. Die Dekoration stammt von dem Italiener Stefano Torelli.

Chinesischer Palast,
Decke des Musensalons.
»Triumph der Venus« von
Torelli.

Chinesischer Palast, der Salon mit den Portraits.

Braunschweig und ihres kleinen Sohnes zitierten, der zwei Jahrzehnte früher als Erbe der Zarin Anna Iwanowna vorgesehen war; die Familie mußte einen großen Teil seines Lebens im hintersten Rußland in Gefangenschaft verbringen.)

An die Macht zu kommen war für Katharina der einzige Ausweg. Nur um diesen Preis konnte sie ein »normales« Leben führen. Die Umstände begünstigten die unglaubliche Geduld und die außergewöhnliche Geschicklichkeit Katharinas. Und dennoch war das Wagnis für die Verschwörer groß. Am 26. Juni 1762 wurde ihr Plan entdeckt. Peter III. befand sich in diesem Augenblick in Oranienbaum, Katharina hielt sich in Peterhof auf, war also näher bei Petersburg. Das half ihr. Graf Orlow hatte genügend Zeit, um sie in die Stadt zu bringen und die in das Komplott verwickelten Truppen aufzuwiegeln, bevor die Ankunft Peters III. die Verhaftung der Zarin und ihrer Anhänger ermöglicht hätte. Nachdem sie den Eid der aufgewiegelten Garderegimenter empfangen hatte, setzte sich Katharina an deren Spitze und wandte sich nach Oranienbaum. Peter III. versuchte, sich zu widersetzen, mußte sich aber schnell ergeben. Er wurde in das nur selten bewohnte Schloß von Ropscha gebracht. Seine Überwachung wurde Alexej Orlow anvertraut, dem Bruder des Geliebten von Katharina, Grigorij Orlow, der in der Verschwörung eine entscheidende Rolle spielte. Einige Tage später starb der abgesetzte Zar eines gewaltsamen Todes.

Aus nicht nachvollziehbaren Gründen wählte Katharina zu Beginn ihrer Herrschaft als Sommerresidenz den Lieblingspalast ihres verstorbenen Gatten. Sie hatte offensichtlich keine Furcht vor Gespenstern. In Oranienbaum ließ sie ihrer Phantasie freien Lauf. Antonio Rinaldi, der Architekt, der für Peter III. gearbeitet hatte, erbaute für sie den extravaganten Chinesischen Palast.

Der Palast von Menschikow

Der allmächtige Günstling Peters des Großen, Alexander Menschikow, ließ sich den sogenannten Großen Palast von Oranienbaum (was »Orangenbaum« bedeutet und auf die damals beliebten Orangerien hinweist) errichten, der deshalb besondere Aufmerksamkeit verdient, weil er die bedeutendste vorstädtische Anlage des ersten Viertels des 18. Jahrunderts ist, die bis in unsere Tage ohne große Veränderungen erhalten ist. 1710 begann der italienische Architekt Giovanni Fontana mit dem Bau. Einen so prachtvollen Wohnsitz zu planen und auf einem Gebiet, das soeben erst von Rußland erobert worden war, errichten zu lassen war von seiten Menschikows äußerst gewagt. Aber genau diese Art von Wagnis sicherte ihm das Wohlwollen des Zaren. Denn damit, daß er begann, parallel zu seinem Petersburger Palais eine ländliche Residenz zu bauen, während das Schicksal der Eroberungen Peters des Großen auf der Ostsee noch nicht entschieden war, bewies Menschikow seinen Glauben an den guten Stern des Zaren und an die Unwiderruflichkeit seiner Siege.

Wir verfügen über eine genaue Beschreibung des Palastes dank eines Kammerjunkers, Bergholtz, der abgesehen von seinem Dienst am russischen Hof der schwedischen Regierung detailliert darüber berichtete, was sich in Rußland abspielte. Er bemühte sich immer, nur authentische Gegebenheiten zu übermitteln. *Der Palast ist auf einem Hügel erbaut, und man hat von dort aus eine großartige Aussicht. Er besteht aus einem einstöckigen Teil und zwei halbkreisförmigen Galerien, die zu zwei runden Flügeln führen, die im Verhältnis zu groß sind. In einer von ihnen wird die Kirche erbaut werden, und ein anderer wird von einem großen Salon ausgefüllt sein. Unten vor dem Gebäude liegt ein riesiger Garten [...] Man steigt von der Höhe, auf der der Palast liegt, über zwei übereinander errichtete, steinerne Terrassen zu einer großen, hölzernen Plattform und von da zum Garten herunter, der noch nicht fertiggestellt ist. Von oben, dem mittleren Saal des Palastes aus, sieht man Kronschlot beinahe gegenüber [...], das nicht mehr als fünf Werst entfernt liegt. Die Zimmer des Palastes sind klein, aber schön und mit Bildern und wunderbaren Möbeln geschmückt.* Der Autor dieser Zeilen hat, so scheint es, nichts Wichtiges ausgelassen: Alle wesentlichen Besonderheiten des Palastes sind hervorgehoben worden. Er wurde in der Tat am Rand des finnischen Meerbusens er-

Chinesischer Palast,
der große ovale Salon

Chinesischer Palast, Großer Salon. Marmormedaillon Katharinas II. von Marie-Anne Collot, einer Schülerin Falconets, angefertigt und als Supraporte angebracht.

Chinesischer Palast, das kleine chinesische Kabinett

Chinesischer Palast, Detail des großen chinesischen Kabinetts, das viele kunstvolle Intarsien enthält.

baut, gerade gegenüber der Insel, auf der Peter der Große die Festung von Kronschlot errichtete, die in der Folge den Namen Kronstadt erhielt und dazu bestimmt war, Petersburg zu schützen.

Ein Kanal zog sich vom Ufer ins Landesinnere, der es den Schiffen ermöglichte, beinahe bis vor die Gartentore zu gelangen. Dieser sogenannte »untere Garten« war regelmäßig angelegt. Er wurde von holländischen Gärtnern entworfen und setzte sich aus niedrig gestutzten, kompliziert angeordneten Baumgruppen und ornamentalen Beeten zusammen. Hinter dem Palast im oberen Teil erstreckte sich »der hohe Garten«.

Wenn man die Hauptallee des unteren Gartens entlangging, gelangte man über eine steile und abschüssige Treppe – sie ist durch die komplizierte Konstruktion ersetzt worden, die heutzutage zu sehen ist – in die Eingangshalle des Hauptgebäudes des Palastes. Diese war durch wuchtige Pfeiler in drei Schiffe geteilt und mit einem Kreuzgewölbe bedeckt. Die Ehrentreppe befand sich im Hintergrund. Ihre Stufen waren aus Eiche; ihre Geländer und die Podeste aus geschnitztem Nußbaumholz. Der große pfeilergeschmückte Saal befand sich in der Mitte des Stockwerks, rechts und links davon der Salon sowie das Eßzimmer, deren Fenster aufs Meer gingen. Auf beiden Seiten reihten sich jeweils symmetrisch zwei Dutzend Zimmer aneinander, die nicht sehr groß, teilweise sogar geradezu winzig waren. Die zeitgenössische Einrichtung ist leider nicht erhalten, sie muß aber außerordentlich luxuriös gewesen sein. Der Seitenflügel, der aus einem einzigen Saal bestand, war mit Porzellan aus dem fernen Orient und Lackarbeiten dekoriert, weswegen man ihn den »japanischen Pavillon« nannte. Die Kirche lag im entgegengesetzten Flügel und enthielt eine bemerkenswerte geschnitzte und vergoldete Ikonostase mit vier Reihen von Ikonen, die von den berühmtesten Künstlern jener Zeit ausgeführt worden waren: von Iwan Sarudnyj, dem die Skulpturen der Kathedrale Sankt-Peter-und-Paul in Petersburg zu verdanken sind, sowie von dem Maler Iwan Wischnjakow. Der Tag der Einweihung der Kirche war, wie wir gesehen haben, der Beginn von Menschikows Ungnade und Machtverlust. Zum letzten Mal betrat Menschikow an diesem Tag seinen Palast. Die erste Periode von Oranienbaum war beendet.

Unter den Architekten, die an diesem Palast mitgearbeitet haben, ist nicht nur Giovanni Fontana zu erwähnen, sondern auch der Deutsche Georg Schädel. Möglicherweise war auch der berühmte preußische Architekt und Bildhauer Andreas Schlüter beteiligt, der 1713 nach Petersburg kam. Es ist schwierig, genau den Anteil eines jeden abzugrenzen. Das Gebäude wurde später durch Semzow und Jeropkin umgebaut. Rastrelli richtete Mitte des 18. Jahrhunderts die Zimmer neu ein. Auf der Palastrückseite, jeweils hinter den die Seitenflügel abschließenden Türmen, errichtete man lange, flache Gebäu-

Chinesischer Palast, das große chinesische Kabinett

Katalnaja Gorka (das ist der Pavillon am sogenannten Rutschberg), die Große Freitreppe.

Große Freitreppe und Eingangsportal

Katalnaja Gorka. Errichtet von Rinaldi zwischen 1762 und 1774; hier von der Parkseite aus gesehen, zu der der Rutschberg hinabführte.

Folgende Doppelseite: Katalnaja Gorka. Der »Rotunde« genannte Mittelsaal wurde von dem Italiener S. Barozzi geschmückt.

deriegel. Antonio Rinaldi arbeitete zwischen 1762 und 1780 in Oranienbaum. Ihm verdanken wir die Treppe vor der Hauptfassade; er war es auch, der den Westflügel, in dem sich die Kirche befand, abreißen ließ und an derselben Stelle ein anderes Gebäude baute, das er dem japanischen Pavillon symmetrisch entwarf.

Das waren, so scheint es, die wichtigsten Umbauten. Sicherlich wurde am Großen Palast von Oranienbaum in der Folge noch mehrere Veränderungen vorgenommen; so sei zum Beispiel erwähnt, daß im 19. Jahrhundert alle Zimmer und Prunksäle von den bekanntesten Architekten – wie Stassow, Stakenschneider oder Bossay – neu eingerichtet und ausgeschmückt wurden. Aber die wichtigsten Charakteristika des Gebäudes blieben erhalten, so daß der Palast vor allem als eine der gelungensten Hervorbringungen des russischen Barock der Epoche Peters des Großen Baugeschichte schreibt. Er dokumentiert eindringlich eben jenen Übergangsstil, der die Architektur des späten russischen Mittelalters in die europäische Bautradition überführte, wobei die Stilimporte vor allem italienischer und deutscher Architekten geschickt integriert wurden. Das bezeugen der Reichtum und die Perfektion der weitläufigen Anlage des Großen Palastes von Oranienbaum, der italienischen Entwürfen entstammt, und die nüchtern-schlichte Fassadengestaltung, wie sie für das nördliche Barock charakteristisch ist.

Peterstadt oder der Traum von Peter III.

Die spätere Geschichte von Oranienbaum hat sich im Süden des Großen Palastes im oberen Park abgespielt. Sowie das Anwesen von Zarin Elisabeth Petrowna ihrem Neffen und Erben Peter Fjodorowitsch übergeben worden war, begann man dort »Spiele« einzurichten, oder, wie man damals sagte, »Zerstreuungen«, die umgehend zur Planung eines weiteren historischen Ensembles führten. Wir kennen schon die Neigung des Großfürsten zu militärischen Spielereien. Um ihn zufriedenzustellen, errichtete man eine Festung mit Erdwällen, die von einem Zaun aus spitzen hölzernen Pfählen und Gräben umgeben war. All das wurde 1746 erbaut und stellte zehn Jahre lang den Thronerben zufrieden. Aber um so intensiver er seine militärischen Spielereien betrieb, desto weniger konnte ihm die Festung noch genügen. Der 1756 nach Petersburg gekommene italienische Architekt Antonio Rinaldi verstand es klug, die Gunst von Peter Fjodorowitsch zu erringen, und wurde zum Architekten des Thronerben ernannt. Seine erste Aufgabe bestand darin, auf im Verhältnis zu der vorherigen Spielwiese völlig realen und ernsthaften Grundlagen eine Festung zu erbauen, die so wirklichkeitsgetreu wie möglich sein sollte. Rinaldi nahm sich diesen Auftrag zu Herzen und baute eine richtige »kleine neue Welt«, raffiniert, ja sogar bezaubernd und vor allem den Architekturmoden Europas folgend.

Die Festung lag in einem Rokokogarten am Ufer des Sees, den man damals das »kleine Meer der Zerstreuungen« nannte. Regelmäßig beschnittene Bäume, Beete und Wäldchen mit geometrischen Umrissen lagen neben pittoresken Wegen, die vielleicht sogar etwas zu pittoresk waren. Im Zentrum schüttete man nach den Regeln des Festungsbaus fünf Erdbastionen auf, die von Gräben mit Zugbrücken umgeben waren. Sie bildeten ein Fünfeck, in dem die unerläßlichen Dienststellen untergebracht waren: die Kasernen der Soldaten, die Offiziersunterkünfte, das Waffendepot und das Pulvermagazin. Ein deutscher Baumeister, Martin Hoffmann, der aus dem von Peter Fjodorowitsch regierten Herzogtum Holstein stammte, leitete den Bau dieser Festung. Da die Soldaten und die Offiziere ihrerseits ebenfalls aus Holstein stammten, ließ man die Festungsanlage mit einer protestantischen Kirche ausstatten.

Rinaldi entwarf nicht nur den Gesamtplan der Anlage; er errichtete auch zwischen 1758 und 1762 die wichtigsten Gebäude der Festung, den Palast und die Ehrentore. Peters III. Palast selbst präsentiert sich als einfaches, zweistöckiges, also auffallend kleines Haus, aber sein rosa und weiß gestrichener kubischer Baukörper ist einer der gelungensten des russischen Rokoko, wenn nicht der gelungenste überhaupt. Sein intimer Charakter erlaubte eine äußerst feine Ausführung der Details. Das niedrige Erdgeschoß, in dem sich die Wirtschaftsräume befinden, wird durch waagerechte Schmucklinien aus Blendstein unterstrichen, nur unterbrochen von den vorspringenden Fenstern. Das Stockwerk darüber dagegen, das immerhin sechs, wenn auch kleine Wohnräume faßt, ist mit Zwillingssäulen ohne Kapitelle geschmückt und mit Fenstern mit prunkvollen, aber leicht wirkenden Verkleidungen. Eine Balustrade krönt das Dach. Über dem Eingang befindet sich ein ziemlich großer Balkon mit einem Gitter aus schmiedeeisernen Arabesken, der von tiefen Nischen mit Marmorbüsten eingerahmt ist.

Durch den Eingang betritt der Besucher zunächst das Vestibül; über die linke Wendeltreppe gelangt man zu den Paradezimmern: das Vorzimmer, das Buffet, den Gemäldesaal (der auch als Speisezimmer diente), das Schlafzimmer und das Boudoir. Die kleinen Säle waren auf außergewöhnliche Weise dekoriert. Nicht nur schmückten Gemälde die Wände und Supraporten und Stuck die Decken, es fand sich vor allem eine Vielfalt von »chinesischen« Dekorationen: von den schwarzen Lacktüren mit ihren kunstvollen Goldauflagen angefangen bis zu den Täfelungen im Sockelbereich des Gemäldesaals, nicht zu vergessen die Stoffmalereien des Schlafzimmers mit ihren chinesischen Landschaften, Häuschen und kleinen Figuren, zu denen in demselben Zimmer goldene Intarsien auf schwarzem Grund in Holz und Wandmalereien hinzukamen. All diese Detailfülle trug der Wohnstätte Peters III. ganz zu recht den Namen »Palast in einer Tabakdose« zu.

Katalnaja Gorka, Kuppel der Rotunde von Barrozzi

Es ist ziemlich seltsam, daß so sehr verschiedene und teilweise sogar verfeindete Menschen wie Peter III. und Katharina in ihrer Jugend so ähnliche Vorlieben in puncto Architektur besaßen. Der Geschmack von Katharina entwickelte sich nach dem Tod Peters III. während all ihrer folgenden Regierungsjahre weiter. Sie pflegte ihre eigenen künstlerischen Vorlieben und suchte ständig nach Abwechslung und Neuheit. Aber in den sechziger Jahren des 18. Jahrhunderts ließ sich die junge Zarin ihren eigenen Palast in Oranienbaum errichten, den dritten in dieser Anlage, in dem sie den Stil und die Ideen des Palastes von Peter III. weiterentwickelte.

Die persönliche »Datscha« Katharinas der Großen

Schon zu der Zeit, in der sie noch nicht die höchste Gewalt innehatte, wollte sich Katharina einen eigenen Palast erbauen lassen, einen Palast, in dem sie sich als Hausherrin hätte fühlen können, befreit von ihrem Mann und seiner erhabenen Tante,

Katalnaja Gorka, Detail des Bodens der Rotunde aus künstlichem Marmor

Katalnaja Gorka, Details des Porzellankabinetts, genannt Kabinett des schmachtenden Liebhabers

der Zarin, eine Wohnstätte, die ihr allein gehören würde, ihr Eigentum wäre. Sie hatte das Glück, diesen Wunsch in den Jahren 1750-1760 realisieren zu können, nachdem sie dem Fürsten Golyzin ein Grundstück abgekauft hatte, das an das Gebiet von Oranienbaum grenzte. Antonio Rinaldi fertigte die Pläne für Park und Palast. Die Anlage – zwischen 1762 und 1774 ausgeführt – gilt als das bedeutendste Rokokoensemble von ganz Rußland.

Besonders die Entwürfe für die Außenanlagen waren gelungen. Rinaldi faßte darin neue »Gartenideen« zusammen, wie sie gerade in Frankreich und Italien aufgekommen waren. Der Architekt war wie Katharina davon überzeugt, die Ideen der englischen Gärten aufzugreifen und die wahre Natur nachzuahmen, aber das war überhaupt nicht der Fall. Der Park vereinte vielmehr die charakteristischen Elemente der Ziergärten in Deutschland zur Zeit des späten Barock und des Rokoko mit den Ideen eines »englisch-chinesischen« Gartens und dessen zwanghaft-dekorativer »Natürlichkeit«, dessen Ursprung tatsächlich aber in Frankreich lag. Die beiden Konzeptionen wurden jedoch nicht etwa gemischt, sondern säuberlich getrennt, die eine im Ostteil, die andere im Westteil. Der riesige sogenannte »Rutschberg« von 532 Metern Länge zerschnitt den Park in zwei Teile.

Rechts des Rutschberges erstreckte sich im Ostteil des Parks eine kunstvolle Ziergartenanlage, die gerade und krumme Linien zeigte: Kreuze, Dreiecke, Rauten, die sich überschneidend einen prachtvollen geometrischen Teppich bildeten. Dessen Muster war stärker unterteilt und parzelliert als die regelmäßigen französischen Gärten und näherte sich den deutschen Parks der Rokokoepoche.

Im westlichen Teil des Parks, also linkerhand des Rutschberges, bildeten die verschlungenen Wege ein nicht weniger pittoreskes und spielerisches Muster. Sie schlängelten sich an Baumgruppen oder dem Ufer eines Teiches entlang.

Antonio Rinaldi erbaute hier den zweiflügligen Chinesischen Palast am Ufer eines kleinen, regelmäßig geformten Teiches im vom Meer am weitesten entfernten Ostteils des Parks. Noch in unserer Zeit ist dieser Palast die Hauptsehenswürdigkeit von Oranienbaum.

Der Park, in dem Katharina ihre Jugend verbrachte, ist nicht erhalten. Er wurde zu Beginn des 19. Jahrhunderts in einen Landschaftsgarten umgewandelt, der vollkommen in die Natur integriert, aber weniger »abwechslungsreich« war. Der Schöpfer dieses Parks war einer der besten englischen Landschaftsgärtner, die in Rußland gearbeitet haben: John Bush, Sohn des Künstlers, der die Parks von Zarskoje Selo und Gatschina entworfen hatte. Doch trotz aller Kunstfertigkeit, die er mit dem Entwurf des Parks von Alexander I. auf der Insel Jelagin in Petersburg bewiesen hatte, konnte John Bush es dem Einfallsreichtum von Rinaldi nicht gleichtun.

Katalnaja Gorka, das Porzellankabinett

Katalnaja Gorka, von einem Teich aus gesehen

Der Chinesische Palast

Er ist das echteste Wunder des achtzehnten Jahrhunderts – so beschrieb der Kunsthistoriker Igor Grabar den Palast vor beinahe hundert Jahren. Sein äußeres Erscheinungsbild ähnelt Schloß Sanssouci von Friedrich dem Großen in Potsdam. Doch seine wirkliche Eleganz liegt im Inneren. Rinaldi hat sich selbst übertroffen; nirgendwo sonst in Rußland wird man so gut erhaltene, einfallsreiche Innenausstattungen finden. Der Architekt legte seine ganze Seele in diese Arbeit für seine junge und liebenswerte Auftraggeberin Katharina, die ihr Rokokoschlößchen selbst »Solitude« (Einsamkeit) nannte. Im Zweiten Weltkrieg blieb es verschont – auch dies ist ein einmaliger Fall in der Umgebung von Petersburg. Drei Jahre lang spielten sich in seiner direkten Umgebung die schlimmsten Kämpfe ab; Katharinas Palast ging unversehrt daraus hervor und vermittelt uns getreu den Zauber des 18. Jahrhunderts.

Der Grundriß des Palastes erinnert an einen fliegenden Vogel. Die Flucht der Prunkappartements erstreckt sich die Nordfassade entlang. Zu beiden Seiten des großen ovalen, mittleren Salons sind je drei kleinere Salons angeordnet. Zwei andere kurze Zimmerfluchten – in den beiden Südflügeln – stehen rechtwinklig zur Hauptachse der Salons. Zwischen ihnen öffnet sich der Haupteingang zum Teich hin. Die verglaste Galerie stammt erst aus der Mitte des 19. Jahrhunderts.

Der Rutschberg Katalnaja Gorka

Die Konstruktion gibt vollkommen die Stimmung am Hofe der jungen Katharina wieder. Der hohe, elegante, blauweiße Pavillon Katalnaja Gorka, umgeben im ersten Stockwerk von einer weißen, offenen Kolonnade und im zweiten Stockwerk von einer Anordnung von Pfeilern, die auch weiß sind, gekrönt von einer seltsamen kleinen Kuppel, stellte den Beginn des Rutschberges dar. Neben dem großen Mittelsaal befand sich mit Stuckmarmor geschmückt eine Wendeltreppe, die zum »Startplatz« führte, und die Galerie, von der aus man beobachten konnte, was sich auf der Rutschbahn abspielte. Die Rampe erstreckte sich vom Pavillon auf einen halben Kilometer, auf der ganzen Länge begleitet von einem Säulengang mit aufgesetzten Aussichtsterassen. Im Sommer benützte man kleine Wägelchen mit vier Rädern, die nur für diesen Zweck von dem russischen Techniker Nartow entworfen worden waren. Sie flogen buchstäblich nach unten, und zwar so schnell, daß manche Leute am Hof Angst hatten, sie zu benützen, was natürlich nur die Freude der jungen Höflinge vergrößerte.

Katalnaja Gorka, Luftbild von Pavillon und Rutschberg

Gatschina

Wir sind in Gatschina, wo zur Zeit der Zar residiert. Von diesem Punkt aus bis nach Sankt Petersburg ist alle hundert Schritte ein Posten aufgestellt, und kleine Zelte aus weißem Leinen, in denen die Soldaten sich von ihrer Wache erholen, vermitteln den Eindrucks eines Lagers ...

Armand Silvestre, *Rußland. Eindrücke, Porträts, Landschaften*, Paris 1892

Der Plan des Parks aus dem Jahr 1798. Um die beiden Seen, den Weißen See und den Silbersee, die durch die Lange Insel getrennt sind, erkennt man von rechts nach links die regelmäßige Anlage der Stadt, die botanischen Gärten mit ihren beiden geometrischen Becken, den Schwarzen See, den Platz des Konnetabels, die holländischen Gärten und den Privatgarten, die Gewächshäuser, das Amphitheater sowie den Park Sylvie.

Gatschina, Luftansicht des Palastes, der 1766 bis 1781 von Antonio Rinaldi für den Günstling von Katharina II., Grigorij Orlow, erbaut wurde.

Ab 1796 wurde Gatschina zunächst von Vincenzo Brenna, in der Mitte des 19. Jahrhunderts von Wladimir Kusmin umgebaut.

Die Herren von Gatschina

Der Ausdruck Gatschina läßt heute noch diejenigen erzittern, die mit der russischen Geschichte vertraut sind. Im 19. Jahrhundert war der Begriff »Befehl von Gatschina« Synonym für eine sinnlose Strenge, eine formelle Disziplin, die bis zur Absurdität, ja bis zum Wahnsinn getrieben wurde. Gatschina ist im Gedächtnis Rußlands mit der kurzen Regierungszeit Pauls I. verknüpft, seinem exzentrischen Auftreten, seiner ungerechtfertigten Grausamkeit, seinem negativen, seltsamen Verhalten, Eigenschaften, die dazu führten, daß Aristokraten und Wachen revoltierten und er schließlich ermordet wurde.

Die Geschichte Gatschinas, das bereits vor Paul I. unter ständig wechselnden Besitzern existierte, scheint voller Vorahnungen zu sein. Peter der Große schenkte das Land 1708 der Großfürstin Natalja Alexejewna, der einzigen seiner zahlreichen Schwestern, die er liebte. Aber Natalja starb 1716 bereits acht Jahre später, woraufhin der Zar Gatschina seinem Leibarzt Robert Arexin schenkte, der auch bald starb. Dann vertraute man das Landschloß einem anderen Höfling an: dem Arzt Johann Blümentrost. Nach dem Tod Peters I. verabschiedete sich seine Nichte Anna Iwanowna – die Tochter seines Bruders Iwan – auf Gatschina feierlich von Rußland, um den Herzog von Kurland zu heiraten. Nachdem sie nach Rußland zurückgekehrt und unter dem Namen Anna I. an die Macht gelangt war, nahm sie offiziell Blümentrost Gatschina wieder ab und gab das Schloß 1734 als Erbteil dem Fürsten Alexander Kurakin, der von 1719 bis 1724 Gesandter Peters I. in Paris war. Die Familie Kurakin behielt den Palast bis 1765. Dann kaufte Katharina II. Gatschina, um die Residenz dem Grafen Grigorij Orlow zu schenken, dem Hauptinitiator des Komplotts, das sie auf den Thron gebracht hatte. Orlow blieb für zehn Jahre als ihr Günstling und Ratgeber in ihrer Nähe. Der Einfluß des Liebhabers darf jedoch nicht überschätzt werden. Katharina verstand es, ihre Liebesneigungen und die Politik je nach Notwendigkeit zu vereinen oder zu trennen. Die Geschichte Gatschinas zeigt, daß die Zarin diejenige war, die entschied, und daß ihre Entscheidungen alles bestimmten, sogar sämtliche vorzunehmenden Umbauten oder Veränderungen des Wohnsitzes. Grigorij und Katharina hatten einen Sohn, dem man den Titel des Grafen Bobrinskij verlieh und der mit Gütern versorgt wurde, den man aber bis zum Tod von Katharina verborgen hielt. Als er den Thron bestieg, erkannte ihn Paul I. als seinen Bruder an.

Grigorij Orlow stand Katharina bis 1772 nahe. Aber sie hörte auf, ihn zu lieben, und entfernte ihn vom Hof. Er starb am 13. April 1784, wie es heißt vor Trauer. Katharina kaufte Gatschina zum zweiten Mal. Sie verschenkte es ein zweites Mal, dieses Mal an ihren Sohn Paul. Dieser hielt genau zu jener Zeit in einem Brief an den Feldmarschall Rumjanzew, der der Zarin eng verbunden und ergeben war, fest: *Nun bin ich dreißig und habe nichts zu tun*, denn seine Mutter gestattete ihm nicht, sich mit Staatsangelegenheiten zu befassen. Es ist schwierig, sich die Gefühle vorzustellen, die das Geschenk bei Paul Petrowitsch hervorrief. Er liebte seinen Vater krankhaft und verehrte sein Gedächtnis. Und ausgerechnet ihm wurde der Besitz geschenkt, in dem Orlow gelebt hatte, den er verdächtigte, an der Ermordung seines Vaters beteiligt gewesen zu sein. Paul lebte dennoch lange in Gatschina, das sogar sein Hauptwohnsitz wurde.

Paul hatte schon als Jüngling – der Überzeugung seines Vaters folgend – sich das Preußen Friedrichs des Großen zum Vorbild erwählt. In Gatschina strebte er nun danach, dieses Ideal zu verwirklichen. Die deutschen Reisenden der Zeit belächelten Pauls Manie. Wenn sie nach Rußland kamen, hatten sie noch die alte preußische Organisation im Gedächtnis. Die Prinzessin von Sachsen-Coburg schrieb in ihr Tagebuch: *Der Großfürst [...] zeichnet sich durch unverständliche Bizarrerien aus, unter anderem durch die Dummheit, alles in seiner Umgebung in der Art des alten Preußen zu organisieren. Gegenwärtig sind auf seinen Gütern schwarz, rot und weiß bemalte Schranken zu sehen wie in Preußen.*

Diese Atmosphäre erdrückte alles in Gatschina. Die Zarin wußte das und wollte Paul vom Thronerbe ausschließen, indem sie ihren Enkel Alexander zum Zaren ausrufen ließ. Dazu mußte sie sich natürlich des rechtmäßigen Thronfolgers entledigen. Paul erwartete stündlich ein ähnliches Schicksal wie sein Vater. Als am 5. November 1796 überraschend Nikolaj Subow, Bruder des letzten Günstlings Katharinas, Platon Subow, in Gatschina eintraf, hatte Paul schreckliche Angst und sagte zu seiner Frau: *Wir sind tot.* Nun, der Graf kam nicht, um den Thronerben festzunehmen, sondern um ihn zu benachrichtigen, daß die Zarin auf dem Sterbebett lag. Paul galoppierte nach Petersburg, und bald erstreckte sich der »Befehl von Gatschina« auf ganz Rußland. Es gab während der Regierung Pauls I. noch eine Glanzzeit von Gatschina, denn das Anwesen wurde der Hauptsitz des Priorats des russischen Malteserordens, als Paul den Titel eines Großmeisters erhielt.

Es bleibt bemerkenswert, daß die meisten Herren von Gatschina ein düsteres Ende fanden. Grigorij Orlow beendete seine Tage in Ungnade. Paul I. wurde ermordet. Der letzte Besitzer war Großfürst Michail Alexandrowitsch, Bruder von Nikolaus II. Nachdem der Zar abgedankt hatte, übergab er das Gut diesem Bruder, der es nie in Besitz nehmen konnte. Er wurde in derselben Nacht erschossen wie Nikolaus II. Gräfin Brassow, die der Großfürst aus Liebe geheiratet hatte, konnte mit ihrem Sohn nach Frankreich fliehen, wo dieser in der Nähe von Paris 1920 im Augenblick seiner Volljährigkeit unter seltsamen Umständen starb. Er wäre der letzte rechtmäßige Erbe Gatschinas gewesen.

Teil der zum Park gerichteten Fassade

Der »Fluch« hat nur die Herren getroffen, nicht den Palast, in dem zahlreiche russische Kunstschätze meisterhaft seine Geschichte beleuchten.

Graf Orlow wollte mit Louis de Girardin, dem Eigentümer von Ermenonville, rivalisieren und schlug Jean-Jacques Rousseau vor, sich in Gatschina niederzulassen. Er schrieb ihm: *Mir ist in den Sinn gekommen, Ihnen zu sagen, daß ich sechzig Werst von Petersburg entfernt ein Gut besitze, wo die Luft gesund ist, das Wasser erstaunlich, die Hügel, die den See umgeben, kleine Winkel bilden, die geeignet sind für Spaziergänge und zum Träumen einladen [...] Deshalb, mein Herr, liegt es, wenn dieser Winkel Ihrem Geschmack entspricht, nur in Ihrem Ermessen, sich dort niederzulassen.* Diese Zeilen zeugen davon, was der Herr von Gatschina war oder vielmehr, was er darin sehen wollte.

Als Katharina 1765 das Grundstück für den Grafen Orlow kaufte, hatte sie möglicherweise das Idealbild eines ländlichen Wohnsitzes für ihren Geliebten im Kopf. Sie wählte das aus, was ihr zu der Zeit das Eleganteste im europäischen Stil zu sein schien, und übergab dem italienischen Archtitekten Antonio Rinaldi den Bau des Schlosses. Die Pläne waren Ende des Jahres 1766 fertig. Die Zeichnungen für die Anlage des Parks atmeten Rokokogeist, aber Katharina interessierte sich mehr für die englischen Landschaftsgärten, vor allem seit der Bruder ihres Günstlings, Wladimir Orlow, soeben aus England zurückkehrend, ihr davon erzählt hatte. Sie beschloß, einen »echten« englischen Gärtner nach Gatschina kommen zu lassen. 1768 kamen die Iren John und Charles Sparrow; ihnen folgte ein Jahr später der Engländer James Heday. Gatschina wurde neben Zarskoje Selo und bis zur Erbauung von Pawlowsk einer der ersten bedeutenden Landschaftsgärten. Noch wichtiger jedoch war zur Zeit der Orlows die Erbauung des Großen Palastes, die unter Paul I. fortgeführt wurde.

Der Palast von Gatschina

Eine Plakette mit der Inschrift: *Am 30. Mai 1766 wurde der Grundstein gelegt, im Jahr 1781 wurde er vollendet*, ist auf der zum Park gerichteten Fassade des Palastes angebracht. Diese fünfzehn Jahre waren für die Entwicklung der russischen Architektur sehr wichtig. Man war auf der Suche nach einer neuen Bauweise. Gatschina ist kennzeichnend für eine Etappe davon.

Rinaldi folgte in seinem strengen und nüchternen Entwurf für den Palast nicht dem üblichen Stil der Werke seines Lehrmeisters Vanvitelli und dessen neapolitanischer Schule. Die Kunsthistoriker Kutschariantz und Raskin begründen diese ungewöhnliche Strenge folgendermaßen: *Es ist vor allem ein*

Palast, der Thronsaal. Ende der 1790er Jahre neu eingerichtet und dekoriert von Vincenzo Brenna. Die beiden Tapisserien, die Asien und Afrika darstellen, sind in Frankreich nach Vorlagen von Desportes hergestellt worden.

Schloßpalast, und mehr noch ein einzigartiges Schloß in der Umgebung von Leningrad. Der Gedanke, einen Schloßpalast tief in einem abgelegenen Wald zu errichten, der nicht nur von der Unruhe der Hauptstadt, sondern auch von dem Leben mit den Festen der Zarenresidenz von Zarskoje Selo entfernt ist, den Rinaldi den Entwürfen für den Palastes zugrundegelegt hatte, wurde von Grigorij Orlow umgesetzt. In der Tat ist der düstere Eindruck des Palastes weit entfernt von den extravaganten Chinoiserien von Oranienbaum oder Zarskoje Selo. Es kursiert die allerdings umstrittene Ansicht, daß Gatschina englische Vorbilder wie die Residenzen der Umgebung von London zugrunde lagen, oder, noch konkreter, daß Rinaldi sich auf einer Reise nach England von Hampton Court habe inspirieren lassen. Gatschina läßt sich in der Tat mit englischen Barockresidenzen vergleichen, z. B. mit Blenheim Palace von John Vanbrugh oder Castle Howard von Nicholas Hawksmoor. Jedoch war es zu jener Zeit keineswegs notwendig, Rußland zu verlassen, um die Ideen des englischen Barock, wie sie in Gatschina umgesetzt wurden, kennenzulernen. Der »Vitruvius Britannicus« war Katharina und ihrer Umgebung bekannt. Darin waren die Pläne der schönsten englischen Barockschlösser veröffentlicht. Der Entwurf für Gatschina beweist lediglich, daß der Architekt sich – theoretisch oder tatsächlich vor Ort – mit den Werken von Vanbrugh und Hawksmoor auseinandergesetzt hat. Der Palast ist wie Blenheim Palace oder Castle Howard aus einem Hauptgebäude und kleinen, halbkreisförmigen Galerien zusammengesetzt, die auf zwei große Wirtschaftsgebäude mit viereckigem Grundriß führen. Türme betonen alle Gebäudeecken. Der Entwurf enthielt drei Höfe: Der bedeutendste davon ist der große Hof vor dem Palast, der von einer Steinumfassung umgeben ist; die beiden anderen sind die Innenhöfe der Wirtschaftsgebäude. Der Palast liegt auf einer Anhöhe, die auf der Nordseite sanft zum See hin abfällt.

Besonderen Wert legte Rinaldi auf die Raumwirkung eines jeden Gebäudeteils. Die Gebäudedekoration ist sparsam und tritt kaum hervor. Der Palast ragt aus der russischen Architekturgeschichte des 18. Jahrhunderts als Rarität hervor, denn seine Außenverkleidung ist gänzlich in Stein gehalten, während die Mehrheit der anderen Gebäude der Gegend um Petersburg aus Backstein erbaut und mit Stuck verziert sind. Diese Steinmasse, die dennoch Harmonie bewahrt, ist eine der Stärken von Gatschina.

Die zum Hof gerichtete Südfassade des Palastes ist 277 Meter lang. Das dreistöckige Hauptgebäude folgt den Stilgesetzen der Romanik: im Erdgeschoß Pilaster im toskanischen Stil, in der Beletage ionische Pilaster; im dritten Stockwerk Pilaster ohne Kapitelle. In seinem konkaven Grundriß stellt sich der Mittelteil des Gebäudes als Herzstück der ganzen Anlage vor: Die horizontalen Linien, die sich auf den Fassaden der Galerien und der Wirtschaftsgebäude fortsetzen, weisen auf die Zusammengehörigkeit des ganzen Komplexes. Die Galerien bestanden zunächst nur aus jeweils einem einstöckigen, offenen, ionischen Säulengang. Der Architekt Vincenzo Brenna, der auch die Galerie von Cameron in Pawlowsk erhöhte, ersetzte den offenen Säulengang durch ein Gebäude mit fest eingebundenen Säulen. Der Anfangsplan sah den großen viereckigen Gebäudekomplex der Küchen und Stallungen auch einstöckig vor. 1796 bei dem Regierungsantritt von Paul I. erhöhte Brenna ihn um ein Stockwerk, dann um ein zweites. Man ist erstaunt zu sehen, wie er es verstanden hat, die Anlage seiner Vorgänger zu verunstalten.

In der Mitte des 19. Jahrhunderts unterwarf der Archititekt Wladimir Kusmin die Wirtschaftsgebäude einer weiteren Umgestaltung, was den Anblick des Palastes grundlegend veränderte. Dagegen blieb die zum Park gerichtete Nordfassade dem ursprünglichen Plan Rinaldis entsprechend unverändert: im Zentrum ein zweistöckiger Vorbau; an den Ecken hohe Türme, genannt »Signalturm« und »Uhrenturm«, weiter zurückliegend gerundete Galerien, hinter denen sich die niedrigen, aber großen Kuben der Wirtschaftsgebäude erstreckten. Die Helligkeit, die Einfachheit, die Kraft des Entwurfs und die Nüchternheit des Stils kündigen einen russischen Neoklassizismus an. Trotz seiner nüchternen Formgebung vermochte Rinaldi hier – ähnlich wie in Oranienbaum – eine er-

Palast, das Speisezimmer aus Marmor von Brenna. Die korinthischen Säulen bestehen aus Carraramarmor.

Palast, Supraporte des Weißen Saals, auf der das Sternzeichen des Krebses dargestellt ist.

staunlich gefällige Architektur zu verwirklichen. Das Hauptgebäude der Anlage enthielt die Repräsentationsräume, die sich bis zu den Galerien erstreckten. Die Wirtschaftsgebäude enthielten dagegen vor allem die Küchen und Ställe. Als Paul I. in den ausgehenden 1790er Jahren zum Zaren gekrönt wurde, wurden die Prunkräume vergrößert und in ein Depot für die Waffensammlungen verwandelt. Außerdem erhielten die Großherzöge, also die Kinder des Zaren, in diesem Gebäude auch ihre Wohnräume. Ein neuerlicher Umbau dieser Zimmer sowie des Theaters nahm Kusmin 1850 vor und bediente sich dabei des herrschenden historisierenden Stils des 19. Jahrhunderts. Zugleich baute er das Küchengebäude in eine Kirche um.

Das Vestibül ist als hoher Saal gestaltet, der mit Kalk getüncht, mit einem Rundbogen versehen und durch Pfeiler rhythmisch unterbrochen ist. Daneben liegen die Privatgemächer des Zaren. Die Ehrentreppe mit den Porphyrstufen führte zum Vorzimmer, in dessen Parkettboden sich prachtvolle Intarsien aus Hölzern verschiedener Art befanden und dessen Decke mit Malereien geschmückt war; beides fiel im Zweiten Weltkrieg Bränden zum Opfer. Da eine Skizze dieser Deckengemälde von Torelli vorliegt, konnte man kürzlich mit ihrer Restauration beginnen. Ein Durchgangszimmer führt in das Speisezimmer, das mit Marmorsäulen in korinthischem Stil geschmückt ist. Eine Marmorbalustrade ziert den Teil des Saales, in dem sich das Büffet befindet; Reliefdarstellungen geflochtener Lorbeerkränze und Allegorien ländlicher Freuden schmücken die Wände: Sie zeigen Musikinstrumente, Früchte des Gartens und Blumenkörbe. Die einzelnen Felder des Relieffrieses zeigen verschiedene Szenen zu Bacchus, dem dieser Saal gewidmet ist; die beiden Deckengemälde stellen »Bacchus und Ariadne« sowie »Apollo und die Musen« dar. Der ganz in Marmor gehaltene Speisesaal ist ein Höhepunkt der Monumentaldekoration. Der Architekt Brenna gestaltete ihn im Jahr 1799, ebenso wie den angrenzenden Raum, den Thronsaal Pauls I.

Dieser Saal war urspünglich das Kabinett des Grafen Orlow. Brenna bewahrte das Parkett, das mit einem ausgesuchten Muster versehen war. Der Thron, über dem ein Baldachin aus rotem Samt und Gold schwebte, beherrschte den Saal. Tapisserien in schweren, goldenen Rahmen schmückten die Wände. Supraporten, Gesims und Decke waren mit reichem, klassischen Dekor geschmückt. An den Thronsaal schließt sich der Purpurrote Saal an, der seinen Namen den französischen Tapisserien verdankt, die in den Jahren 1776-1780 von der königlichen Teppichmanufaktur Frankreichs nach Vorlagen des Malers Charles-Antoine Coypel gewoben worden waren. Zar Paul I. und seine Gemahlin Maria Fjodorowna erhielten sie während ihres Aufenthaltes in Paris als Gastgeschenk des französischen Hofes. Als nächstes folgte das Prunkschlafzimmer mit bemerkenswerten, goldüberzogenen Stuckdetails. Die Wände waren mit himmelblauer, mit Silberfäden durchwirkter Seide bespannt; die Sessel hatte man mit denselben Stoffen bezogen. Die Pfeiler mit den vergoldeten Kapitellen waren mit Arabesken bemalt. Das Bett, das eine vergoldete Balustrade umgab, überwölbte ein von A. Jacob entworfener Balda-

Palast, der Weiße Saal. Ein Teil der Dekoration von Rinaldi ist trotz einschneidender Umbauten am Ende des 19. Jahrhunderts erhalten geblieben.

Palast, Gemäldegalerie

chin. Das Deckengemälde »Psyches Hochzeit« stammte von F. Doyen. Der purpurrote Salon und das Prunkschlafzimmer waren eine Huldigung der Eigentümer an den französischen Geschmack des Ancien Régime. An sie schließen sich die fünf Zimmer der Zarin Maria Fjodorowna an: das ovale Boudoir und das Kabinett – beide befanden sich im Turm –, die Toilette, das Durchgangszimmer und die sogenannte Grüne Ecke, die man, wenn man aus der Seitengalerie kam, die zum Arsenal führte, durchqueren mußte, um in das Hauptgebäude zu gelangen.

Wenn man um den Palast herumging, konnte man auch von außen den Thronsaal Maria Fjodrownas betreten. Er war anstelle des Chinesischen Kabinetts von Orlow, das Rinaldi entworfen hatte, erbaut worden, und man konnte durch ihn in den Weißen Saal, den größten des Palastes, gelangen. Dort findet man die am besten erhaltene Dekoration aus der Entstehungszeit. Das Parkett wurde Ende des 19. Jahrhunderts nach einer Zeichnung, die den ursprünglichen Zustand festgehalten hatte, restauriert. Die Wände sind durch von Rinaldi entworfene korinthische Pfeilerpaare, die jeweils ein schlichtes Gesims verbindet, rhythmisch unterbrochen. Eine Girlande unterstreicht die Umrisse der Decke in einem komplizierten und reich dekorierten Rahmen. Die Wände zwischen den Pilastern sind mit Stuckkränzen und Stuckreliefs geschmückt, die antike Szenen darstellen. An einer Wand wurde über dem Kamin das authentische römische Relief »Das Opfer des Kaisers Vespasian« eingelassen, das vom Interesse Rinaldis und seiner Auftraggeber für die klassische Antike zeugt.

Nach seinem Umbau der Galerien widmete Brenna sich auch deren neuer Innengestaltung. Sein dekorativer Stil, der mit den Traditionen des italienischen Klassizismus verbunden war, wird in Gatschina nicht nur im Gesamtbild, sondern auch in interessanten Details sichtbar. Deren dekorative Fülle sowie die Farbgestaltung entsprachen der Vorstellung, die der Zar sich vom »kaiserlichen Stil« machte: Reminiszenzen an das Barock überhöht durch klassische Formen, die jedoch keine stilistische Rückständigkeit, sondern vielmehr die dem Historismus immanente Originalität bewiesen: seinen dekorativen Charakter und seine Üppigkeit. Mit der Neuerrichtung der Wirtschaftsgebäude folgte der Architekt Kusmin dem historisierenden Geschmack der Mitte des 19. Jahrhunderts. Er errichtete eine lange, gotische Galerie mit fächerförmigen Gewölben, wie sie der englischen Spätgotik eigen waren, eine chinesische Galerie, die – einer Museumskomposition gleich – mit unzähligen Gegenständen aus dem fernen Orient angefüllt war, das Arsenal sowie einen weiteren neuen Saal, der der Aufbewahrung der Waffensammlungen diente, das Theater, das sich an Formen des späten Klassizismus orientierte. Er richtete auch die Gemächer der Zaren Nikolaus I., Alexander II. und Alexander III. ein.

Die Innenausstattung des Palastes ist während des Zweiten Weltkriegs bei einer Feuersbrunst zerstört worden. Man rekonstruierte sie im Hauptgebäude. Viele kostbare Gegenstände konnten gerettet und vor der deutschen Besatzung in Sicherheit gebracht werden, aber eine große Zahl ist unwiderruflich verloren.

Der Park von Gatschina

Der Park von Gatschina verführt durch seine Weitläufigkeit und sein malerisches Aussehen. Er nimmt eine Fläche von ungefähr 700 Hektar ein, die beinahe dem Park von Pawlowsk gleichkommt. In den sechziger Jahren des 18. Jahrhunderts zerschnitten zwei kurvenreiche Flüsse und eine weitläufige Seenplatte – der Weiße See, der Silbersee und der Schwarze See mit reinen und kalten Quellwassern – die dichten Wälder in zwei Teile. Das abwechslungsreiche Spiel von Wasser und Land wird auch durch eine Vielzahl von Inseln betont, die als Farbtupfer aus dem Weißen See herausragen. Gatschina wirkt in der Tat wie ein Relief: Steile, hohe Ufer der Seen wechseln sich mit Erhebungen und Tälern ab. Das ist in den russischen Ebenen und besonders in der Region von Petersburg nicht häufig anzutreffen.

Der Palast liegt auf der Südhälfte des weiten Geländes. Der Weiße See liegt, ein bißchen nach links versetzt, vor dem Palast. Den zum Palast direkt zugehörigen Park hat man um den Weißen See herum anlegen lassen. Das ebenfalls auf der Palastseite liegende Waldgebiet nennt man »Sylvie«, zu Ehren

Der Wassergarten, im Hintergrund der Palast

des römischen Gottes Silvanus, des Beschützers der Wälder. Dahinter liegt ein großes Jagdgehege, die »Menagerie«. An den Ufern des Schwarzen Sees wurde der Klosterpark angelegt, in dessen Mitte der Prior des Malteserordens seinen Wohnsitz hatte.

Ein Drittel der Fläche des Palastparkes ist vom Wasser des Weißen Sees und des Silbersees bedeckt, so daß man ihn beinahe »Wasserpark« nennen könnte. Dem Palast gegenüber befinden sich die große Terrasse mit ihrem wunderbaren Ausblick und der »Pavillon des Adlers«, eine halbkreisförmige Kolonnade toskanischen Stils mit einer tiefen Nische, an deren Rückwand oben ein Adler kauert. Ein Brücken- und Wegenetz verbindet die Inseln zu einer Parklandschaft. Von den Inseln aus erblickt man über den See in der Ferne, nahe des entgegengesetzten Ufers, weitere kleine Inseln. Eine von ihnen heißt nach den auf ihr angepflanzten Bäumen »Epicea« (Rottanne). Eine andere ist der Liebe geweiht, weshalb auf ihr der »Pavillon der Venus« errichtet wurde. Nicht weit davon, in einer Bucht, bilden drei kleine Inseln ein »Wasserlabyrinth«.

Wenn man an dem linker Hand des Palastes liegenden Ufer entlanggeht, erblickt man auf einem Bergvorsprung einen Obelisken, den Antonio Rinaldi um das Jahr 1770 zu Ehren des russischen Seesieges gegen die Türken in der Bucht von Tschesme dort aufstellte. Wenige Schritte von dort verbirgt sich hinter Bäumen und Büschen die Orangerie, die der Architekt Vincenzo Brenna entworfen hat.

Betrachtet man diese verschiedenen im Park von Gatschina verstreuten Gebäude, so werden offensichtlich mehrere Themen ideologisch verknüpft: der heroische Geist mit dem Gedenken an die militärischen Siege, der für alle Gärten des 18. Jahrhunderts charakteristisch ist, die gefühlvolle Stimmung mit »der Reise auf die Liebesinsel« und dem »Venustempel«, die ebenfalls in allen europäischen Parks der Epoche vorkam, dazu das seltenere Thema des heiligen Waldes.

Die Birkenallee verbirgt einen der seltsamsten Pavillons von Gatschina: das Birkenhaus, das ganz aus Holzbohlen besteht. Man stieß in den europäischen Parks häufig auf diese »Holzhäuschen«; auch in Pawlowsk und in Peterhof gab es sie. Aber obwohl viele Gartenbücher der Zeit der Aufklärung ihre Vorzüge rühmen, sind nur wenige Beispiele erhalten. Das Häuschen in Gatschina wirkt wie ein großer Stapel Birkenholz. Die Fensterläden öffnen sich vor großen Fenstern, die den Blick auf ein überraschendes Inneres freigeben; eine hohe Kuppel, in der ein Zephyr zwischen Blumengirlanden fliegt; Spiegelwände, flauschige Ruhebetten und Teppiche auf kostbarem Parkett. Man schreibt den Entwurf, der um 1780 verwirklicht wurde, dem französischen Gärtnermeister Viollet zu, der für Maria Fjodorowna arbeitete. Während des Krieges zerstört, ist das Birkenhäuschen heute wieder aufgebaut.

Im botanischen Garten verläuft ein Kanal, an dessen Ende ein richtiger kleiner Hafen angelegt wurde, in dem einst die Flotte von Gatschina lag. Im 18. Jahrhundert befuhr eine

Das Maskenportal und das Birkenhäuschen im Park von Gatschina, 1794

Die Liebesinsel mit dem »Pavillon der Venus«, 1792

Der »Pavillon des Adlers« auf der Langen Insel im Park von Gatschina

große Zahl von Segelschiffen den See: unter ihnen der »Pazifist«, eine Jacht mit acht Kanonen, und die »Uneinnehmbare«, eine Fregatte mit sechzehn Kanonen. An den Festtagen schossen sie Salven ab. In den neunziger Jahren des 18. Jahrhunderts wurde nahe beim Hafen die Admiralität errichtet, der man wie immer in den russischen Gärten den Namen »die Holländerin« gab, aus Respekt vor der maritimen Bedeutung des Landes, dem Peter der Große so zugetan war.

Der Wald »Sylvie« liegt hinter der Steinmauer mit ihren Toren, die 1792-1793 nach dem Entwurf von Brenna erbaut wurden. Diese Tore sind aus grob behauenem Holz – der Bedeutung des römischen Gottes Silvanus angemessen, dessen Bildnis auf dem Torsturz befestigt ist. Es erinnert vieles an den Teil des Parks von Chantilly, der ebenfalls »Sylvie« genannt wird. Besonders spürbar sind die französischen Traditionen in der regelmäßig-axialen Anlage der Wege. Der klassizistische Architekt Andrejan Sacharow errichtete in den Jahren 1797-1798 einen »Bauernhof« und eine Voliere. Von dort weiter gehend, gelangt man zum Tiergehege, im einem Wald am äußersten Ende des Parks gelegen. Die im 18. Jahrhundert regelmäßig angelegten Alleen zerschneiden ihn in große Vierecke. Erst in der zweiten Hälfte des 19. Jahrhunderts gelangte der Tierpark zu Berühmtheit, als er zum offiziellen Jagdgebiet der Zaren erklärt wurde.

Den Klosterpark legte man seit 1798 in dem Waldgebiet am Schwarzen See im Geist der Landschaftsgärten an, möglicherweise nach dem Plan von Brenna und unter der Kontrolle des englischen Gärtners Hekwatt. Der Prioratspalast ist die Hauptsehenswürdigkeit im Klosterpark. Paul I. hoffte, daß der Fürst von Condé, Prior des Ordens, bei ihm in Gatschina leben werde, da er dessen Gastfreundschaft in Chantilly nicht vergessen konnte, und ließ ihm einen seiner Würde angemessenen Wohnsitz erbauen. Bei der Realisation des Palastes versuchte man sich an einer schier unglaublich erscheinenden neuen Technik, die gerade in Frankreich erfunden worden war: die Bauweise »in gestampfter Erde«, die darin bestand, die gehärtete Erde in spezielle Formen zu schichten und daraus Wände, ja ganze Häuser zu errichten. Einer der glänzendsten Künstler der Aufklärungszeit in Rußland, Nikolaj Lwow, Architekt, Musiker, Dichter und Erfinder, hatte diese Erfindung in Gatschina eingeführt.

Die Ländereien der Gatschina gingen weit über den Park hinaus. Es entstand ein ganzes »Land« darum herum, mit Grenzen, Befestigungsanlagen und allen für die militärischen Anforderungen notwendigen Gebäuden. Die wichtigste, die Festung von Ingeburg, sicherte auf der Straße nach Petersburg die Zufahrten zur Gatschina. Die Vorstadt der Bediensteten war eine richtige Stadt mit Werkstätten und Fabriken, in denen Käse, Leinwand, Tuch und Glas hergestellt wurden. Sacharow erbaute dort ein ganzes »Erziehungsdorf« für Waisen und arme Kinder, für das Paul I. sehr strenge Regeln aufstellte. Sie galten umfassend für alle Einwohner von Gatschina, die sich in den kleinsten Einzelheiten ihrer Arbeit und Lebensweise diesen Regeln unterwerfen mußten.

Den Obelisken aus rosa Marmor, mit dem der Sieg von Alexej Orlow über die Türken im Jahr 1770 gefeiert wurde, hat aller Wahrscheinlichkeit nach Antonio Rinaldi errichtet.

Pawlowsk

Ich versichere Ihnen, daß Italien mich nicht von Pawlowsk entfremdet hat,
sondern daß es mich dazu bringt, es noch zärtlicher zu lieben.

Aus dem Briefwechsel von Maria Feodorowna und Karl Küchelbecker, dem Verwalter von Pawlowsk

Der Park von Pawlowsk. Oberhalb des großen Parks mit den sternförmig angelegten Alleen erkennt man (von rechts nach links) die Stadt mit den schnurgeraden Straßen, die Festung Bip, den Teich von Marienthal, den von Brenna erweiterten Palast, den Tempel der Freundschaft und andere Bauten entlang der Slawjanka. Stich von A. Bugrew aus dem Jahr 1803

Der Palast von Pawlowsk, entworfen und 1782 begonnen von Charles Cameron.

Vincenzo Brenna, der Hofarchitekt Pauls I., übernahm ab 1786 die Bauleitung.

Die Westfassade des Palastes.
Dieser Teil des Palastes wurde nie verändert und gibt den ursprünglichen Entwurf einer Villa im Stil von Palladio wieder, wie er von Cameron gedacht war.

Pawlowsk und seine Eigentümer

Der berühmte englische Landschaftsgärtner John Lowdon teilt den Lesern seiner »Encyclopedia of Gardening« aus dem Jahr 1827 mit, daß *Pawlowsk nicht nur in der Umgebung der russischen Hauptstadt, sondern im ganzen Zarenreich der schönste Garten im englischen Stil* sei. Lowden hätte allerdings keine schlechtere Zeit für die Besichtigung der russischen Gärten wählen können, denn er kam nur wenig vor den napoleonischen Truppen nach Rußland, so daß er die Parks und Gärten während des Krieges von 1812 besuchen und Moskau nach dem Brand in Trümmern liegend besichtigen mußte. Nach den Erinnerungen seiner Frau wäre er auf dem Weg nach St. Petersburg beinahe von den Wölfen gefressen worden. Aber trotz dieser Gefährdungen vermochte der »Gartenschriftsteller« sich eine objektive Haltung in der Einschätzung der von ihm besichtigten Parks zu bewahren, denn Pawlowsk ist tatsächlich der schönste Landschaftspark Rußlands.

Er gefiel Lowdon so sehr, daß er ihn Lancelot Brown zuschrieb, dem Schöpfer der berühmtesten Landschaftsgärten Englands. Lowdon verbreitete die Legende, nach der der russische Hof den berühmten englischen Meister auf die Vermittlung eines seiner Schüler hin gerufen hätte, dem Gärtner des Prinzen Potemkin, eines Günstlings Katharinas II. Dies ist jedoch sicher nur eine Erfindung Lowdons. Dennoch kann nichts den Stil von Pawlowsk besser erklären als diese Legende. Aber wem haben wir dann den Charme von Pawlowsk zu verdanken?

Russen, Engländer, Franzosen und Deutsche haben an dem Entwurf mitgewirkt. Unter den Architekten, die daran arbeiteten, findet sich der Engländer Charles Cameron, der in Zarskoje Selo für Katharina II. arbeitete. Zwei Italiener folgten ihm: Vincenzo Brenna, zunächst Camerons Assistent, bald aber in offener Konkurrenz zu seinem Vorgänger und offensichtlich bemüht, alles was dieser bereits geschaffen hatte zu verändern, sowie Pietro di Gottardo Gonzaga, der im Gegensatz zu Brenna von den Entwürfen des Engländers sehr angetan war und sie daher umzusetzen versuchte. Ende des 18. Jahrhunderts arbeitete Giacomo Quarenghi an der Ausgestaltung von Pawlowsk. Im 19. Jahrhundert sind es Carlo Rossi, Andrej Woronichin und Andrej Stakenschneider, deren Architektur maßgeblich das Petersburger Stadtbild prägte. Diese Namen bilden gemeinsam die Elite der damaligen russischen Architektur. Und doch werden sie von einer Person in

Die Kuppel des Italienischen Saales im Palast von Pawlowsk

den Schatten gestellt, deren Geschmack, Wirken und gestalterische Auswahl den Stil von Pawlowsk begründeten. Es handelt sich um Maria Feodorowna, die Prinzessin von Württemberg und Nichte des Preußenkönigs Friedrichs des Großen, die 1776 den russischen Thronfolger Paul Petrowitsch heiratete, den Sohn Katharinas II. Der Großfürstin wurde von ihrem Ehemann wenig Achtung geschenkt. Später jedoch gab sie, dank der respektvollen Aufmerksamkeit, die sie bei ihren Kindern genoß, den Ton in der Adelsgesellschaft von St. Petersburg an und beeinflußte maßgeblich die »hohe Politik«. So soll sie zum Beispiel die Heiratspläne Napoleons mit Großfürstin Anna, einer der Schwestern Alexanders I., hintertrieben haben.

Maria Feodorowna ist eine fesselnde historische Persönlichkeit. Manchmal allerdings ähnelt sie ein wenig zu sehr jenen äußerst wohlerzogenen Prinzessinnen, die man im 18. Jahrhundert überall an den Höfen der kleinen deutschen Fürstentümern finden konnte. Sie war tugendhaft und treu in ihren ehelichen Pflichten, kümmerte sich um eine sparsame Haushaltsführung, war sehr empfindsam, mochte Spitzenvorhänge, weißes Porzellan mit blauem oder mit goldenem Dekor, kümmerte sich um Arme und Waisen, versuchte den Angehörigen ihrer Familie Freude zu bereiten, sie war beharrlich und der Kunst gegenüber aufgeschlossen.

Der Landsitz wurde zu Ehren ihres Ehemanns Pawlowsk (wörtlich: von Paul) genannt. Wenn seine Charakterzüge sich

Der Italienische Saal. Dieser Saal wurde von Cameron entworfen, von Brenna dekoriert und von Andrej Woronichin nach dem Brand von 1803 wiederhergestellt.

Der Griechische Saal im Palast von Pawlowsk.
Die sechzehn Holzsäulen, die mit künstlichem Marmor verkleidet sind, tragen nur ein Ziergebälk. Sie wurden von Brenna aufgestellt, um dem Saal ein festlicheres Aussehen zu geben.

Saal des Krieges im Palast von Pawlowsk. Vase, Detail

auch hauptsächlich in seiner Lieblingsresidenz Gatschina spiegelt, so ist in Pawlowsk vieles mit seinen ausgeprägten Hobbies verbunden, so etwa die Plätze für »militärische Spiele«. Die Architekten und Gärtner mußten den Vorstellungen und Wünschen Pauls bei ihren Entwürfen jederzeit Rechnung tragen.

Man kann in Pawlowsk vier Bauphasen ausmachen, von denen jede ihre eigenen Charakteristika hatte. Die erste dauerte von der Gründung der Residenz 1777 bis zum tatsächlichen Baubeginn 1782. Die zweite Phase ist mit der Arbeit Camerons von 1782-1787 verbunden. Ende der achtziger Jahre des 18. Jahrhunderts übernahm Brenna die Bauleitung, die er während der ganzen Zeit der Regentschaft Pauls I. innehatte. Die letzte Phase, die Zeit des Witwenstandes Maria Feodorownas bis zu ihrem Tod 1828, bedeutete eine weitere wichtige Etappe für die »Kultur von Pawlowsk«. Der Landsitz erfuhr in der Folge nur wenige bauliche Veränderungen. 1918 wurde Pawlowsk in ein Museum verwandelt; während des Zweiten Weltkriegs wurde der Palast zerstört und in den letzten Jahrzehnten detailgetreu wieder aufgebaut.

Die ersten Jahre von Pawlowsk

Maria Feodorowna erfüllte die Erwartungen der Zarin Katharina zu deren höchster Zufriedenheit. Am 12. Dezember 1777 wurde dem Thronfolgerpaar ein Sohn geboren, Alexander, der erste und bevorzugte Enkel der Herrscherin. In ihrer Freude schenkte Katharina den Eltern über 1000 Hektar Land nahe bei Zarskoje Selo. Glücklicherweise war das Gelände romantischer als in Zarskoje Selo. Das kleine Flüßchen Slawjanka, dessen Ufer von flachen Hügeln gesäumt waren, wand sich idyllisch durch einen dichten Wald aus Lärchen und Nadelbäumen. Die Natur selbst schien diesen Landstrich zur Anlage eines Landschaftsparks vorgesehen zu haben.

Man begann damit, ein Baugelände vorzubereiten, und in kurzer Zeit wurden zwei kleinere Paläste errichtet: der von Maria Feodorowna, den man »Paullust« nannte, und der »Marienthal« genannte ihres Ehemannes. Diese Art von Empfindsamkeit in der Namensgebung ist typisch für die Eheleute, aber man muß darauf hinweisen, daß die beiden Paläste nicht nebeneinander gebaut wurden, sondern über einen Kilometer voneinander entfernt.

Maria Feodorowna widmete sich sofort den Plänen für den Garten, wobei ihr die Realisierung zweier Wünsche vorschwebte: Sie wollte, der aktuellen Mode in der Parkgestaltung folgend, etwas »Neues und Ungewöhnliches« schaffen, dabei aber auch die Erinnerung an die Residenzen ihrer Familie in Deutschland wachhalten. Ihr Ideal, der englisch-chinesische Landschaftsgarten, war gerade bekannt geworden, denn deutsche Besucher hatten die Schlösser in der Umgebung von Paris besichtigt. Zudem kursierten die französischen Veröffentlichungen von Le Rounas, Girardin und Vatlet in ganz Europa. Die typischen Merkmale eines Parks wie in Monceau oder eines Bauernhauses wie dem im Park von Versailles tauchten auch bald in Pawlowsk auf. Es wurden Ruinen angelegt, kleine Brücken, strohgedeckte Häuser, chinesische Pavillons und Wasserfälle. Die Ideen zu diesen Bauten entstammten dem Park der Marie-Antoinette; über die Residenz eines deutschen Kleinfürsten, eines Onkels oder Cousins von Maria Feodorowna, gelangten sie schließlich bis nach St. Petersburg. So kam es, daß in Pawlowsk ein »altes Milchhäuschen«, ein »strohgedecktes Bauernhaus« und eine Windmühle auftauchten.

Die Parkgestaltung nahm solange Formen an, bis die großfürstlichen Besitzer von Pawlowsk am 17. September 1781 ins Ausland abreisten; sie hielten sich in Österreich, Frankreich und Italien auf und kehrten erst vierzehn Monate später, am 20. November 1782, nach Rußland zurück. Obwohl sie inkognito unter dem Namen »Comte und Comtesse du Nord« reisten, wurden sie erkannt und an alle Höfe eingeladen. Die französischen Parks und Schlösser hinterließen einen bleibenden Eindruck: natürlich vor allem Versailles, aber auch Chantilly, das besonders dem Großfürsten gefiel. Nun standen diese Schwärmereien aber ganz im Gegensatz zu dem, was in ihrer Abwesenheit in Pawlowsk geschehen war.

Saal des Krieges

Das Arbeitszimmer der Maria Feodorowna im Palast von Pawlowsk

Charles Cameron war mit der Bauleitung beauftragt worden, vermutlich weil Katharina II. neben Zarskoje Selo einen »authentischen« englischen Landsitz wünschte. Der neue »französische Geschmack« ihres Sohnes geriet bald in Widerspruch zu Camerons Plänen, so daß Cameron Pawlowsk verlassen mußte. Glücklicherweise geschah dies nicht von heute auf morgen, und so hatte der Architekt Zeit, ein wahres Meisterwerk zu schaffen.

Die Außenansicht des Palastes

Der hufeisenförmige Palast von Pawlowsk liegt auf einem Hügel über der Slawjanka, die gestaut wurde, um so einen großen Teich zu schaffen, in dem sich der Palast spiegeln würde. 1781 legte Cameron seinen Entwurf vor, die Grundsteinlegung erfolgte am 25. Mai 1782. Eineinhalb Jahre später war der Palast fertiggestellt, jedoch noch ohne Innenausstattung. So blieb er einige Zeit und wurde dann in der ersten Hälfte des 19. Jahrhunderts mehrmals umgebaut. Dabei änderte sich auch die Außenansicht des Palastes.

Um ein getreues Bild vom ursprünglichen Palast zu erhalten, muß man zum Teich unterhalb des Hügels gehen, von wo aus man die späteren Hinzufügungen nicht sieht.

Der Plan Camerons baut auf die englische Schloßtradition des 18. Jahrhunderts auf. Sein Lehrer, Isaac Ware, stand dem Architekten des Landsitzes von Lord Burlington in Chiswickdale nahe. Cameron hatte dort die von Burlington gesammelten Originalentwürfe Palladios gesehen, hatte die berühmten Landsitze Großbritanniens – darunter wahrscheinlich Kedleston und Sion House – studiert und entwarf nun eine Art Universalmodell eines Landsitzes im Palladio-Stil, das außerdem viele Eigenschaften englischer Landsitze in sich vereinigte. Cameron brachte damit die Entwicklung diese Gebäudetyps zu einem Abschluß. Deshalb nimmt Pawlowsk eine besondere Stellung in der Reihe der Landsitze des europäischen Klassizismus ein.

Der erste Eindruck wird durch die Einteilung der Stockwerke des Bauwerks vermittelt. Das Erdgeschoß und das erste Stockwerk sind gleich hoch, während das dritte Stockwerk nicht ganz hochgezogen ist. Der Haupttrakt scheint höher zu sein als die anderen Gebäudeteile, weil die durchlaufende Bossierung des Erdgeschosses wie ein Sockel für das ganze Bauwerk wirkt. Der Mittelrisalit aus korinthischen Säulen an der Hoffassade ist der Mittelpunkt der Anlage. Einen auffälligen Kontrast erhielt Cameron dadurch, daß er das rechteckige Gebäude mit einer flachen Kuppel bekrönte. Sie ruht auf einem Tambour, der von einem Peristyl mit 64 Säulen umgeben ist.

Der Hauptteil des Gebäudes ist so geblieben, wie ihn Cameron erbaut hatte. Die Säulenumgänge und die Seitenflügel wurden wieder aufgebaut. Nach seiner Thronbesteigung beschloß Paul I., Pawlowsk zur offiziellen Zarenresidenz zu machen. Der italienische Architekt Vincenzo Brenna stockte die halbkreisförmigen Säulenumgänge und den Südflügel um eine Etage auf und verband sie mit der Kirche und dem Um-

Das Prunkschlafzimmer der Maria Feodorowna

Das Ankleidezimmer der Maria Feodorowna

gang. Nach dem Brand des Palastes im Jahr 1803 gestaltete Andrej Woronichin den Nordflügel neu, auf den Carlo Rossi 1822 bis 1824 die Bibliothek aufsetzte, die das Aussehen des rechten Seitenflügels nochmals veränderte.

Die Innenausstattung des Palastes

Charles Cameron hatte keinen Anteil an der Gestaltung der Innenausstattung, aber mit seinem Grundriß entwarf er zumindest auch die innere Raumgliederung des Haupttraktes. Der kreisrunde Saal in dessen Mitte, der sogenannte Italienische Saal, ist in ein Quadrat eingeschrieben und nimmt die ganze Höhe der beiden oberen Stockwerke ein. Rund um diesen Zylinder ist auf jedem Stockwerk eine Reihe von Sälen angelegt, im Rahmen des rechteckigen Raumes, der durch den Grundriß des Palastes festgelegt ist. Die Zimmerfluchten verlaufen im Erdgeschoß und im ersten Stockwerk entlang der Seitenfassaden. Zur Hofseite gibt es ein hohes und ein niedriges Vestibül. Der große Griechische Saal im ersten Stockwerk wendet seine Fenster zum See hin.

Die Innenausstattung aller Räume im ersten Stockwerk oblag Brenna, der sie in zwei Etappen vornahm: zuerst Ende der achtziger Jahre des 18. Jahrhunderts, dann – mit erheblich größerer Prachtentfaltung – zwischen 1797 und 1799 nach der Thronbesteigung Pauls I. Anfang des 19. Jahrhunderts schmückte Giacomo Quarenghi einige Räume aus. Nach dem Brand von 1803 wurde der Palast von Woronichin restauriert, der nach Maria Feodorownas Einschreiten das ursprüngliche Dekor wiederherzustellen hatte. Zwischen 1805 und 1807 konnte Woronichin in einigen Sälen darüber hinaus eigene Gestaltungsideen realisieren, z. B. im neuen Arbeitszimmer der Maria Feodorowna, dem sogenannten Laternenzimmer im Erdgeschoß. Die bedeutendste Innenraumgestaltung erhielt die Bibliothek von Carlo Rossi. Sie wurde 1824 fertiggestellt, vier Jahre vor dem Tod der Herrscherin. Nach ihrem Tod wurde der Palast eine Art Gedenkstätte, und es wurden außer ein paar kleineren Arbeiten von Andrej Stakenschneider keine Veränderungen mehr vorgenommen. Nach den Zerstörungen des Zweiten Weltkriegs leisteten die Restauratoren schier Unglaubliches, so daß der Palast von Pawlowsk heute als der am besten restaurierte in ganz Rußland gelten kann.

Das Vestibül wurde nach den Plänen von Charles Cameron gebaut, der charakteristische Merkmale des Äußeren in die Innenraumgestaltung übertrug. Der Boden ist mit den gleichen Steinplatten bedeckt wie die Eingangstreppe, und die Wände sind mit bossierten Steinen verblendet. Die Medaillons stellen die Tierkreiszeichen dar, die Spiegel der Seitentüren vergrößern optisch den Raum, und die Decke ist ein prächtiges Gewölbe im römischen Stil. Als Andrej Woronichin diesen Raum nach dem Brand wiederherstellte, fügte er außerdem ägyptische Statuen hinzu, die typisch für den Empire Stil waren.

Vom Vestibül gelangt man direkt in das Herzstück des Palastes, den runden Italienischen Saal, der von Cameron entworfen und von Brenna dekoriert worden war, an den Wänden verkleidet mit rosenfarbenem Stuckmarmor, den man in Rußland so wunderbar herzustellen versteht. Den Boden ziert ein großer Marmorstern mit zwölf Strahlen. Türen mit Intarsienarbeiten aus verschiedenen Hölzern gehen in alle vier Himmelsrichtungen ab. Darüber sind echte römische Medaillons in die Wände eingelassen, die ein Fries aus ineinander verschlungenen Löwen und phantasievollen Blumen umläuft. Der herrliche Lüster von Woronichin wirft sein Licht auf die unzählbaren goldenen Ornamente in diesem Saal.

Von hier aus gelangt man direkt in den Griechischen Saal, der von Brenna entworfen, später aber von Woronichin in einem strengeren Stil überarbeitet worden ist. Vor den Wänden sind rings um den Saal korinthische Säulen in dunkelgrünem Marmorimitat aufgestellt, die den antiken Charakter des Raumes noch betonen. Die Wände und der Fries sind in Weiß gehalten. In den Nischen stehen Skulpturen. Die Kassettendecke in Trompe l'oeil ist von schwerem Stuck umrahmt. Auf beiden Seiten des Griechischen Saals befinden sich achteckige Salons, die nach der Thronbesteigung Pauls I. in Empfangssäle umgewandelt und den Themen Krieg und Frieden gewid-

Die Gemäldegalerie, ausgestaltet von Brenna

met wurden. Von diesen beiden Sälen kommt man zu der nach Norden orientierten Suite Paul Petrowitschs und der nach Süden gelegenen der Maria Feodorowna. Die nördliche Suite besteht aus einem Gobelinzimmer, der Bibliothek Pauls I., einem kleinen Arbeitszimmer und einem Ankleidezimmer. Vom Saal des Friedens gelangt man in die Bibliothek Maria Feodorownas. Daran schließen sich das Boudoir, das Prunkschlafzimmer und Ankleidezimmer an.

Alle Räume sind in einem monumentalen, klassizistischen Stil entworfen und sind mit vielen antiken Elementen ausgestaltet. Die Besitzer von Pawlowsk wollten die französischen Vorbilder, die sie auf ihrer Reise kennengelernt hatten, in Gestaltung, Dekor und Mobiliar nachahmen. In Pawlowsk werden auch die Gastgeschenke von Ludwig XVI. und Marie-Antoinette aufbewahrt.

Prunkgemächer wurden auch in den Galerien und Seitenflügeln des ersten Stocks eingerichtet. Der gewaltige, rechteckige Thronsaal wurde derart prächtig ausgestattet, daß er an Piranesi erinnert. An der Decke sieht man ein Architekturgemälde, das nach einer Skizze von Pietro di Gonzaga ausgeführt wurde. Dieser Saal führt zur halbkreisförmigen Gemäldegalerie, von der aus man in den langgestreckten Rittersaal kommt, den man in der zweiten Hälfte des 19. Jahrhunderts durch die Aufstellung vieler Statuen in ein Museum verwandelte. Vom Rittersaal gelangt man in den Chorraum der Kirche. Im Erdgeschoß des Haupttrakts existieren noch einige Räume nach Camerons Entwürfen, nämlich das neue Arbeitszimmer und das gemeinsame Arbeitszimmer, der Billardsaal und der Französische Saal. Zu der Zeit, als Paul Petrowitsch noch Thronfolger war und seine Mutter, Katharina II., seine Ausgaben beschränkte, waren diese Räume zwar bescheidener, aber dadurch zugleich komfortabler eingerichtet worden. Cameron wählte für die Dekoration der Räume vor allem die Farbe Weiß und legte zudem Wert auf Ornamente und andere architektonische Raffinessen. Auf Bitten der Besitzer verwandte Cameron auch viele Stoffe und Tapeten nach der französischen Mode zu jener Zeit.

Planung und Geschichte des Parks

Vor der Ankunft Charles Camerons war der Park von Pawlowsk im englisch-chinesischen Stil gestaltet, in der Art, wie ihn die französischen Autoren von Gartenbüchern der siebziger Jahre des 18. Jahrhunderts verstanden: ein malerischer Park mit vielen ausgefallenen Bauwerken darin. Cameron bemühte sich, ihn in einen klassischen englischen Garten umzugestalten und den genius loci, also die Eigentümlichkeit der Landschaft, hervorzuheben. Es gab damals eine große Varia-

Tür zur Gemäldegalerie, Detail

tionsbreite für diese Art von Gärten. Der Garten von Pawlowsk stellt eine idealisierte Landschaft voller klassizistischer Elemente dar, angefüllt mit antiken Pavillons und Skulpturen.

Nach dem Entwurf Camerons bildete der Palast zunächst den Mittelpunkt der gesamten Anlage. Alle Fluchtlinien sollten in ihm zusammenlaufen. Die Slawjanka umfließt als malerische Hauptachse des in mehrere Teile gegliederten Parks den Palast.

Der Park rund um den Palast

Vom Park ging eine dreigeteilte, schnurgerade Allee aus, mit fünf Reihen beschnittener Linden, die man aus Holland hatte bringen lassen. Die Allee führte auf einen kleinen halbkreisförmigen Platz, der für die Paraden der Garde bestimmt war. Zur Rechten und Linken der Allee wurden jeweils verschiedene Landschaftskompositionen angelegt. Den Palast im Rücken gab es linker Hand ein Wäldchen mit verschlungenen Pfaden, die der steilen Böschung der Slawjanka folgten. Dort lag das »Milchhäuschen« zwischen Hecken verborgen, von dem Maria Feodorowna schrieb: *Es liegt mir sehr am Herzen* und *es ist ähnlich dem Milchhäuschen im Park Seiner Hoheit des Herzogs von Württemberg*. Es war ein kleines, mit Stroh gedecktes Haus, im Innern mit einem Stall für zwei Kühe und einem eleganten Raum, eingerichtet mit weißen, goldverzierten Hockern mit Federkissen, auf denen sitzend man die frische Milch trinken konnte. Zwischen den Hecken hinter dem Milchhäuschen errichtete Cameron 1786 das »Denkmal für Frederica«, die verstorbenen Schwester Maria Feodorownas. An dieser Stelle ließ sie auch eine Skulptur zum Andenken ihrer Eltern aufstellen.

Der »ländlichen Lieblichkeit« und der Melancholie der linken Parkseite waren das Raffinement und die Heiterkeit der rechten Seite gegenübergestellt. Wie in den französischen oder deutschen Rokokogärten ergab die Anlage des Parks ein kompliziertes, ornamentales Gebilde. Cameron stellte an der Ecke der dreigeteilten Allee eine Voliere auf, die in verschiedene, mit einem Netz überspannte Käfige unterteilt war, in denen Papageien, Nachtigallen, Stare und Wachteln gehalten wurden. Einer dieser Käfigabschnitte war voller Blumen, was einen Dichter zu dem Bonmot, es sei ein »Blumen-Boudoir«, inspirierte. In einem anderen dieser Räume stellte man antike Grabsteine auf, die man aus Italien hatte kommen lassen, »wo der Meißel die Tränen unsterblich macht«. Ein Zeitgenosse beschreibt seinen Eindruck so: *Die Melancholie verzehrt die Seele des Ankommenden [...], die Trauer gesellt sich zum ästhetischen Genuß.*

Um eine vollständige Vorstellung von Pawlowsk zu gewinnen, darf man nicht vergessen, daß auf der Allee zwischen dem Milchhäuschen und der Voliere die Garde von Paul I. unter rhythmischem Trommelschlagen vorbeizog, während der Park sich zur gleichen Zeit bemühte, den »Sinn für die Kunst« widerzuspiegeln. Cameron erbaute 1801 hinter dem Palast, oberhalb des Sees, den eleganten ionischen Tempel der Drei Grazien und entwarf einen kleinen, regelmäßigen Garten dazu. Die Statuen der drei Grazien tauchten aus einem Meer weißer Rosen auf. Der Erker von Maria Feodorowna und das »Laternenzimmer« öffneten sich zum Tempel hin. Spiegelt der Park nahe dem Schloß eher den Geschmack der Besitzer, so hatte Cameron weiter entfernt eine gewisse Freiheit, die er in der Gestaltung des Parks im Tal der Slawjanka auch ganz ausnutzte.

Das Tal der Slawjanka

Dreißig Kilometer von ihrer Quelle entfernt gelangt die schmale Slawjanka in ein Gebiet, wo die Ufer steile Böschungen bilden. Der Staudamm, auf den sie dann trifft, markiert den Anfang des Parks von Pawlowsk. Oberhalb des rechten Ufers, am Zusammenfluß mit der Tysa, errichtete Brenna die neogotische Festung Bip.

Die steile Böschung findet hier ihr Ende, und somit ergab sich die Möglichkeit, einen Weg entlang des Flusses anzulegen. Darüber erheben sich die »Schweizer Berge«, einer der ersten von Cameron gestalteten Abschnitte des Parks. Die flachen Hügel wechseln mit kleinen Tälern ab und sind mit Wäldern bestanden. In einem dieser Wäldchen errichtete Cameron auf einem künstlichen Felsen einen klassizistischen Obelisken zur Erinnerung an die Gründung der Residenz. Seine Inschrift lautete: »Die Errichtung von Pawlowsk wurde 1777 begonnen«. Etwas davon entfernt führte eine Steinbrücke

Die Kirche des Palastes, ausgeführt nach Entwürfen Brennas

Der Pavillon der Drei Grazien im Park von Pawlowsk, 1801 nach den Plänen von Cameron erbaut.

mit zwei Bögen zu einer kleinen Insel. Von hier an herrscht das Thema der Antike in der Gestaltung des Tals der Slawjanka vor. Nach der Brücke mündet die Slawjanka in einen See, der vom Palast überragt wird. An den Ufern sind die alten, serpentinenförmigen Wege erhalten. Der kleine »Familienwald«, dessen Bäume zur Erinnerung an eine Geburt, eine Hochzeit oder andere Ereignisse in der Zarenfamilie gepflanzt wurden, steht auf einer Halbinsel. Er sollte an die Heiligen Haine in der Antike erinnern. Inmitten der Bäume war die »Schicksalsurne« aus grünem Jaspis aufgestellt.

Am linken Ufer fiel der Hügel zum See hin ab. Dort wurde die Apollo-Kolonnade erbaut, in deren Mittelpunkt eine Statue des Gottes des Lichts steht. Die Kolonnade stürzte noch während der Bauzeit teilweise ein, und man beließ sie in diesem Zustand, da sie so romantischer erschien. Die Kolonnade gilt als Ausgangspunkt des »Apollo-Kultes«, der Verehrung des Gottes der Dichtung und der Musen, in dem eine harmonische Übereinstimmung mit der Kunst der Antike angestrebt wurde. Es tauchten auch in den anderen Teilen des Parks Statuen auf, z. B. im Alten und im Neuen – »Sylvie« genannten – Wald und im kleinen Privatgärtchen. Diese Parallelsetzung von Apollo und Paul I. erinnert an Darstellungen von Katharina II. als Minerva.

Jenseits des Sees wird das Tal der Slawjanka wieder enger. Die Kentauren-Brücke von Woronichin verbindet ihre Ufer miteinander. Nachdem man eine weitere Insel – den sogenannten »grünen Korridor« – durchschritten, Brücken und ei-

Die Drei Grazien, ein Werk des Bildhauers P. Triscorni nach dem Vorbild einer antiken Skulptur, die im Louvre aufbewahrt wird.

Die Kentauren-Brücke im Park von Pawlowsk

Apollo-Kolonnade, erbaut zwischen 1780 und 1783, mit einer Kopie des Apollo von Belvedere, der in der Antikensammlung der Vatikanischen Museen aufbewahrt wird.

nen Damm überquert hat und an einem Wasserfall vorbeigekommen ist, gelangt man in ein kleines Tal, in dem Cameron den Tempel der Freundschaft errichtet hatte. Dessen Anlage zeigt Camerons Begabung, die Besonderheiten der Umgebung miteinzubeziehen. Seine Wahl, den Tempel der Freundschaft dort zu errichten, wo die Slawjanka in noch gewundeneren Mäandern fließt, richtet die Aufmerksamkeit auf die Schönheit des Flußlaufes. Der Pavillon liegt am tiefsten Punkt des Tales und taucht wie aus einem verzauberten Wäldchen auf, dessen Bäume, dunkle Hecken und Pappeln mit ihren rauschenden Blättern eine Art flaches Relief zu sein scheinen und deren Wipfel vor dem Hintergrund des Himmels den oberen Abschluß der Komposition bilden.

Diese Art der gartenarchitektonischen Gestaltgebung mit Tempelrotunden ist keineswegs neu für das 18. Jahrhundert. Der Prototyp dafür ist möglicherweise der von William Chambers erbaute Pan-Tempel in Stowe. Der Tempel von Pawlowsk erinnert jedoch eher an den Apollo-Tempel in Delphi. Ursprünglich sollte er Tempel der Dankbarkeit heißen, zur Erinnerung an Katharina II., die ihrem Sohn und seiner Frau das Land so großzügig geschenkt hatte. Aber im Sommer 1780, nach der Ankunft Joseph II., seines Zeichens Kaiser des Heiligen Römischen Reiches Deutscher Nation – der jedoch unter dem Namen Graf Falkenstein reiste –, taufte man ihn Tempel der Freundschaft. Der Kaiser schrieb: *Nach dem Mittagessen im Landsitz des Großfürsten, oder genauer gesagt der Großfürstin, nötigten sie mich, der Grundsteinlegung für den Tempel der Freundschaft beizuwohnen, was ich nicht ablehnen konnte. Dies alles war von vielen Liebenswürdigkeiten und Beteuerungen der ewigen Freundschaft begleitet.*

In der Architektur Camerons spielten Antiken-Zitate eine entscheidende Rolle; in Pawlowsk sind sie besonders wichtig. So hatte die Brücke, die zum anderen Ufer der Slawjanka führt, zunächst die sinnbildliche Form einer »fliegenden« Fähre – so wird sie zumindest in zeitgenössischen Quellen genannt. Die zum Tempel der Freundschaft zugehörige Küche erhielt das Aussehen eines strohgedeckten Hauses aus roh bearbeiteten Brettern und Ästen.

Außer dem Tempel der Freundschaft hatte Cameron für den Park kein weiteres bedeutendes Bauwerk entworfen. Indem er einige der vorhandenen Landschaftselemente aufnahm, betonte er in seiner Gartenarchitektur der achtziger Jahre des 18. Jahrhunderts jedoch die Wildheit dieses Teils des Parks von Pawlowsk. Anfang des 19. Jahrhunderts konnte er noch vorschlagen, auch flußabwärts einige Bauwerke zu errichten, was er im sogenannten Roten Tal mit künstlichen Ruinen, ähnlich denen im englischen Park von Stowe, und einem ganz und gar märchenhaften Bauwerk realisierte.

Nach Camerons Abberufung setzte Vincenzo Brenna die Verschönerung von Pawlowsk fort und legte um 1800 die regelmäßigen Teile des Parks an, die Großen Kreise und die Große Freitreppe, die in das Tal mit dem Tempel der Freundschaft führt. Er entwarf zwei stark gegliederte Bereiche, den Alten und den Neuen Wald (»Sylvie«), wo viele Statuen auf-

Das Kalte Bad im Park von Pawlowsk. Der Pavillon wurde 1799 in Form einer Rotunde, der eine Eingangshalle mit Giebel vorgelagert ist, erbaut. Im Jahr darauf wurde ein Springbrunnen in Form einer Kugel aus Bronze im Innenraum angelegt.

gestellt wurden. Selbst das Tal der Slawjanka wurde verändert. Brenna hatte die Festung Bip gebaut. Am anderen Ende des Tals erbaute er den sogenannten Pil oder Sägemühlenturm, ein Amphitheater und erhöhte zudem den Wasserfall. V. Taleporowskij bemerkt zu Recht: *Brenna sieht den Park mit ganz anderen Augen als Cameron und lehnt Sanftheit und Empfindsamkeit ab. [...] Vor dem Amphitheater unterteilt er das Ufer der Slawjanka mit Bauwerken.* Diese Veränderungen wurden während der Herrschaft von Paul I. ausgeführt.

Nach dem Tod Pauls I. änderte der Park wieder sein Aussehen. Der französische Architekt Thomas de Thomon baute zwischen 1805 und 1808 ein Mausoleum in Form eines römischen Tempels, das »dem wohltätigen Ehemann« gewidmet ist und eines der ersten Bauwerke im Empire-Stil in Rußland war. Dieser Stil fand dann über Pawlowsk hinaus Verbreitung. Neue Bauwerke tauchten im Park auf. Das bemerkenswerteste, der Rosen-Pavillon, wurde 1807 von Woronichin erbaut, neben dem Paradeplatz, auf dem es schon längst keine Paraden mehr gab. Der Pavillon wurde 1814 bei der Rückkehr des Sohnes von Maria Feodorowna, Zar Alexander I., vergrößert und ausgestaltet. Um den Pavillon wurde ein Rosengarten angelegt, und ein malerischer, von Gonzaga außergewöhnlich komponierter Park breitete sich über mehrere Kilometer aus, ganz mit Birken bestanden.

Pietro di Gottardo Gonzaga, von italienischer Herkunft, war ein bedeutender Theaterschaffender, der besonders im Veneto bekannt war. Er kam Anfang der neunziger Jahre des 18. Jahrhunderts nach Rußland, und seine Dekorationen waren in Moskau und St. Petersburg außerordentlich beliebt. Er organisierte Feste in Pawlowsk, und die Decken und Wände wurden nach seinen Entwürfen bemalt. Gonzaga erwies sich auch als bedeutender Gartenbauarchitekt. Ihm gelang es, die Dramaturgie des Theaters auf die Landschaftsgestaltung von Pawlowsk zu übertragen. Er fing damit an, einige Teiche im nördlichen Teil des Parks anzulegen, und kümmerte sich dann um den abgelegeneren Teil der Slawjanka, das sogenannte Rote Tal. Aber vor allem der 250 Hektar große Birkenwald brachte Gonzaga unsterblichen Ruhm in der Geschichte der russischen Parks ein. Nie hatte ein Architekt für ein derart großes Gelände Pläne entworfen. Gonzaga ging so vor, als ob er in die Natur eine Landschaft aus Feldern, Wäldchen, Waldsäumen, Lichtungen, Schneisen und Wegen einzeichnete. 25 Jahre – von 1803 bis zum Tod Maria Feodorownas 1828 – fällte, pflanzte und beschnitt er seine Bäume mit einer außerordentlichen Beharrlichkeit und Leidenschaft. Der Birkenwald war zu jeder Jahreszeit schön anzusehen, aber er war eigentlich für den Herbst konzipiert. Die Bäume waren so aufeinander abgestimmt, daß die goldfarbenen Blätter der Birken sich von den weißen Stämmen abhoben und zusammen mit dem Dunkelgrün der Tannen und dem Rot der Ahornbäume ein phantastisches Gemälde mit einzigartigen Farben bildeten. Gonzaga schrieb: *In der Form und den Farben der Bäume drücken sich große Unterschiede aus; es gibt fröhliche, elegante, traurige und stolze Bäume.*

Alltag und Feste in Pawlowsk

Die Briefe, die die Großfürstin und der tüchtige Verwalter von Pawlowsk, Karl Küchelbecker, wechselten, geben die damalige Atmosphäre getreu wieder: *...die Obstbäume blühen, die Narzissen und Hyazinthen sind teilweise schon verblüht, und die Beete [...], in die der Gärtner schon wunderschöne Blumen und knospende Rosen pflanzt, zwingen mich jedes Mal, wenn ich sie sehe, daran zu denken, daß Ihre Hoheit sie nicht sehen kann. Die Schönheiten, die das italienische Klima hervorbringt und die Ihre Hoheit zur Zeit bewundern kann, werden Sie aber gegenüber diesen Pflanzen hier nicht gleichgültig machen, die mit so vielen Schwierigkeiten zu kämpfen haben [nämlich mit dem russischen Klima], so wie die Überreste der Antike Sie nicht des Wohlwollens gegenüber den Bauten in Ihrem Park berauben werden, die hier so kunstvoll wie im Alten Rom und im Alten Griechenland errichtet werden*, schrieb der Verwalter an Maria Feodorowna, als sie auf ihrer Reise durch Europa war.

Sie antwortete ihm: *Ich versichere Ihnen, daß Italien mich nicht von Pawlowsk entfremdet hat, sondern daß es mich im Gegenteil dazu bringt, es noch zärtlicher zu lieben [...] Mein kleines vertrautes Heim, die Kolonnade und der Tempel von Pawlowsk erfreuen mich mehr als alle Schönheiten von Italien ...*

Im Jahr 1798 gab es ein ungewöhnliches Fest in Pawlowsk: das »Fest der Scheiterhaufen«, das von den Rittern des Malteserordens nach einem mittelalterlichen Brauch veranstaltet wurde und das als Absage an alle irdischen Genüsse zu verstehen war. Man verbrannte symbolisch alle irdische Dinge auf einem »Opferaltar«, wie man die aufgeschichteten Scheiterhaufen nannte. Paul I. war zum Großmeisters des Ordens gewählt worden. Seit der Ansiedlung der Ordensvertreter in St. Petersburg trugen Porträts die Malteserzeichen, hielten ihr Zeremoniell und schließlich ihre Feste Einzug.

Seit dem Morgen des 23. Juni 1798 waren die Garderegimenter in Pawlowsk. Die Malteserritter kamen am Palast an.

Der Park mit dem Tempel der Freundschaft

Der Park mit dem Tempel der Freundschaft. Von 1780 bis 1783 nach den Plänen Charles Camerons erbaut. Um den Rundbau laufen sechzehn kannelierte, dorischen Säulen. Die Metopen im Fries zeigen Delphine, Symbole der Freundschaft und Kränze aus Weinlaub.

Dann *brachte man einige Ladungen Holz, trockene Zweige und Tannenzweige und schichtete neun Scheiterhaufen auf.* Die Garderegimenter stellten sich an drei Seiten rund um die Scheiterhaufen auf und ließen dabei die Seite zum Palast hin offen. Gegen acht Uhr abends zog die Prozession aus dem Schloß heraus, unter ihnen war auch Paul I. Die Ritter trugen Fackeln und gingen *langsam und feierlich zu zweit [...] mit Federhut, rotem Gewand und schwarzem Mantel [...] die Ritter schritten dreimal um die neun Scheiterhaufen herum.* Dann wurden die Scheiterhaufen angezündet. *Da stiegen schwarze Rauchwolken aus den Tannenzweigen auf. Als sie sich aufgelöst hatten, brannte das Feuer lichterloh.*

Nach dem Tod von Paul I. wurden solche Zeremonien nicht mehr veranstaltet. Der Rosenpavillon wurde als Festsaal benutzt. Die Feste von Pawlowsk waren ständiger Gesprächsstoff in den Petersburger Salons des zweiten Jahrzehnts des 19. Jahrhunderts. Woronichin und Gonzaga beteiligten sich an der Gestaltung der Aufführungen im Rosenpavillon, an denen die besten Künstler der Zeit mitwirkten. Man feierte dort die Rückkehr Alexanders I. Die Dekorationen von Gonzaga stellten eine ländliche Gegend dar mit russischen Volksmilizen, die in den Krieg zogen, mit Familien, die auf sie warteten und die Heimkehr aus dem Krieg. Das war der Inhalt des Stücks. Der Künstler entwarf eine Landschaft von außerordentlicher Schönheit. Die Dekorationen blieben noch eine Zeit lang an Ort und Stelle und lösten immer wieder Erstaunen aus: *Ich ging durch den Rosenpavillon und sah dort ein wunderschönes Dorf mit einer Kirche, dem Haus des Gutsherrn und einer Dorfherberge. Ich sah Bauernhäuser, eine kleines Haus mit Türmchen, die durch Hecken und Zäune voneinander abgetrennt waren und hinter denen Blumenbeete und kleine Gärtchen angelegt waren. [...] Dann veränderte sich die Szenerie langsam vor meinen Augen. Es schien, als ob sich über alle Dinge ein feiner Schleier breitete und sie den Blicken entzöge. Je näher ich herankam, desto mehr verloren sie von ihrem Zauber [...], dann noch einige Schritte näher herangekommen, erkannte ich die aufgespannte Leinwand, auf die Gonzaga das Dorf gemalt hatte; ich trat mehrmals einige Meter zurück, und das Schauspiel begann wieder von Neuem ...*

Schon wenige Jahre später wurden dann keine prächtigen Feste mehr gefeiert. Pawlowsk war Geschichte geworden, gehörte der Vergangenheit an. Die Anlage wurde zum steinernen »Zeugen« einer untergehenden Epoche, eine weitläufige und prachtvolle Residenz, in der aber inzwischen eine schlichte Lebensart vorherrschte. *Bei schlechtem Wetter bleibt man im Palast, man vertreibt sich die Zeit mit Lesen und Gesellschaftsspielen, und die Langeweile, sonst ein ständiger Gast in den Salons, wagt es nicht hereinzukommen. Dann wird auch etwas für die Armen getan. Um zehn Uhr abends wird das Abendessen serviert, und danach löst sich die Gesellschaft auf ... Für die Salons ist es noch sehr früh am Abend, und es herrscht noch viel Lärm, hier ist es jedoch schon spät und alles ist ruhig ...*

Der Park mit dem Birkenwald

Der Park: im Vordergrund der Pil Turm, der gewundene Lauf der Slawjanka, dann der Tempel der Freundschaft und im Hintergrund der Palast.

Die Festung Bip im Park von Pawlowsk, von 1795 bis 1798 von Vincenzo Brenna erbaut.

Peterhof

Peterhof ist die Residenz der kaiserlichen Familie. Von der Anhöhe an der Bucht aus, wo sie Peterhof erbauten, sieht man die russische Flotte vor Kronstadt liegen; denn hier wie überall kann man keinen Schritt tun, ohne auf den Namen Peters des Großen zu stoßen.

Victor d'Arlincourt, *Der Pilger. Der Polarstern*, Paris 1843

Plan von Peterhof, aus der Vogelperspektive, von P. A. de Saint-Hilaire, 1773. Der von B. Rastrelli ab 1745 erweiterte Palast erstreckt sich zwischen dem Oberen Garten mit seinen langen Alleen und dem Unteren Park, in dem man die Große Kaskade, den Samson-Brunnen und den Anfang des Kanals, der ins Meer mündet, den großen Italienischen und den Französischen Brunnen erkennen kann.

Schloß Peterhof. Blick vom Oberen Park auf die Südfassade

Oberer Park des Schlosses von Peterhof, dessen Anlage 1714 nach einem Entwurf Peters I. begonnen und unter der Mitwirkung von J.-B. Leblond bis 1719, dann von J. Braunstein 1724 beendet wurde. Drei Springbrunnen betonen die Mittelachse des Palastes, der Springbrunnen ohne Namen, der Neptunbrunnen und der Eichenbrunnen.

Oberer Park des Schlosses von Peterhof. Skulpturen um den Eichenbrunnen

»Wappen«-Pavillon, 1750 fertiggestellt

Peterhof und seine Geschichte

Beim Anblick von Peterhof wird man unwillkürlich an die Zeit Peters des Großen erinnert [...] und wenn man mit Peter dem Großen die Gründung von Peterhof verbindet, so verdankt es seinen Glanz unzweifelhaft dem verstorbenen Vater Eurer Majestät, Zar Nikolaus Petrowitsch, schrieb A. Gueirot, der Verfasser eines detaillierten Führers durch Peterhof, und wandte sich mit diesen Worten 1868 nunmehr an Alexander II.

Seit Ende des 16. Jahrhunderts gab es eine Straße entlang des Finnischen Meerbusens, wo das Wasser nicht sehr tief war. Die Straße, die nur von den wenigen Bewohnern des dünn besiedelten Landstrichs benutzt wurde, führte durch einen kümmerlichen Wald. Sie existierte wahrscheinlich schon, als die Stadtrepublik Nowgorod sich im Mittelalter das Gebiet einverleibt hatte, das später dem Moskauer Fürstentum angegliedert und Anfang des 17. Jahrhunderts von den Schweden erobert wurde. Weder Russen noch Schweden haben hier irgend etwas Nennenswertes erbaut.

Überliefert ist, daß Peterhof an dieser Stelle erbaut wurde, weil Peter der Große zu der Zeit, als die Seefestung auf der Insel Kotlin gebaut wurde, am Ufer entlanggeritten war, bis er an die Stelle des heutigen Peterhof kam, von wo aus er bequem zur Insel übersetzen konnte. Dort entstand die Idee für die Residenz von Peterhof.

Das Schloß wird erstmals 1709 erwähnt. Der Zar ordnete an, an diesem Ort ein Lustschloß aus Stein zu errichten. Das erste kleinere Gebäude wurde 1710-1711 erbaut. Die Residenz wurde, wie alle Bauwerke an der Ostsee, die nach der schwedischen Niederlage 1709 entstanden, in Rekordzeit errichtet. Die Arbeiten betreute J. Braunstein, ein Schüler A. Schlüters, des berühmten preußischen Architekten zu Beginn des 18. Jahrhunderts.

1716 kam Jean-Baptist Leblond aus Paris, um in Peterhof zu arbeiten, und er brachte die Tradition der »symmetrischen Bauweise« aus Frankreich mit. Unglücklicherweise starb er schon 1719. Er hat Bedeutendes in Peterhof bewirkt. Seine Pläne ermöglichten es, den Wünschen des Zaren nachzukommen und einen »Wassergarten« zu errichten: einen Garten, in dem das Wasser die »Hauptrolle« spielte und aus unzähligen Springbrunnen aufstieg, in Kaskaden herunterrieselte, in Kanälen dahinfloß und sich von den Hügeln des Oberen Parks durch den Unteren Park ins Meer ergoß. Im Krongut von Ropscha, nur 20 Kilometer von Peterhof entfernt, gab es ergiebige Quellen, die beste Voraussetzung, um diese Pläne zu verwirklichen. Also wurde von Ropscha aus in Richtung der Residenz ein Kanal angelegt, der die Gärten mit Wasser versorgte.

Nach dem Tode Leblonds führte der italienische Architekt Nicco Michetti die Arbeiten fort. Er koordinierte die Tätigkeit der deutschen, französischen und italienischen Spezialisten, die in der Tradition ihrer Heimatländer standen. Anfang des 18. Jahrhunderts wurden auch holländische Gärtner in die Gestaltung der Parks einbezogen. Dieser Kosmopolitismus war kein Zufall, sondern zeigte, daß es keine Nachahmung des einen oder anderen Vorbilds gab. Im Gegenteil, Peterhof beweist, daß die russische Architektur wichtige Anregungen aus allen europäischen Ländern aufnahm und zu einer Synthese verarbeitete.

Das Bauwerk beeindruckte viele Zeitgenossen, wie es die Tagebucheintragungen von Bergholtz, der Anfang des 18. Jahrhunderts Peterhof besuchte, belegen. Er nahm an einem Fest teil, das der Zar am 13. August 1723 aus einem »angenehmen und sentimentalen« Anlaß gab. In Petersburg hatte das berühmte Schiff angelegt, das Peter I. in seiner Jugend mitgebaut hatte, um eigene Erfahrungen für den Bau der russischen Flotte zu sammeln. *Gegen halb zwei erreichten wir Peterhof. Sogleich nach unserer Ankunft gelangten wir auf einen prachtvollen großen Kanal, der unmittelbar vor dem Schloß verläuft. Der Kanal ist etwa einen halben Werst lang (etwa 500 m, d. Übers.) und so breit, daß er drei Reihen von Segelschiffen nebeneinander aufnehmen*

Schloß Peterhof, Deckengemälde im repräsentativen Treppenaufgang. Gemalt von S. Torelli

Schloß Peterhof, Ehrentreppe. Entwurf von B. Rastrelli

Schloß Peterhof, Thronsaal. Von der ursprünglichen Innenausstattung durch B. Rastrelli ist nur der Raum und das Parkett erhalten. Die heutige Ausgestaltung stammt von J. Veldten aus den Jahren 1777 bis 1779.

Schloß Peterhof, ehemaliger Audienzsaal, der sogenannte »Goldene Saal«. Ausstattung von B. Rastrelli

kann. Der Zar selber führte die Flottille an [...] Alle Boote, ungefähr 115 an der Zahl, ordneten sich zu beiden Seiten des Kanals an. Als alle angelegt hatten, begann der Zar, die hohen Gäste überall herumzuführen, die einen im Garten, die anderen in den Häusern; die übersprudelnden Springbrunnen waren ganz besonders schön [...]

Bei anderer Gelegenheit brachte Bergholtz einige Freunde aus Holstein nach Peterhof mit, und sie unternahmen allein Spaziergänge durch den Park. *Der Untere Park, durch den ein gemauerter Kanal dem Hauptgebäude genau gegenüber führt, ist voller Blumenbeete und Springbrunnen [...]; um den Garten herum laufen schöne und heitere Alleen, die durch kleine Wäldchen führen. Zwei der schönsten, zu beiden Seiten des Gartens angelegt, führen [...] zu zwei Lustschlößchen, die jeweils gleich weit entfernt vom Schloß liegen. Das zur Rechten heißt Monplaisir; im dazugehörigen Park, der auch von Bäumen umgeben ist, gibt es viele schöne Sträucher, Alleen und Blumenbeete, einen Teich, in dem Schwäne und andere Wasservögel schwimmen, ein eigenes Haus für die kleinen Vögel und andere nicht weniger reizvolle Dinge.*

Nach dem Tod Peters I. besuchte seine Witwe Katharina I. weiterhin Peterhof und gab dort zahlreiche Feste.

Auch die Zarin Anna Iwanowa liebte Peterhof. Sie verbrachte dort den größten Teil des Sommers. Unter ihrer Regentschaft wurden selten große Feste gefeiert, denn die Zarin war lieber in kleiner Gesellschaft und bevorzugte einen eigenen »Stab« aus Hofnarren und Zwergen zu ihrer Zerstreuung. Sie ritt gern durch die Parkalleen, vor allem in Begleitung ihres Günstlings Biron, des Herzogs von Kurland, der ein ausgezeichneter Reiter war. Während ihrer Herrschaft wurden auch kaiserliche Jagden veranstaltet. Östlich des Parks legte man ein von Mauern umschlossenes Tiergehege von mehr als 10 Quadratkilometern Größe an. Auf einer Terrasse in Meeresnähe wurde ein Tempel erbaut, zu dem die Hirsche gelockt wurden, damit die Zarin sie erlegen konnte. Im Wald wurden außerdem Auerhahnjagden veranstaltet. Für besondere Anlässe waren exotische Tiere reserviert, darunter sogar Tiger und Büffel.

Die kaiserliche Jagd war ein ganz besonderes Ereignis, das über ein Jahrhundert, bis in die Mitte des 19. Jahrhunderts, regelmäßig stattfand. Schließlich wurden im Park auch Manöver der Garderegimenter durchgeführt. Man baute eine Festung aus Lehmziegeln und demonstrierte der Zarin, »wie man eine feindliche Stadt angreift und wie sie sich zu verteidigen hat«. Die militärischen Übungen fanden somit Eingang in die Traditionen von Peterhof.

Elisabeth I. gab Peterhof einen neuen Glanz. Die Anweisung an die Architekten, »soviel Gold als möglich« für die Salons zu verwenden, ist einmal charakteristisch für ihren persönlichen Geschmack und demonstriert zum anderen ihren Hang zur Verschwendung. Bei den Springbrunnen bemängelte sie, daß die Fontänen zu niedrig seien. Sie ließ deshalb das kunstvolle Wasserleitungssystem, daß die Gärten von Peterhof durchzog, umbauen. Wasser-

Schloß Peterhof, ehemaliger Audienzsaal. Detail

rohre aus Gußeisen ersetzten die alten Holzleitungen. Elisabeth I. verlangte, daß die Fontänen »in die Höhe schießen« sollten und daß das Gold alles überstrahlte.

Im übrigen bewegte sich der Lebensstil der Zarin in Peterhof zwischen dem unmäßigen Verlangen nach Festen und dem Wunsch nach einem ganz normalen Tagesablauf. Während des Siebenjährigen Krieges brachte man die in der Schlacht erbeuteten preußischen Fahnen nach Peterhof. Vor den angetretenen Garden wurden feierlich die Siegesmeldungen verlesen und die feindlichen Standarten durch den Schmutz geschleift, bevor man sie in das Schloß verbrachte.

Peterhof sah aber auch eine andere Kaiserin. Selbst der Triumphe überdrüssig, bereitete sie in der »holländischen Küche«, die für sie neben dem kleinen Palast Monplaisir errichtet worden war, eigenhändig die Speisen zu.

Die Zarin war sehr gläubig und besuchte häufig den Gottesdienst. Während ihrer Herrschaft wurde direkt neben dem Schloß eine Kirche, die dem hl. Peter und Paul geweiht war, erbaut, die wie ein Seitenflügel des Schlosses wirkte.

Aber auch das schien ihr noch nicht zu genügen, denn sie ließ außerdem eine Dorfkapelle neben dem Monplaisir erbauen. Auch ein Theater durfte nicht fehlen.

Doch das bedeutendste Werk schuf zwischen 1745 und 1755 der »Chefarchitekt« Elisabeths I., Graf Rastrelli, der Peterhof zu einer der bemerkenswertesten Barockanlagen Rußlands umgestaltete.

Katharina II. kam nicht oft nach Peterhof, da sie es nicht mochte. Sie wollte eine eigene Residenz, die sich von den Bauten Peters des Großen und Elisabeth I. unterschied, deshalb ließ sie westlich von Peterhof einen großen Landschaftspark anlegen. Die neue Residenz, das »Englische Palais«, war das Ergebnis ihrer »Anglomanie« der Jahre um 1780. Ein Meister der englischen Gartenarchitektur, D. Meder, sollte den Garten entwerfen. Aber Katharina wollte die Bewunderer Palladios noch übertreffen und betraute Quarenghi mit dem Bau des »Englischen Peterhofs«. Der 1786 begonnene Bau wurde erst 1796, in ihrem Todesjahr, abgeschlossen. Der Park existiert heute noch, aber der Palast wurde im Zweiten Weltkrieg völlig zerstört.

Erwähnenswert ist noch ein weiteres Projekt Katharinas II.: die Umwandlung aller Anwesen entlang der Straße nach Peterhof. Sie selbst verfaßte mit Hilfe von Literatur über englische Landschaftsgärten eine »Anweisung« für die Eigentümer von Sommersitzen. Darin ermutigte sie diese, mit ihren Gärten schöne Ausblicke zu schaffen, um die ganze Region um den Finnischen Meerbusen zu verschönern.

Es blieb jedoch bei den »guten Vorsätzen«. Als Katharina älter geworden war, kam der Hof nur noch selten nach Peterhof, und die Residenz verlor an Glanz.

Schloß Peterhof, Porträtsaal. Er ist einer der ältesten Räume des Palastes und wurde zur gleichen Zeit wie das »Kabinett« Peters I. nach einem Entwurf von J.-B. Leblond eingerichtet; N. Michetti setzte die Arbeiten fort und schloß sie 1726 ab.

Schloß Peterhof, Schlafzimmer Peters I. Es hat die bescheidene Ausstattung bewahrt, die dem Geschmack des Zaren entsprach. Daran schließt sich das Eichenholzkabinett an.

Anders Paul I. Er war davon überzeugt, daß er mit Peter dem Großen in mystischer Verbindung stand und daß sein Geist sein eigenes Schicksal bestimmte. Das erklärt, weshalb er Peterhof in eine Gedenkstätte verwandeln wollte und sein Arbeitszimmer in das Zimmer verlegte, in dem die persönlichen Sachen Peters des Großen aufbewahrt wurden.

Die Nachkommen Pauls verfuhren ganz anders mit Peterhof. Alexander I., der die Vorlieben seiner Großmutter teilte, hielt sich selten in Peterhof auf. Ab und zu organisierte er dort ein Fest. Die Spaziergänge von Peterhof waren besonders berühmt. Sie fanden immer am 22. Juli zu Ehren seiner Mutter Maria Fjodorowna statt. Sein jüngster Bruder Nikolaus I., der ihm auf den Thron folgte, zog Peterhof der Residenz Zarskoje Selo vor und verbrachte die Sommermonate am Meer. Dabei bildete sich eine merkwürdige Regelmäßigkeit heraus. Wenn der regierende Monarch in Peterhof weilte, dann hielt sich der Thronfolger gewöhnlich in Zarskoje Selo auf und umgekehrt.

Während der 30jährigen Herrschaft Nikolaus' I., von 1825 bis 1855, wurde Peterhof nur um wenige Bauwerke erweitert. So wurde der Alexandria-Park auf dem Areal angelegt, auf dem sich im 17. Jahrhundert das Tiergehege befand. Der Park erhielt seinen Namen zu Ehren der Gattin des Zaren, Alexandra Fjodorowna. A. Menelas baute hier mit Hilfe Iwanows den Palast »Cottage«, der inmitten des malerischem Parks mit vielen romantischen Bauwerken entstand. Nach Plänen des deutschen Architekten Karl Friedrich Schinkel errichtete Menelas eine Kapelle im gotischen Stil. Gleichsam im Austausch dafür, baute der russische Architekt W. Stassow in Potsdam eine Kirche im byzantinischen Stil.

Die Höfe von Berlin und Petersburg waren während der Herrschaft Nikolaus I. eng miteinander verbunden. Die Zarin Alexandra Fjodorowna war eine preußische Prinzessin, und die Schwester Nikolaus' I., Großherzogin von Sachsen-Weimar und Eisenach, verbrachte ihren Lebensabend in Weimar. Weitere Verwandtschaftsbeziehungen verbanden die Zarenfamilie mit Herrscherhäusern der damaligen deutschen Staaten, denen auch die »deutsche Färbung« der »offiziellen Romantik« am russischen Hof zu verdanken war.

Schloß Peterhof, Eichenholzkabinett Peters I. Teil eines Paneels von Nicolas Pineau, das Katharina I. gewidmet ist

Schloß Peterhof. Die Eichenholztäfelung im Kabinett Peters I. schuf Nicolas Pineau.

Der Zar träumte davon, ein »Ritter ohne Fehl und Tadel« zu sein, gleichzeitig männlich und galant, wie es das von Jukowskij entworfene Wappen für das Cottage im Park Alexandria versinnbildlicht, ein Schwert mit einem um die Klinge gewundenen Rosenkranz.

Der Park wurde in den Jahren von 1820 bis 1830 angelegt, während die beiden anderen Anlagen in Peterhof, der »Siedler-« und der »Wiesen-Park«, von 1830 bis 1850 unter Nikolaus I. entstanden. Der Siedler-Park, das frühere »Jägermoor«, liegt südlich des Oberen Parks. Sein Name rührt daher, daß ein Teil des Terrains den deutschen Siedlern in Rußland überlassen worden war. Die Anlage eines deutschen Dorfes neben seinem Sommersitz darf als freundliche Geste Nikolaus' I. seiner Frau gegenüber verstanden werden. Es war eine der »Bilderbuchidyllen«, die um die kaiserlichen Residenzen herum entstanden, wie wir es auch schon in Zarskoje Selo, Gatschina und Oranienbaum gesehen haben.

Im Park wurden einige Bauwerke mit Aussichtstürmchen errichtet, von denen aus man die umliegende Gegend überblicken konnte, wie der Horizont im Süden mit den Feldern und im Norden mit dem Meer verschmolz. Der »Zarinnen-Pavillon«, von A. Stakenschneider 1844 entworfen und ein Geschenk des Zaren für seine Frau, zeichnete sich durch eine besondere Pracht aus. Nikolaus I. wollte damit wohl an die prunkvollen Bauten erinnern, die zu Ehren Alexanders I. im Park seiner Schwiegereltern in Potsdam errichtet worden waren. Diese Anspielung hat man wohl dem italienischen Stil zu verdanken, der an die Bauweise der Landhäuser in der Toskana und der Villen im antik-römischen Stil erinnern sollte, die Schinkel und seine Schüler im Park von Sanssouci erbaut hatten.

Das Vorbild für den Zarinnen-Pavillon (Meierei) ist eine pompejische Villa, die jedoch um einige Details erweitert wurde, wie man sie von toskanischen Villen her kennt. In der Mitte des Gebäudes befand sich der Saal mit einem Marmorbecken, und das Licht fiel, wie in einem römischen Atrium, von oben ein. Es wurde ein kleiner Innenhof eingerichtet (Peristyl) und darin ein kleiner Garten, wie ihn die Schriftsteller der Antike beschreiben. Dabei verwendete man Marmor aus Italien und Finnland, antike römische Marmorfragmente, und stellte Statuen in großer Zahl auf, die entweder antiken Ursprungs waren oder aus dem 19. Jahrhundert stammten. Im Sommer wurden auf der Terrasse vor dem Pavillon tropische Pflanzen aufgestellt, umgeben von einem »Blumenteppich«, in dem Bronzestatuen, Marmorbänke und Glassäulen auf Marmorsockeln standen.

Der Pavillon selbst lag auf einer Insel mitten in einem Teich, den man nur mit einer venezianischen Gondel erreichen konnte. Von den Türmen des Pavillons bot sich ein herrlicher Ausblick.

Unterer Park.
Die Orangerie bauten die Architekten J. Braunstein und M. Semzow nach einem Entwurf N. Michettis. Die Arbeiten dauerten von 1722 bis 1725. 1769 wurde der Bau renoviert.

Auf der anderen kleineren Insel wurde der sogenannte »Olga-Pavillon« gebaut, als Überraschung anläßlich des Besuches der Großfürstin Olga Nikolajewna und ihres Gemahls, des Prinzen von Württemberg. Dieser Pavillon, dessen dreistöckiger Turm mit einer Terrasse abschließt und der für den Gesamteindruck bestimmend ist, stellt ein interessantes Detail der russischen Architekturgeschichte dar. Diese Konstruktion ähnelt den Wohnhäusern in Süditalien.

Etwas weiter südlich wurde zwischen 1825 und 1857 der Wiesen-Park von den Gartenarchitekten P. Erler und A. Archipow nach Plänen A. Stakenschneiders angelegt. Er ist ebenfalls sehr malerisch und besteht aus ausgedehnten Wiesen, Wäldchen und Teichen mit kleinen Inseln. Hier wurde das Prinzip der Baumgruppen, die wie Theaterkulissen angeordnet sind, so wie es Gonzaga mit großem Erfolg in Pawlowsk verwirklicht hatte, wieder aufgegriffen. Stakenschneider baute hier ein kleines Haus im russischen Stil und den Pavillon am Kleinen See im selben Stil wie den Zarinnen-Pavillon und das Belvedere, als einen ionischen Peripteros auf einem massiven Sockel, mit einem Portikus, der auf vier Karyatiden ruht.

Die Parklandschaften voller »mittelalterlicher« romantischer Bilder, wie Alexandria oder die Bauten im römisch-italienischen Stil, der Siedler- oder Wiesen-Park, zeigen, welches Ambiente Nikolaus I. bevorzugte. Das heißt jedoch nicht, daß er die Vorliebe der Romanows für Paraden, Manöver, für das Militär nicht teilte. Im Sommer boten die malerischen Gärten einen völlig unerwarteten Anblick, so jedenfalls beschreibt es A. Gueirot: *Vieles trug zur Wiederbelebung von Peterhof im Jahr 1828 bei [...]: die Feldübungen der Kadetten der Militärakademie, die seit jener Zeit jedes Jahr sechs Wochen lang in Zelten zwischen dem Oberen Palast [dem Schloß] und den englischen Gärten [Alexandria, Siedler- und Wiesen-Park] leben. Das neue Dorf, das sich an dieser Stelle befand, wurde hinter Peterhof umgesiedelt [...] und an der Stelle, wo bisher Felder bestellt wurden, fanden Manöver statt. Das Leben im Feldlager wirkte wohltuend auf die Gesundheit der Jungen, machte sie mit den militärischen Dingen vertraut [...] Der Thronfolger, heute Seine Majestät der regierende Kaiser Alexander II., gehörte in jungen Jahren dem 1. Kadettenkorps an; er machte den ganzen Marsch in voller Ausrüstung mit, und seit seiner Ankunft im Feldlager von Peterhof nahm er am Appell, am Exerzieren und an den Manövern teil. Er verbrachte die Nacht unter freiem Himmel. Der Zarewitsch begnügte sich mit der einfachen Kost der Kadetten und aß [...] mit einem Holzlöffel aus der gemeinsamen Suppenschüssel. Die Kadetten bewahrten für gewöhnlich die Löffel, mit denen der Zarewitsch gegessen hatte, als Souvenir auf.*

Von den zahlreichen Festen, die Nikolaus I. in Peterhof gegeben hatte, blieben vielen Zeitgenossen vor allem die

Unterer Park.
Der Brunnen an der Orangerie wurde 1726 entworfen und 1875 neu gestaltet. Triton im Kampf mit einem Seeungeheuer

Feierlichkeiten am 11. Juli 1851 zu Ehren des Besuches der Großfürstin Olga Nikolajewna, der Königin von Württemberg, in bester Erinnerung. Das Fest war der Höhepunkt der höfischen Kultur im 19. Jahrhundert.

Nach dem Tod Nikolaus' I. war es mit dem Prunk in Peterhof zu Ende. Sein Sohn Alexander II. und sein Enkel Alexander III. suchten Peterhof immer seltener auf und hatten kaum Ambitionen, Neues zu bauen. Alexander II. wohnte gewöhnlich im »Bauernhof«, den A. Stakenschneider für ihn 1838-1839 errichtet hatte und der das Menelassche »Bauernhaus«, zehn Jahre zuvor entstanden, umschloß. Es lag im Park von Alexandria, nicht weit vom Cottage. Dieser Teil von Peterhof diente in der zweiten Hälfte des 19. Jahrhunderts als sorgfältig abgeschirmte Privatresidenz der Zarenfamilie.

Der letzte Zar, Nikolaus II., hielt diese Tradition weiterhin aufrecht. Für ihn wurde der »Untere Palast« 1896 vom Hofarchitekten A. Tomischko im eklektizistischen Stil erbaut. Leider wurde auch er im Zweiten Weltkrieg zerstört, wie überhaupt der Peterhof beträchtliche Kriegsschäden erlitten hat, die auch heute z. T. noch nicht behoben sind.

Die Bauten aus der Mitte und der zweiten Hälfte des 19. Jahrhunderts spielten für die Entwicklung der Stadt eine entscheidende Rolle. Unter allen historisierenden Stilen dominierte die neugotische Richtung. In diesem Stil sind die Häuser für die Mitglieder der Zarenfamilie gehalten, die der Architekt J. Charlemagne zwischen 1848 und 1855 errichtete, sowie der Bahnhof von Peterhof, das letzte Gebäude im »gotischen Stil«, das 1859 vollendet wurde. Damals konkurrierten zwei Richtungen heftig miteinander: Die eine war eher dem Mittelalter zugewandt, die andere verband Elemente der russischen Architektur mit gotischen Einflüssen. Es scheint jedoch, als ob der »russische Stil« die Oberhand gewonnen hätte, da er aus den eigenen Traditionen schöpfte.

N. Benois, Abkömmling der berühmten französischen Familie aus Petersburg, setzte diesem Stil seine »echte« Gotik entgegen. Und obwohl er die Reithalle und den Bahnhof mit Elementen ausstattete, die französischen und englischen Kathedralen entlehnt waren und nichts mit ihrer Funktion zu tun hatten, waren sie doch kunstvoll ausgeführt und sehr eindrucksvoll. Damit war die Neugotik eu-

Unterer Park, Römischer Brunnen.
Den Bau der zwei Brunnen plante N. Michetti schon 1720, er wurde aber erst 1738 begonnen. Die Brunnen benannte man nach ihren Vorbildern auf dem Petersplatz in Rom.

Unterer Park, Drachen- oder auch Schachbrettbrunnen. Der Bau wurde 1722 unter Semzow begonnen, jedoch erst 1739 unter Mitwirkung verschiedener Architekten beendet.

ropäischen Zuschnitts in der russischen Architektur der zweiten Hälfte des 19. Jahrhunderts anerkannt. Benois war der »Stammvater« der Künstlerfamilie, die eine entscheidende Rolle in der russischen Kultur der Jahrhundertwende spielen sollte und aus der Architekten, Maler, Bildhauer und Kunsthistoriker hervorgingen. Ihnen zu Ehren wurde ein Museum neben dem Schloß von Peterhof eröffnet.

Das Schloß

Das Schloß von Peterhof, wie wir es heute kennen, ist ein Zeugnis des russischen Barock der Mitte des 17. Jahrhunderts, eine Schöpfung Bartolomeo Rastrellis. Dennoch beginnt seine Geschichte schon früher: 1714 wurde der Grundstein für das erste aus Stein erbaute Schloß, den sogenannten »Oberen Palast«, auf einer Anhöhe über dem Meer gelegt, dort wo heute der Untere Garten beginnt. 1716 stellte J.-B. Leblond seinen Plan für die Zarenresidenz vor, da ihn das bisher Geschaffene nicht zufriedenstellte. Ein Teil des Entwurfs wurde innerhalb eines Jahres verwirklicht und von J. Braunstein, der die Arbeiten nach dem Tod Leblonds übernahm, vollendet. Das Gebäude brannte 1721 nieder, und N. Michetti leitete den Wiederaufbau und die Erweiterungsarbeiten. Er fügte an den Haupttrakt zu beiden Seiten symmetrische Galerien an, die mit zweigeschossigen Flügelpavillons abschlossen. Die Innenausstattung war erst 1725 vollendet. Französische Gobelins schmückten den großen Saal. Der italienische Maler B. Tarsia wurde beauftragt, die Decke auszumalen. Die Zarin Anna Iwanowna hielt sich später bei ihren Besuchen in Peterhof gern in den Räumen ihres »Onkels Peter« auf. Unter Elisabeth I. erhielt Rastrelli den Auftrag, den Palast neu zu gestalten, wie er uns heute erhalten ist.

Die beidseitigen Galerien und Flügelpavillons Michettis wurden zerstört und die Mauern des Mittelbaus in die neue Anlage integriert, mit Ausnahme der ursprünglichen Fassade. Schon um 1751 war der Palast ein langgestrecktes Gebäude, dessen dreigeschossiges Mittelteil mit einem steilen Dach abschloß und von zwei eingeschossigen Galerien eingerahmt war. Die Galerien wurden im Osten durch eine Kirche und im Westen mit einem Pavillon abgeschlossen. Beide haben ein Glockendach, das mit vergoldeten Girlanden verziert ist. Über den Laternen schmückt ein Kreuz (die Kirche) bzw. der russische Doppeladler (am westlichen Pavillon) die vergoldeten Zwiebelkuppeln.

Die beiden Insignien auf den Kuppeln haben eine besondere Bedeutung: Sie symbolisierten Glauben und Treue, Orthodoxie und Autokratie. Dieses verdient besondere Erwähnung, denn die Symbolik und die strenge bauliche Anordnung der Kirche und des Pavillons sind bei allen barocken Palastbauten gleich. So findet man auch in

Alexandria-Park. Das Cottage, das Nikolaus I. seiner Frau schenkte, wurde von A. Menelas von 1826 bis 1829 nach damals sehr beliebten, englischen Vorbildern gebaut.

Zarskoje Selo die Kirche im Osten und den Waffenpavillon im Westen wieder.

Das Schloß beeindruckt, wie alle Bauten Rastrellis, durch seine Weitläufigkeit, seine kontrastreiche Verkleidung in weiß und gelb, seine Vergoldungen und die Fülle der schmückenden Details. Die Konzeption Rastrellis wurde angenommen. Jedoch wurde im Westen auf der Seite des Oberen Gartens ein viel niedrigeres Hauptgebäude, das von J. Veldten zwischen 1779 und 1785 errichtet worden war, im rechten Winkel an das Schloß angeschlossen. J. Charlemagne baute es von 1835 bis 1840 im neubarocken Stil um. Nach den Zerstörungen während des Zweiten Weltkrieges erhielten die Fassaden durch eine sorgfältige Restaurierung ihr ursprüngliches Aussehen zurück.

Das Innere des Schlosses überrascht mit einem komplexen Aufbau, was für die Bauten Rastrellis ungewöhnlich ist. Der Grund dafür liegt wahrscheinlich darin, daß der Architekt den älteren Palast Peters des Großen in den Entwurf einbeziehen mußte, dessen Lage man leicht feststellen kann: In der Mitte des Gebäudes sind die Räume viel niedriger als in den Seitenflügeln. Die Zimmerfluchten verlaufen hier nicht durchgehend, entlang der ganzen Fassade wie in Zarskoje Selo, sondern fallen viel bescheidener aus. Dagegen ist der Saal, durch den man die Kirche betritt, besonders prunkvoll, ebenso wie der Saal vor dem riesigen Ballsaal auf der gegenüberliegenden Seite des Gebäudes.

Die Innenausstattung stammt aus verschiedenen Epochen. Die meisten Räume, die Rastrelli geschaffen hatte, wurden umgebaut. Dennoch tragen vier noch die Züge des Meisters des Barock: die Ehrentreppe, der Audienz-, der Ballsaal und die Kirche. Wie auch im Winterpalast von Zarskoje Selo verwendete der Architekt hier reichlich goldglänzende Ornamente auf dem Hintergrund strahlend weißer Wände. Feine Zierleisten betonen die Gliederung der Architektur und der vergoldeten Arabesken, in denen Pflanzen miteinander verschlungen sind; die Kartuschen, Rosetten und rundlichen Putten verleihen den Räumen einen außerordentlichen Glanz. Die prachtvolle Ausschmückung wird durch eine Vielzahl von Leuchtern, Spiegeln in kostbaren Rahmen und allegorischen Gemälden in Medaillons an den Decken und Wänden, die ebenfalls golden gerahmt sind, ergänzt. Trotz der Gleichförmigkeit des Stils all dieser Verzierungen erscheinen sie nicht plump. Es zeigt sich vielmehr eine Verdichtung der erfrischenden und lebensbejahenden »barocken Kunst« Rastrellis.

Unter Katharinas II. herrschten zwei Stile vor, die die Gefühle und den Geschmack der Zarin in den Jahren zwischen 1762 und 1770 wiedergeben. Der französische Architekt de la Mothe, der von Katharina II. nach Rußland

Alexandria-Park.
Detail eines gußeisernens Bogens an der Fassade des Cottage. Im Fenstergiebel ist das Wappen des Cottage zu sehen, ein Schwert mit einem um die Klinge gewundenen Rosenkranz.

Alexandria-Park. Blick auf das Cottage

eingeladen worden war, veränderte zwischen 1763 und 1770 den großen Saal im Zentrum des Gebäudes, den man bis dahin den »Italienischen Saal« genannt hatte, und die beiden Kabinette, die sich jeweils daran anschlossen. Es entstanden die verspieltesten Rokokosäle, die man sich denken kann. In dieser Umgebung wollte die junge Zarin leben, berauscht von ihren Erfolgen nach dem Staatsstreich, der sie an die Macht gebracht hatte.

Die luxuriösen Prunksäle von Peterhof, die im Barock entstanden waren, hatten um 1760 ein völlig anderes Gesicht. Der Italienische Saal wurde in einen »Porträtsaal« verwandelt, weshalb er auch als »Galerie der Grazien« galt – an den Wänden hingen über 300 Porträts junger, schöner, fröhlicher Mädchen im Rokokostil, die in den unterschiedlichsten Trachten gekleidet waren. Sie sind das Werk P. Rotaris. Die Decke ist noch erhalten. Vom Porträtsaal gelangt man zu zwei weiteren Räumen, die ebenfalls de la Mothe gestaltete: die »chinesischen Salons«. Nach einer Beschreibung aus dem 19. Jahrhundert waren »die ganze Ausstattung und die Möbel original chinesisch«. Tatsächlich befanden sich im »Boudoir« und im »Chinesischen Kabinett« aber keine echten chinesischen Gegenstände, noch viel weniger wurde echtes chinesisches Dekor benutzt, mit Ausnahme des Porzellans und der kleinen Statuetten. Es handelte sich vielmehr um Chinoiserien aus dem 18. Jahrhundert, um ein sogenanntes »imaginäres« China, das ein französischer Künstler für die russische Monarchin kreiert hatte. Großflächige Vertäfelungen in schwarzem Lack und Gold, die von geometrischen Arabesken eingefaßt waren und die man im 18. Jahrhundert für chinesisch hielt, waren besonders beliebt. In Rußland hatte man sie nach dem Vorbild chinesischer Lackarbeiten oder Porzellan- und Seidenmalerei hergestellt.

Anfang der 70er Jahre des 18. Jahrhunderts wandelte sich der Geschmack Katharinas II. Die »Rokoko-Prinzessin«, bisher empfänglich für ausgefallene Interieurs, wandte sich mehr dem Klassizismus zu. Der Petersburger Architekt J. Veldten gestaltete die Repräsentationsräume, den Thron-, Speise-, Tschesme- (so genannt in Erinnerung an die siegreiche Seeschlacht von Tschesme), »Diwan-Saal« und den »Rebhuhnsalon«, das Schlaf-, das sogenannte Kronzimmer und das Bad neu. Es herrscht Zurückhaltung, Vollendung und Ruhe vor. Gemälde und Skulpturen sind der gleichen Haltung unterworfen. Die Sujets sind offiziell und erbaulich. Im Thronsaal verherrlichen die Basreliefs Gerechtigkeit und Klugheit; im Speisezimmer stellen sie Fülle und Fröhlichkeit dar. Nach der Üppigkeit des Barock und des extravaganten Rokoko wirken die Räume ein wenig unterkühlt, aber sie vermitteln auch etwas Beruhigendes, ohne die Frische des frühen Klassizismus zu verlieren. Der Diwansaal, der Rebhuhnsalon, das Schlafgemach und das Bad vermitteln wieder einen anderen Ein-

Alexandria-Park.
Die Wände im Treppenhaus der Ehrentreppe des Cottage wurden von G. Scotti 1828 in illusionistischer, gotizistischer Manier ausgemalt.

Alexandria-Park, Cottage, Salon

Alexandria-Park, Detail des Kamins im Salon des Cottage. Im Spiegel sieht man die Standuhr, die die Kathedrale von Reims abbildet.

druck. Sie sind freundlich, aber auch weit entfernt von den übrigen Rokokoextravaganzen. Hier finden sich nur wenige Skulpturen oder Schmuckelemente neben den vergoldeten Türen und Gesimsen, einigen Vertäfelungen und Alkoven. Das Wichtigste waren die Draperien aus kostbaren Stoffen: bemalte chinesische Seide, wie man sie Anfang des 18. Jahrhunderts herstellte, und französische Stoffe, die nach den Entwürfen von F. de Lassalle gewebt worden waren. Die Wandverkleidung, die Vorhänge, die Kissen auf den bunten Diwans und den tiefen Sesseln, die unzähligen Leuchter, in denen die Kerzen brannten, vermitteln den Eindruck ausgesprochener Behaglichkeit.

Die Kaskaden und Fontänen

Die »Große Grotte«, die sich mit ihren Kaskaden über eine Länge von 40 Metern erstreckt, wurde schon zur Zeit Peters I. erbaut. Unterhalb der Grotte mündete der vom Meer kommende Kanal in einen Hafen für das Segelschiff Peters I.

Alle Bauten mußten den Hügel, auf dem das Schloß gebaut war, abstützen. Der Bau der Großen Grotte begann 1715. Nach seiner Ankunft in Rußland setzte J.-B. Leblond die Arbeiten fort und nahm einige Veränderungen vor. Sein Nachfolger N. Michetti erhöhte die Zahl der Statuen, die die Kaskaden säumten. Zuerst sah Peter I. ein

Alexandria-Park, Cottage, Speisesaal. Die Inneneinrichtung wurde nach den Entwürfen von A. Menelas gestaltet.

Denkmal des Sieges über die Schweden vor. Schließlich entstand eine komplexe Anlage mit zwei Grotten, drei Kaskaden und Dutzenden von Fontänen und Skulpturen. In der Nähe des Schlosses legte man eine Terrasse mit einer Balustrade an, darunter eine weitere Grotte und weiter unterhalb eine Aussichtsplattform mit einer Balustrade und Fontänen in der Mitte.

Noch weiter darunter befindet sich eine noch tiefere Grotte sowie eine große Rundfontäne. An den Seiten stürzt das Wasser der Kaskaden herab; die Kaskade in der Mitte ergießt sich in ein ovales Becken, das mit dem Kanal verbunden ist. Das Ensemble wirkt auch heute noch sehr eindrucksvoll.

Der größte Teil der Skulpturen für die Große Kaskade stammt aus den Werkstätten von Carlo Bartolomeo Rastrelli, dem Vater des Architekten Bartolomeo Francesco Rastelli. F. Vassi und G. Thomas gossen sie aus Blei. Andere Statuen wurden nach Entwürfen J.-B. Leblonds, N. Michettis und M. Semzows ausgeführt, die auch den Schloßbau betreut hatten. Die Allegorien der »Vier Jahreszeiten« wurden in Holland hergestellt. Die Skulpturen an der Großen Kaskade sind das Ergebnis der Zusammenarbeit von Künstlern unterschiedlicher Traditionen und Schulen. Dennoch entsprach der Gesamtentwurf dem Geschmack Peters I., der auch mehrmals persönlich in die Arbeiten eingegriffen hatte.

Die »Samson-Fontäne«, die den Mittelpunkt der Anlage bildet, ist ein Entwurf C. B. Rastrellis. In den darauffolgenden Jahren behielt die Anlage ihre ursprüngliche Gestalt, obwohl die meisten Skulpturen erneuert wurden. Anfang des 19. Jahrhunderts ersetzte man die vergoldeten Blei- durch vergoldete Bronzefiguren. Alle bedeutenden russischen Bildhauer dieser Zeit beteiligten sich an den Arbeiten: M. Koslowskij, I. Prokofjew, F. Schtschedrin, I. Martos, J. Rachette und F. Schubin. Viele von ihnen entschieden sich für den frühbarocken Stil, so auch M. Koslowskij mit seiner Version von »Samson, der den Rachen des Löwen auseinanderreißt«.

Zu beiden Seiten der Kaskade führen drei Terrassen zum Unteren Platz. Michetti empfahl damals, sie durch Fontänen-Reihen zu ersetzen, die aus goldenen Masken aufsteigen sollten, aber diese Idee wurde erst Anfang des 19. Jahrhunderts von A. Woronichin verwirklicht. Er wandelte sie in Stufen aus kleinen einzelnen Kaskaden um, mit einem runden Becken und einer Fontäne in der Mitte. Später wurden die Terrassen von A. Stakenschneider mit Marmor und Granit umgestaltet.

Vor den Terrassen legte man in der Mitte der symmetrisch angeordneten Blumenbeete zwei runde Springbrunnen an, in deren Mitte große Vasen standen. Der im Osten gelegene »Französische« und der »Italienische Brunnen« im Westen tragen ihre Namen in Erinnerung an die französischen und italienischen Künstler, die sie im ersten Viertel des 18. Jahrhunderts angelegt hatten.

Die Fontänen und Wasserspiele ziehen sich bis zum Meer hin; entlang des Großen Kanals wurden die Fontänen in verschiedenen Formen angeordnet. Die sie schmückenden Skulpturen bilden Figuren und Szenen des russischen Fabelwerks »Spiegel des menschlichen Lebens« ab, das Anfang des 18. Jahrhunderts sehr populär war, wie z. B. »Die zwei Schlangen«, »Die Maus und der Berg« und »Die Henne und der Sperber«. 1735 waren schon über 22 Springbrunnen am Großen Kanal zu bewundern, wovon jeder aus nicht weniger als 20 Fontänen bestand. Hervorzuheben sind die »Favoritin« sowie »Adam und Eva«. Die Favoritin wurde nach dem Vorbild des Springbrunnens »Die Enten und der Jagdhund« im Park von Versailles gestaltet. Ein besonderer Mechanismus bewegt die Figuren – ein kleiner Hund verfolgt vier Enten im Brunnenbecken –, die Glöckchen ahmen das Quaken der Enten und das Bellen des Hundes nach. Die ursprünglichen Holzskulpturen wurden 1730 in Bronze gegossen. Bis auf eine Figur fielen alle anderen den Zerstörungen während des Zweiten Weltkriegs anheim, und sie wurden später nach den Zeichnungen aus dem 18. Jahrhundert rekonstruiert. Von den Sockeln der Skulpturen »Adam und Eva«, die in einem großen Rundbecken stehen, steigen 15

Alexandria-Park. Die gotische Kapelle ist Alexander Newskij geweiht. Sie wurde 1831 von A. Menelas nach Plänen Karl Friedrich Schinkels begonnen und nach dem Tod von Menelas durch J. Charlemagne vollendet.

Die gotischen Stallungen wurden von 1848 bis 1855 von N. Benois erbaut. Sie sind eines der bedeutendsten Bauwerke der Stadt.

Peter-Pauls-Kirche

Fontänen auf. Beide Statuen schuf 1718 G. Bonazza in Venedig; ihm dienten die Figuren A. Rizzos, die sich im Dogenpalast befinden, als Vorbild. Die Spaliere rund um den Brunnen stammten aus den 20er Jahren des 18. Jahrhunderts (sie sind heute nicht mehr erhalten, d. Übers.).

Die beiden »Bank-Brunnen«, die in der Mitte des Unteren Parks liegen, fertigte A. Stakenschneider von 1853 bis 1854 an. Zwei Marmorbecken erheben sich auf jeweils zwei Marmorbänken. In dem einen Becken steht eine Danaidenstatue von P. Vitali nach dem Original von Christian Daniel Rauch, in dem anderen die Kopie einer antiken Nymphe.

Weitere Wasserspiele befinden sich südlich vom Palast Monplaisir. Unterhalb des Hügels, in der verlängerten Hauptachse des Gebäudes wurde ein großer Platz mit zwei Springbrunnen angelegt und am Abhang des Hügels eine Kaskade.

Die Anlage entstand schon in der ersten Hälfte des 18. Jahrhunderts nach einem Entwurf N. Michettis. Damals war der Abhang terrassenförmig und der Platz als »Blumenteppich« gestaltet. Platz und Hügel zierten geometrisch beschnittene Bäume und Sträucher. Heute sind nur noch die beiden »römischen Brunnen« mit ihren achteckigen Sockeln erhalten, die 1739 von I. Blanc und I. Dawidow errichtet wurden und deren Namen so lauten, weil sie den Brunnen auf dem Petersplatz in Rom nachempfunden sind. Sie wurden mehrmals von namhaften Architekten, darunter auch von C. B. Rastrelli, umgestaltet. 1817 erhielten sie ihr endgültiges Aussehen.

Die Drachen-Kaskade (oder auch Schachbrett-Kaskade) ist eine der interessantesten Konstruktionen des Unteren Parks. Sie entspringt den Vorstellungen Peters I., der das Vorbild in der »Kleinen Kaskade«, im Park von Marly, den er auf seiner Frankreich-Reise besucht hatte, fand. Michetti entwickelte das Projekt, aber die Bauarbeiten zogen sich hin, weil die Architekten wechselten. Schließlich wurde 1738 der Entwurf von I. Blanc abgenommen. Ein Jahr später entschied man jedoch, sie als »chinesischen Brunnen« zu gestalten. Unbehauene Steine wurden zu einem kleinen Hügel angehäuft, in dessen Mitte das Wasser über vier Stufen hinunterfließt. Auf der obersten Stufe stehen drei wasserspeiende Drachen aus Metall. Die Stufen sind schachbrettartig mit Mamor ausgelegt. Zu beiden Seiten der Kaskaden verlaufen schmale Treppen, die von Marmorstatuen gesäumt werden.

Im östlichen Teil des Parks zieht die Pyramidenfontäne den Blick auf sich. Auch sie wurde zwischen 1720 und 1730 errichtet und Anfang des 19. Jahrhunderts abgeschlossen. Ursprünglich war sie aus Holz gebaut. Später schuf man eine Marmorpyramide in Stufen, die in einem weiten, rechteckigen Becken stand, das von einer Marmorbalustrade eingefaßt war. Weiter nördlich, in der

Im Unteren Park befindet sich der Pyramidenbrunnen, so genannt, weil sich die Fontänen zu einer Pyramide zusammenfügen. Er wurde von N. Michetti entworfen und 1724 fertiggestellt. Der Brunnen wurde im 18. Jahrhundert wiederholt umgestaltet.

Kleiner Palast von Monplaisir. Die Ostfassade des Badehauses. Monplaisir wurde 1714 entworfen und 1722 als erstes Gebäude in Peterhof fertiggestellt. Das Zentrum bildet ein eingeschossiger Bau mit Mansardendach, der durch Galerien mit den kleinen Seitenflügeln verbunden ist.

Nähe des Palasts Monplaisir, wurden die »Scherzfontänen« angelegt. Sie fangen an zu sprudeln, wann und wo man es am wenigsten vermutet. Die erste stammt aus dem Jahr 1723. Sie wurden z. T. immer wieder erneuert bzw. zwischen 1780 und 1790 neu angelegt. Dank der Arbeit der Restauratoren funktionieren diese Phantasiegebilde auch heute wieder. Es gibt z. B. den »chinesischen Regenschirm«, bei dem es von den Rändern plötzlich herabregnet, den »kleinen Diwan« und die »Bankfontäne«, vor denen von Zeit zu Zeit ein Regenvorhang emporsteigt, nicht zu vergessen die »kleine Tanne«, die »kleine Eiche« und die »Tulpen«, deren Blüten und Blätter plötzlich Wasser verspritzen. Viele Springbrunnen wurden auch um Monplaisir und das nahegelegene Tiergehege gebaut: die »Sonnenfontäne« mit sich drehenden Scheiben, die »Glocke« mit einer Bacchus-Statue, die »Muschel« im »chinesischen Garten« und viele andere mehr.

In ganz Peterhof finden wir Wasserspiele. Auch im westlichen Teil des Parks fehlen sie nicht. Nahe beim Palast von Marly befindet sich die höchste Kaskade, der »Goldene Berg« mit 12 Stufen, die von 16 Marmorstatuen gesäumt ist. Diese vier kleinen Fontänen mit Tritonen und die großen runden Fontänen des Tiergeheges machen den Schmuck des »Bacchus-Parks« aus, der auf Anordnung Peters des Großen geschaffen wurde. Michetti hatte das französiche Vorbild in Marly exakt kopiert, aber die Anlage wurde im Lauf der Zeit, vor allem während der Tätigkeit M. Semzows, stark verändert.

Monplaisir

Peter der Große selbst hatte den Standort für diesen Palast ausgewählt. Seine Entwürfe für die Innenausstattung und den kleinen symmetrischen Park sind noch erhalten. Der Palast entsprach ganz seinem Geschmack: Er war nicht sehr groß, seine Räume komfortabel eingerichtet, und vor allem lag er am Meer. Auf der einen Seite öffnete sich ein weiter Blick auf den Finnischen Meerbusen, und auf der anderen Seite sah man in der Ferne den schlanken Turm der Peter-Pauls-Kathedrale wie eine goldene Nadel in den Himmel ragen. In älteren Reiseführern wird Monplaisir oft als »das kleine holländische Haus« bezeichnet, in An-

Kleiner Palast von Monplaisir. Die Decke des Großen Saals mit Stuckarbeiten von C. B. Rastrelli wurde 1718 von P. Pillement ausgemalt.

Kleiner Palast von Monplaisir, Großer Saal

Kleiner Palast von Monplaisir. Das Chinesische Kabinett, auch Lackkabinett genannt, wurde 1722 von russischen Handwerkern unter der Leitung von G. Brumkorst nach einem Entwurf von J. Braunstein ausgestaltet. Vorbild war das Chinesische Kabinett im Schloß Monbijou in Berlin, das Peter I. gesehen hatte.

spielung auf die Zeit, die Peter I. auf einer Schiffswerft in Amsterdam verbracht hatte. Wenn es auch schwierig sein dürfte, in der holländischen Architektur das Vorbild für Monplaisir zu finden, so entspricht doch die Inneneinrichtung sehr wohl dem holländischen Lebensstil Anfang des 18. Jahrhunderts.

Der Bau wurde 1714 begonnen und der Mittelteil in zwei Jahren fertiggestellt. Der verantwortliche Architekt war J. Braunstein, C. B. Rastrelli war für die Stuckarbeiten zuständig, J.-B. Leblond hatte an der Inneneinrichtung (Wandvertäfelungen, Deckengemälde) Anteil, und Peter der Große selbst verfolgte den Bau mit großem Interesse. Mehr als einmal veranlaßte der Zar zusätzliche Arbeiten, weil ihm neue Ideen eingefallen waren.

Viele einheimische und ausländische Bildhauer, Maler und Lackmaler wurden herbeigerufen, unter ihnen P. Pillement, J. Michel, G. Brumkorst, A. Cardassier, A. Sacharow, N. Ljubetskij, D. Solowjew. 1723 waren die Arbeiten abgeschlossen.

Der Palast wurde nach dem Tod des Zaren nur wenig verändert. Schon im 18. Jahrhundert galt das Gebäude als Denkmal, das vom Leben und Kunstgeschmack Peters I. zeugte.

In der Mitte befindet sich der große Paradesaal, der von drei Räumen eingerahmt ist. Der Fußboden ist mit schwarzen und weißen Marmorplatten im Schachbrettmuster ausgelegt, an den eichenholzvertäfelten Wänden hängen Gemälde holländischer und flämischer Maler des 16. und 17. Jahrhunderts. Dies entspricht nun sehr wohl der Vorstellung von einem »kleinen holländischen Haus«. Der obere Teil des Saales hat einen ganz anderen Charakter. Ein mächtiges Gesims trennt die Wände vom hohen Deckengewölbe. Die mythologischen Figuren in italienischer Manier in den vier Ecken weisen auf die Mitwirkung C. B. Rastrellis bei der Ausgestaltung des Saales hin. Die Gewölbeflächen zwischen den Stuckarbeiten P. Pillements zieren allegorische Darstellungen.

Von den sechs kleinen Räumen des Mittelbaus, der Küche und dem Chinesischen Kabinett nach Osten, dem Meereskabinett, dem Schlafzimmer und dem Zimmer des Sekretärs nach Westen, ist der exotischste Raum das Chinesische Kabinett, auch »Lack-Kabinett« genannt. Die Galerien sind eichenholzgetäfelt, der Boden ist mit schwarzen und weißen Marmorplatten ausgelegt, und die niedrigen Decken sind mit Ornamenten bemalt. An den Wänden hängen weitere holländische Gemälde aus der Sammlung Peters des Großen. Die zierlichen mit einer Laterne gekrönten Seiten-Pavillons sind in der gleichen Art ausgestaltet.

In der Nähe des Ostflügels entstanden weitere Bauten. Das Badehaus z. B. mit seinem rechteckigen Becken, dem Springbrunnen und den Bädern wurde 1800 von G. Qua-

Kleiner Palast von Monplaisir. Die Fensterreihen der Galerien, die das Hauptgebäude mit den Seitenflügeln verbinden, verleihen der Anlage ein große Leichtigkeit.

Unterer Park, Überraschungs-Fontäne, 19. Jahrhundert

Unterer Park, »Sonnen«-Brunnen, 1723

Unterer Park, »Regenschirm«-Fontäne, 1796

renghi anstelle des früheren Holzbaus errichtet. In der zweiten Hälfte des 19. Jahrhunderts wurden auch Bäder für die in Peterhof lebenden Höflinge angelegt. Der ebenfalls nur eingeschossige Küchentrakt bestand aus einer Küche und den Unterkünften für die Köche.

An diesen zwischen 1726 und 1732 entstandenen Bau schloß B. Rastrelli den Bankettsaal an, in dem Gobelins hingen, die tropische Landschaften darstellten. An der Westseite errichtete Rastrelli den Katharinen-Palast, ein sehr weitläufiges Gebäude im Vergleich zu den bescheidenen Ausmaßen von Monplaisir. Es handelt sich hier um einen Monumentalbau mit reichem Fassadenschmuck, wie er für den russischen Barock typisch ist. Hier wurden einige Säle ausgestaltet. Im Jahr 1760 wurde die »holländische Küche« für Zarin Elisabeth I., die gern selbst kochte, eingerichtet.

Schon 1714-1716 wurde rund um den Palast ein symmetrischer Park angelegt, den Fontänen wie z. B. die aus vielen Fontänen zusammengesetzte »Garbe« und die vier »Glocken-Fontänen« mit ihren goldenen Skulpturen belebten.

In den Jahren 1718-1719 legte man im Park ein Tiergehege an, mit einem Teich für Enten und Schwäne und mit Volieren.

Marly und die Eremitage

Der Palast von Marly, der symmetrisch angelegte Park mit den Teichen und den Springbrunnen bilden eine geschlossene Einheit im Unteren Park von Peterhof. Wie schon in Monplaisir verrät die Architektur und die Parkanlage den Geschmack Peters I. Unter dem Eindruck seines Besuches in der Sommerresidenz des französischen Königs (Marly le Roi) ließ der russische Zar von J. Braunstein Ende 1720 einen entsprechenden Plan entwerfen. Im darauffolgenden Winter war der Rohbau und 1723 der Innenausbau beendet. Von dieser Zeit an bis zum Zweiten Weltkrieg wurde der Palast nicht mehr verändert. Heute sind die Kriegsschäden beseitigt, und der Palast erstrahlt dank der Arbeit der Restauratoren in neuem Glanz.

Die Westseite des Parks ist durch einen Deich vom Meer getrennt. An der anderen Seite wird er durch die Anhöhe, auf der der Obere Park angelegt ist, begrenzt. Durch diese Anordnung wirkt Marly besonders lieblich. Der Palast ist nicht besonders groß. Es ist ein quadratisches Gebäude, das zwischen zwei Teichen liegt – auf der einen Seite der große rechteckige und auf der anderen Seite der kleinere halbkreisförmige Teich. Marly war der Palast inmitten einer stillen Wasserfläche, die lange schmale

Große Kaskade und Samson-Brunnen von Peterhof, um 1800. Stich von Tschesky, nach einer Zeichnung von Chotochnikow

Den Mittelpunkt der Großen Kaskade bildete der Samson-Brunnen, der nach einem Entwurf Rastrellis gebaut wurde. In der ersten Hälfte des 18. Jahrhunderts verstand man den Brunnen als Hommage an den »russischen Samson« (Peter I.), der ruhmvoll den brüllenden Löwen (Karl XII.) von Schweden besiegt hatte. Die anderen Skulpturen sind eine Hymne auf seine Politik .

Unterer Park. Die von 1721 bis 1723 erbaute Eremitage

Brücken mit schmiedeeisernen Balustraden überqueren. Der Palast ist in viele Zimmer unterteilt. Insgesamt sind es neun kleinere Räume auf jeder Etage. Die Innenausstattung ist sehr schlicht gehalten, aber es fanden kostbare Materialien Verwendung, Böden aus Marmor, Fenster und Türen aus Eichenholz und herrliche Kachelöfen. Ursprünglich waren einige Zimmer mit Stoff ausgekleidet bzw. holzgetäfelt. Die Küche war im »holländischen Stil« mit blauweißen Kacheln eingerichtet. Hier sieht man noch viele Gemälde und Möbel aus der ersten Hälfte des 18. Jahrhunderts. 1721-1724 ließ Peter der Große von J. Braunstein nahe dem Meeresufer die Eremitage als einen kleinen Palast für intimere Gesellschaften errichten. Zu dem zweigeschossigen Bau über einem rechteckigen Grundriß führte eine Zugbrücke. Der kleine Palast beherbergte im Erdgeschoß eine Küche; das gesamte Hauptgeschoß nimmt der Speisesaal ein. Um den Tisch herum sind 14 Stühle angeordnet. Der Mittelteil des Speisetisches konnte in die darunterliegende Küche versenkt und dort gedeckt werden, so daß im Speisesaal kein Bedienungspersonal nötig war. 1757 versah B. Rastrelli den Saal mit 151 Gemälden, die 1808 bei einem Brand vernichtet wurden. Die heutigen Gemälde (holländische und italienische Meister des 17. und 18. Jahrhunderts) stammen zum größten Teil aus den Beständen der St. Petersburger Eremitage.

Das Cottage

Das Cottage mit seinen neugotischen Elementen steht der pittoresken Strömung nahe, die um die Wende vom 18. zum 19. Jahrhundert in England aufkam und die russische Architektur stark beeinflußte.

Nimmt man englische Bücher über die Architektur aus dem ersten Viertel des 19. Jahrhunderts zur Hand, fallen einem viele Parallelen zwischen dem kleinen Palast Nikolaus' I. und den Entwürfen für die Landhäuser der englischen Aristokratie auf. Die Verbindung ländlicher Architektur mit der Neugotik, die im 19. Jahrhundert ein romantisches Bauwerk charakterisieren, sind deutlich zu erkennen.

Der schottische Architekt Adam Menelas, der nacheinander für Katharina II., Paul I., Alexander I. und Nikolaus I.

Unterer Park, Eremitage, Eßzimmer. Im Erdgeschoß lag ein Vestibül, das durch Türen aus geschnitzter Eiche von der Küche, den Vorratsräumen und dem Raum abgetrennt war, in dem sich die Mechanik für den »schwebenden Tisch« befand. Die Mechanik ermöglichte es, den gedeckten Tisch in den ersten Stock zu befördern. Ein sogenannter »schwebender Stuhl«, der nach demselben Prinzip konstruiert war, beförderte die Gäste nach oben. Er wurde Ende des 18. Jahrhunderts wegen Baufälligkeit demontiert und durch eine Treppe ersetzt.

gearbeitet hatte, schuf von 1826 bis 1829, in seinen letzten Lebensjahren, das Cottage. Ursprünglich war es ein symmetrischer Bau, aber bei Erweiterungsarbeiten 1841 zerstörte A. Stakenschneider die Symmetrie, indem er ein Speisezimmer mit einer Terrasse im Fachwerkstil anbaute. Das tat aber dem Charme des Cottage keinen Abbruch. Es bleibt weiterhin das gelungenste Beispiel für den Baustil unter Nikolaus I. Außerdem erzählt es auch vom Alltag und Privatleben der Zarenfamilie, wozu ebenfalls beiträgt, daß die Innenausstattung erhalten blieb. Es wurde auch bereits restauriert. Im Zentrum des Baus zieht die repräsentative Ehrentreppe die Aufmerksamkeit auf sich. Über sie gelangt man in alle Stockwerke und zu den verschiedenen Gemächern. Das Treppenhaus stammt von G. Scotti, der eine gotisierende Atmosphäre schaffen wollte und sich dabei den Treppenaufgang von Strawberry Hill, dem Schloß der Walpole in der Nähe von London, zum Vorbild nahm. Man gelangt durch das Vestibül zur Treppe. Zur linken liegen die Gemächer der Zarin Alexandra Fjodorowna: das Ankleide-, das Schlafzimmer, das Kabinett, der Salon und die Bibliothek, daran angrenzend der große Salon, das Speisezimmer und der kleine Salon, die nicht zu den Privatgemächern der Zarin gehörten. Die relativ kleinen Räume sind in ihrer Ausstattung ganz auf den Geschmack und die Bedürfnisse der Zarin zugeschnitten und im Stil des 19. Jahrhunderts eingerichtet: Möbel, Wandschirme, Gemälde, Leuchter, Wanduhren, Topfpflanzen, Vorhänge und Portieren. Die Möbel wurden vom Hoflieferanten G. Hambson nach den Entwürfen von Menelas hergestellt. Die Inneneinrichtung ist im »gotischen Stil« gehalten, die Decken imitieren ein Fächergewölbe, wie man es von der englischen Spätgotik her kennt. Fensterkreuze, Nischen und ein großer Teil der Möbel sind über und über mit gotischen Verzierungen bedeckt. Die Gegenstände spielen für die Dekoration der Räume eine große Rolle.

Die Einrichtung des gotischen Kabinetts mit dem Bücherschrank, dem Tisch und den hohen Sesseln ist besonders gelungen. Eine Standuhr aus Bronze stellt die Kathedrale von Reims dar.

Die Gemächer Nikolaus' I. und die Kinderzimmer befanden sich im ersten Stock. Das Kabinett von Nikolaus, ebenfalls im gotischen Stil, grenzt an sein Ankleidezimmer und das Bad. Die Zimmer der Mädchen und Jungen sind zwar ohne besonderen Schmuck, aber nicht weniger reizvoll. Das Innere der Räume ist nicht spektakulär, aber vollendet und mit den kleinen Dingen ausgefüllt, die für den Alltag in Rußland in der Mitte des 19. Jahrhunderts typisch sind. Die »Studiergalerie«, in der der Thronfolger und seine Brüder lernten, ist sehr interessant: Die Wände sind in der Art eines Militärzeltes bemalt, wie man es auch im Schloß Charlottenhof in Potsdam sehen kann.

Unterer Park, Evabrunnen. 1748 angefertigte und wenig später aufgestellte Replik von Giovanni Bonnanza nach der von Antonio Rizzi für den Gogenpalast in Venedig geschaffenen Eva-Statue.

Im zweiten Stockwerk befinden sich die Dienstbotenzimmer und das »Seekabinett« Nikolaus' I., das mit militärischem Dekor ausgeschmückt ist. Die Wände sind mit Stoffen bespannt, die an Feldzelte erinnern. Von hier aus konnte der Kaiser durch ein Teleskop die Flottenmanöver im Finnischen Meerbusen beobachten. Der Überlieferung nach soll Nikolaus I. in diesem Zimmer die Nachricht vom Herannahen der englisch-französischen Flotte nach Kronstadt während des Krimkrieges erwartet haben.

Das Cottage ist vielleicht das charakteristischste Bauwerk, das zu seiner Zeit errichtet wurde. Es bewahrt die Erinnerung an seine typischen Wesensmerkmale: der Wunsch, menschlich zu sein und dies auch nach außen zu zeigen, sein Kriegskult und der ausgeprägte Familiensinn. Diese Gefühle spiegelten sich jedoch nicht in seiner Politik wider. Diese Räume strahlen den Glauben an sich selbst und die eigene Stärke aus. Sie spiegeln aber auch das zaristische Rußland am Vorabend seines Untergangs wider.

Unterer Park, Allee von Marly

Unterer Park, Schlößchen von Marly, zwischen den zwei Teichen gelegen

Unterer Park, Goldener Berg. 1721 hat Peter I. den Brunnen bei N. Michetti in Auftrag gegeben. Als Vorbild diente der Brunnen, den Peter I. in Marly in Frankreich gesehen hatte. Er wurde 1735 beendet.

Attika des Goldenen Bergs

Unterer Park, Glocken-Brunnen. Er wurde 1721 in Auftrag gegeben, aber erst 1732 aufgestellt.

Unterer Park. Der Deich von Marly trennt den Park vom Finnischen Meerbusen.

Unterer Park,
Damm von Marly

Peter der Große

S. 16: Odojewskij, W. F., Werke, Bd. II, Moskau 1981, S. 146

Anziferow, N. O., Bericht aus vergangenen Jahren, in: Geschichte und Mythos von Petersburg, Petrograd 1924, S. 12

S. 20: Bulletin du temps de Pierre le Grand, fasc. I, 1703–1707, Moskau 1903, S. 73-74, in: Luppow, S. P., Geschichte des Baus der Stadt Petersburg im ersten Viertel des 18. Jahrhunderts, Moskau und Leningrad 1957, S. 16-17

S. 32: Grabar, I. E., Geschichte der russischen Kunst, Bd. III, Moskau 1903, S. 27

Bruce, H., Memoirs, London 1784, S. I/42

S. 39: Petersburg im Jahr 1720. Bericht eines polnischen Reisenden, in: Ruskaja Starina, Juni 1879, S. 261

Anna Iwanowna und Elisabeth Petrowna

S. 44: Abé Georgel, Reise nach Sankt Petersburg, 1799-1800, Paris 1818

S. 48: Kraft, G., Authentische und ausführliche Beschreibung des in St. Petersburg erbauten Eispalastes, St. Petersburg 1743, S. 3

S. 52: Ebenda, S. 4

S. 63: Grabar, I. E., Die Geschichte der russischen Kunst, Moskau 1903, S. 180

S. 64: Wipper, B. R., Die Architektur des russischen Barock, Moskau 1978, S. 77

Katharina die Große

S. 87: Diderot, D., Über Petersburg, Gesammelte Werke, Bd. X, Moskau 1947, S.98

Archive des Senats, Bd. X, St. Petersburg 1902, S.132

S. 98: Katharina die Große, Gesammelte Werke, Bd. XII, St. Petersburg 1892, S.583-584

Puschkin, A. S., Der eherne Reiter, in: Gesammelte Werke Bd. II (Poeme und Märchen), Berlin und Weimar 1966, S.302-303

S. 100: Was Meister der Kunst über die Kunst sagten, Bd. II, Moskau 1958, S.155

Sammlung der kaiserlichen Gesellschaft über die russische Geschichte, Bd. XXIII, St. Petersburg 1878, S.85, S. 157, S. 181

Viguel, P., Aufzeichnungen, Bd. 1, Moskau 1928

S. 107: Russische Archive, Nr. 5, 1867, S. 93

Paul I.

S. 112: Golowina, W. N., Aufzeichnungen, in: Russkaja Starina, Moskau 1992, S. 323

Alexander I. und Nikolaus I.

S. 120: Marquis de Custine, Rußland im Jahr 1839, Paris, 1843

S. 122: Viguel, P., Aufzeichnungen, Bd. 1, Moskau 1928, S. 125

Puschkin, A., "Das Unwetter", in: Gesammelte Werke, Bd. 4, Moskau 1944, S. 112

S. 128: Viguel, P., a. a. O., S. 177-179

S. 129: Ebenda

S. 130: Taranowskaja, M., Carlo Rossi, Leningrad 1980, S. 23

Ebenda, S. 124

Ebenda, S. 41

Viguel, P., a. a. O., S. 182

S. 134: Viguel, P., Aufzeichnungen, Bd. 2, S. 85

Ebenda

S. 140: Mandelstamm, O., "Die Admiralität"

S. 152: Gautier, Th., Reise nach Rußland, Moskau 1867, S. 180

Ebenda, S. 191

S. 159: Gogol, N., Der Njewski-Prospekt, Potsdam 1950, S. 5

S. 172: Blok, A., "Auf den Inseln", in: Ausgewählte Werke, Bd. 1, München 1978, S. 143

Alexander II. und Alexander III.

Joseph Brodsky, Fern von Byzanz

S.178: Dostojewskij, F., "Tagebuch eines Schriftstellers", in: Anziferow, N., Das Petersburg Dostojewskijs, Petrograd 1923, S. 73

Der Architekt, Nr. 1 (1872), S. 7

S. 188: Der Architekt, Nr. 5 (1882), S. 71-72

Blok, A., "Totentänze 2", a. a. O., S. 150

Nikolaus II.

S. 190: Turgenjew, I., "Erzählungen 1857-1883", in: Gedichte in Prosa, München 1967, S. 916

Zarskoje Selo

S. 204: Ancelot, J., Sechs Monate in Rußland, Paris 1838

S. 206: Puschkin, A., "19. Oktober", in: Gesammelte Werke, S. 288

S. 207: Gumilew, N., "Erinnerungen an Innokentij Annenskij"

S. 208: "Briefe Katharinas II. an F. M. Grimm", in: Benois, A., Zarskoje Selo in der Regierungszeit Elisabeth Petrownas, St. Petersburg, S. 12

Lomonossow, M., "Ode an Kaiserin Elisabeth", in: Der Zauber von Zarskoje Selo, S. 17

S. 212: Benois, A., Gesammelte Werke, S. 24

S. 218: Gollerbach, E., Die Parks und die Palais auf dem Lande, Petersburg 1924, S. 31

S. 220: Grabar, I. E., a. a. O., S. 370

S. 222: Woronow, M., u. G. Chodassjewitsch, Die Bauten Camerons in Puschkin (d. i. Zarskoje Selo), Leningrad 1990, S. 25

S. 228: Gollerbach, E., Charles Cameron in Zarskoje Selo, Petersburg 1924, S. 40

S. 228: "Briefe Katharinas II. an F. M. Grimm", in: Pilajew, M., Le Passé oublié des environs de Pétersbourg, Saint-Pétersbourg 1889, S. 462

S. 229: Ebenda

S. 230: Puschkin, A., Gesammelte Werke, München, S. 845f.

S. 231: Gollerbach, E., Charles Cameron, a. a. O., S. 32

S. 232: "Briefe Katharina II. an F. M. Grimm", in: Le Cantonnier, St. Petersburg 1802, S. 20

Chranowizkij, A., Aufzeichnungen, Moskau 1873, S. 244 f.

S. 234: Ligne, Ch. de, Briefe, Teil 1, Moskau 1802, S. 108

S. 238: "Briefe Katharinas II. an Voltaire", in: Gollerbach, E., Charles Cameron in Zarskoje Selo, Pertersburg 1924, S. 41

Archives centrales d'Etat des actes anciens. Fond 14, inv. I, n° 250, partie I, liste 82

S. 240: Tjutschew, F., "Doucement sur le lac [...], 1866, S. 38

Oranienbaum

Die Zitate in diesem Kapitel sind nicht belegt.

Gatschina

S. 270: Childer, N.: Zar Paul in seinen Handlungen und Befehlen, in: Russkaja Starina, November 1897, S.43

Russkaja Starina, Moskau, 1992, S.432

S. 271: Briefe von G. Orlow an J. J. Rousseau, in: Kiutschariantz D., Raskine A., Gatschina, Leningrad, 1990, S.13

Pawlowsk

S. 284: Lowdon J., The Encyclopedia of Gardening, London, 1827, S. 56

S. 294: Briefe der Maria Fjodorowna, in: Taleporowski, V., Der Park von Pawlowsk, Petersburg 1923, S.61

Saint Maure, E., Anthologie russe, Paris 1823, S.247

S. 298: Kobeko D., Der Zarewitsch Paul Petrowitsch, St.Petersburg 1882, S. 179

S. 299: Taleporowski, V., a. a. O., S.10

S. 300: Gonzaga, P., in: Taleporowski, V., ebenda

Briefwechsel von Maria Feodorowna und Küchelbecker, Archiv des Museums von Pawlowsk

S. 302: Briefwechsel von Maria Fjodorowna und Küchelbecker, Archiv des Museums von Pawlowsk

Glinka, F., Briefe aus Pawlowsk an einen Freund, in: Der Russische Bote, 1815, Nr. 63, S. 26

Peterhof

S. 306: Arlincourt, Victor d', Der Pilger. Der Polarstern, Paris 1843

S. 310: Gueirot, A., Die Beschreibung des Peterhof, St. Petersburg 1868

Tagebuch Peters des Großen, Bd. 1, St. Petersburg 1770, S. 234

S. 316: Bergholtz F., Tagebuch, dritter Teil, St. Petersburg 1834

Ebenda., erster Teil, S. 131

S. 322: Gueirot, A., a. a. O., S. 49-50